Wolfgang Münchau
Vorbeben

Wolfgang Münchau

VORBEBEN

Was die globale Finanzkrise für uns bedeutet
und wie wir uns retten können

HANSER

Das für dieses Buch verwendete FSC-zertifizierte Papier liefert Salzer, St. Pölten.

Bibliografische Information der Deutschen Nationalbibliothek
Die Deutsche Nationalbibliothek verzeichnet diese Publikation in der Deutschen Nationalbibliografie; detaillierte bibliografische Daten sind im Internet über http://dnb.d-nb.de abrufbar.

1   2   3   4   5   11 10 09 08 07

© 2008 Carl Hanser Verlag München
Internet: http://www.hanser.de
Lektorat: Martin Janik
Herstellung: Ursula Barche
Umschlaggestaltung: Büro plan.it, München
Satz: Presse- und Verlagsservice, Erding
Druck und Bindung: Friedrich Pustet, Regensburg
Printed in Germany

ISBN 978-3-446-41390-0

Inhalt

Prolog 1

1 Die Ereignisse bislang 7

1.1   Akt I des Dramas:
      Die Ruhe vor dem Sturm 7
1.2   Akt II: Der Kreditmarkt 11
1.3   Akt III: Das Ende des Booms 16
1.4   Akt IV: Der Knall 23
1.5   Akt V: Nachbeben oder Vorbeben? 35

2 Von Märkten und Blasen 37

2.1   Warum wir moderne Finanzmärkte
      brauchen 37
2.2   Forever Bubbles 40

**3 Die Rolle der Kreditmärkte als moderne
Massenvernichtungswaffen** 53

3.1   Finanzinstrumente 63

3.1.1 Hypotheken und Mortgages 64
3.1.2 Das festverzinsliche Wertpapier 68
3.1.3 Der Swap 71
3.1.4 Kreditderivate: Credit Default Swaps
      und Asset Swaps 78
3.1.5 Verbriefte Wertpapiere 89
3.1.6 Die besicherte Schuldverschreibung
      (Collateralized Debt Obligation) 98
3.1.7 Besicherte Schuldverschreibung mit
      synthetischer Struktur (Synthetic
      Collateralized Debt Obligation) 100

3.2   Die Akteure 104

3.3   Wie die Spekulation in den
      Kreditmärkten funktioniert 124
3.4   Zwei Fallbeispiele 129

3.4.1 Kerkorian und General Motors 129
3.4.2 Die „Subprime"-Hypothekenkrise
      und wie sie ihr Ende nahm 132

4   Die unrühmliche Rolle der Mathematik 137

5   Die globalen Ungleichgewichte 151

6   Wie es weitergeht – einige Szenarien 161

6.1   Unser Basisszenario 162
6.2   Das Szenario für Optimisten 166
6.3   Das Szenario für Pessimisten 168
6.4   Der systemische Schock – Pleite eines
      großen Hedgefonds 175
6.5   Protektionismus 180
6.6   George Soros – 2.0 182
6.7   Wenn Osama bin Laden einen
      Hedgefonds gegründet hätte 185

**7   Caveat emptor – oder was die Krise für
      Privatanleger bedeutet** 189

7.1   Defensive Strategien 192
7.2   Offensive Strategien 199

8   Sieben Fragen 203

Epilog 207
Glossar und Abkürzungsverzeichnis 213
Empfehlenswerte Literatur 223
Anmerkungen 225
Register 229

Prolog

In diesem Buch geht es um eine der größten und gefährlichsten Blasen, die sich jemals in den internationalen Finanzmärkten gebildet haben. Tatort dieser Blase ist der
Kreditmarkt, ein Teil des Kapitalmarkts, dem man in der
Vergangenheit wenig Beachtung geschenkt hat. Anders
als bei einer Aktienblase verliefen Aufstieg und Knall
langsamer und lautloser, dafür umso gewaltsamer.

Auslöser war eine Hypothekenkrise in den USA im
Sommer 2007. Von außen betrachtet sah diese Krise zunächst aus wie ein lokales Ereignis in der amerikanischen
Provinz. Doch das sollte sich als Trugschluss erweisen.
Was in einem kleinen Teil des Kreditmarktes seinen Anfang nahm, griff innerhalb weniger Wochen wie ein Virus
auf andere Sektoren des Finanzmarkts und auf andere
Länder über, auch in Deutschland, wo zwei Banken kurz
hintereinander ins Strudeln gerieten – die IKB Deutsche
Industriebank in Düsseldorf und die Sachsen LB in Leip-
zig.

Deutsche Banken sind in dieser Geschichte sicherlich
nicht die Hauptakteure. Und trotzdem betrifft uns diese
Krise unmittelbar. Denn sie hat tief greifende Auswirkungen auf das globale Finanzsystem und auf die Weltwirtschaft insgesamt. Auch Deutschland bleibt davon nicht
unberührt. Es wird Jahre dauern, bis wir diese Krise verdaut haben.

In Deutschland und anderswo sind nur wenige Menschen über den Kreditmarkt informiert. Das liegt zum
Teil daran, dass die Hauptakteure dieses Marktes nicht
bei uns ansässig sind, sondern in London und in New
York. Darüber hinaus ist dieser Markt viel komplizierter
als ein Aktienmarkt. Marktberichte in Fachzeitschriften
sind zumeist voll von unverständlichem Jargon. Selbst
unter Ökonomen sind Kenntnisse über den Kreditmarkt

nicht ausgeprägt, was auch eine der Ursachen dafür ist, dass viele die Finanzkrise des Jahres 2007 so sehr unterschätzten.

Mit diesem Buch versuche ich, diese Lücke zu füllen und im Detail und ohne Jargon zu erklären, wie der Kreditmarkt und seine komplizierten Instrumente funktionieren, wie es zu dieser Krise kam, wie man sich vor seinen Auswirkungen schützt und was der Staat tun sollte.

In einem Kreditmarkt werden Kredite an Firmen und Konsumenten wie Würste verarbeitet, behandelt, in Scheiben geschnitten und verkauft. Um bei der Wurst-Analogie zu bleiben: Was hier in den Finanzmärkten passiert ist, ist das Äquivalent von BSE für den Metzger oder Landwirtschaftsbetrieb. Es ist ein extremes Ereignis, ein historischer Einschnitt, wahrscheinlich das wichtigste Ereignis in den internationalen Finanzmärkten in den letzten 50 Jahren.

Mir ist bewusst, dass Leser mit unterschiedlichen Vorkenntnissen und Interessen dieses Buch lesen. Wer vorher noch nie von den Kreditmärkten gehört hat, der sollte das ganze Buch lesen, einschließlich der grau unterlegten Textboxen, die dazu erstellt wurden, dem Leser einige weitere Hintergründe zu geben, unter anderem historische Vergleiche, Rechenbeispiele und weiterführende Themen. Die Textboxen sind aber nicht Voraussetzung für ein Verständnis des Folgetextes. Ein eiliger oder erfahrener Leser kann diese Boxen ohne Probleme überspringen. Am Ende des Buches steht ein ausführliches Glossar und Abkürzungsverzeichnis, das dem Leser ermöglicht, häufig auftretende Abkürzungen und Fachausdrücke nachzuschlagen.

Das erste Kapitel erzählt die Geschichte der Ereignisse in den Kreditmärkten bis zum Herbst 2007.

In Kapitel zwei geht es darum, wie Finanzmärkte funktionieren und wie Blasen entstehen. Danach werden zwei wichtige historische Blasen näher untersucht: die niederländische Tulpenzwiebelblase aus dem 17. Jahrhundert, ein großartiges Beispiel dafür, wie Massenpsychologie auf die Entwicklung von Märkten wirkt, und die in Deutschland weniger bekannte Bankenpanik an der Wall Street im Jahre 1907. Dieses Ereignis, das vor ziemlich genau 100 Jahren stattfand, weist erhebliche Parallelen mit unserer heutigen Blase auf.

In Kapitel drei geht es ans Eingemachte – um die Instrumente, die Akteure und den Markt. Zunächst werden die wichtigsten Instrumente vorgestellt, angefangen vom einfachen Swap bis hin zu komplizierten Kreditderivaten.

In diesem Abschnitt findet man vermehrt grau unterlegte Textboxen, zum Teil mit Rechenbeispielen. Sie dienen dazu, dem Leser verständlich zu machen, wie ein bestimmtes Instrument im Detail funktioniert. Ich empfehle gerade dem Laien, sich diese wenigen Textboxen durchzulesen, da hier das grundlegende Verständnis für diese Märkte gelegt wird. Wenn Sie einmal verstehen, wie ein Swap funktioniert und wie man mittels Verbriefung aus einem Kredit ein Wertpapier generiert, dann haben Sie die Voraussetzungen für ein tieferes Verständnis dieser nicht ganz trivialen Materie.

Dann werden die verschiedenen Akteure in diesem Prozess näher beschrieben, unter anderem die Hedgefonds, die Investmentbanken und die Ratingagenturen.

Zum Schluss wird im Detail erklärt, wie die Zockerei in den Kreditmärkten tatsächlich funktioniert hat. Hier wurde nicht einfach gekauft und verkauft. Hier wurde mit zum Teil unglaublich gewieften Strategien gearbeitet. Illustriert werden diese Strategien anhand von zwei Fallbeispielen: eine Geschichte aus dem Jahre 2005, als ein Übernahmeangebot im amerikanischen Automobilsektor für Chaos in den Kreditmärkten sorgte, und das viel zitierte Beispiel über die amerikanischen Hypothekenmärkte.

Im darauffolgenden Kapitel vier geht es um die Rolle
der Finanzmathematik, deren Innovationen erheblich zu
der Blasenbildung beigetragen haben.

In Kapitel fünf verlassen wir die Kreditmärkte für
einen kurzen Moment und beschäftigen uns mit einem
Thema, das auf den ersten Blick mit unserer Geschichte
nur wenig zu tun hat. Es handelt sich um die globalen
wirtschaftlichen Ungleichgewichte. Damit meint man die
hohen amerikanischen Handelsdefizite auf der einen Seite und die extrem hohen Überschüsse in Asien und im
Nahen Osten auf der anderen Seite. Globale Ungleichgewichte und Kreditmarktkrise sind miteinander verbunden. Auch die globalen Ungleichgewichte verursachen
Blasen, die wiederum direkt mit der Kreditblase inter-
agieren. Wenn beide zeitgleich platzen, dann kommt es
zu einem gefährlichen Cocktail für die Weltwirtschaft.

Kapitel sechs beschreibt einige Szenarien, wie sich diese Krise weiterentwickeln kann. Hierbei handelt es sich
nicht um Prognosen, sondern um mehr oder weniger plau-
sible Situationen, auf die man vorbereitet sein sollte.

Wie man sich als Investor verhalten sollte, ist Inhalt
von Kapitel sieben. Hier gibt es keine heißen Tipps, sondern eine detaillierte Beschreibung, welche Auswirkungen die Kreditmarktkrise auf andere Märkte hat, den
Aktienmarkt, den Markt für festverzinsliche Wertpapiere
und den Rentenmarkt. Eine der wichtigsten Lektionen
für Investoren ist es, eben die Fehler zu vermeiden, die
zu dieser Blase geführt haben. Wir teilen dieses Kapitel
auf in Unterkapitel über defensive Strategien, die für die
meisten Leser am wichtigsten sein sollten, und offensive
Strategien, die für die meisten Leser eher nicht zur Nach-
ahmung empfohlen sind. Hier geht es um Möglichkeiten,
wie man von dieser Krise profitieren kann.

Inhalt des achten und letzten Kapitels sind die politischen Lehren aus der Krise. Es wäre ein großer Fehler,
die Krise auf ein paar wenige ungeliebte Akteure zu re-

duzieren. Die Hedgefonds spielen zwar auch eine Rolle, sind aber nicht die Hauptdarsteller unserer Narrative. Die haben sich, zumindest bis November 2007, als überraschend robust erwiesen. Inwieweit die Ratingagenturen Schuld daran tragen, ist noch zu sehen. Eine wichtige Frage ist auch, welche Rolle die Wirtschaftspolitik gespielt hat, insbesondere die Geldpolitik und die Finanzmarktaufsicht.

Auch wenn dieses Buch einige Perspektiven bietet, sollte man nicht glauben, dass man selbst mit der besten Regulierung zukünftige Blasen verhindern kann. Menschen neigen zu Übertreibungen. Es ist Teil unserer Natur. Nach der Blase ist vor der Blase.

1 Die Ereignisse bislang

In diesem Kapitel geht es um die Geschichte dieser
Blase bis zum November 2007.

1.1 Akt I des Dramas: Die Ruhe vor dem Sturm

Wenn man sich die Geschichte von Blasen und Crashs
ansieht, dann ist die Zeit vor dem Crash am unheimlichs-
ten, die Gruselzeit wie in einem Krimi. Nur fühlte sich
das für die Menschen, die tatsächlich in dieser Zeit lebten und arbeiteten, anders an. Was wir aus heutiger Sicht
ganz klar und nüchtern als eine völlig abartige Blase iden-
tifiziert haben, war damals selbst für viele Experten eine
normale Marktentwicklung. Wie damals im Jahre 1929
gab es hochrangige Akademiker und Experten, die der
Blase eine intellektuelle Rechtfertigung gaben.

Diejenigen, die damals vor einem Crash warnten, wurden als Schwarzmaler verschrien. Und Schwarzmalerei
war in der Zeit von 2002 bis Mitte 2007 verpönt. Es war,
wie der Chef der Europäischen Zentralbank Jean-Claude
Trichet einmal anmerkte, ein Goldenes Zeitalter der
Weltwirtschaft. In dieser Phase der Globalisierung profitierte die Weltwirtschaft von niedrigen Verbraucherprei-
sen, denn die neuen Industrieländer, insbesondere China, warfen immer billigere Produkte auf die Weltmärkte.
Diese Situation erlaubte den Zentralbanken, die Zinsen
auf ein bislang nie gekanntes Niveau zu senken. Im Jahre
2003 standen die Leitzinsen in den USA bei nur einem
Prozent, in Europa bei zwei Prozent. Diese niedrigen Zinsen gaben zunächst der amerikanischen und mit einiger
Verzögerung auch der europäischen Wirtschaft erheblichen Aufwind. Die amerikanische Wirtschaft hatte sich

binnen kürzester Zeit von der kurzen Rezession im Jahre 2001 und den Terroranschlägen vom 11. September erholt. Vor allem die Finanzmärkte und der Immobilienmarkt erlebten einen ungeahnten Boom.

Während der Jahre 2003 und 2004 lagen die amerikanischen Zinsen unterhalb der Inflationsrate. Ökonomen sagen, die Realzinsen sind negativ, also die Zinsen unter Berücksichtigung der Inflationserwartungen. Das heißt, wer Geld auf der Bank hatte und sparte, erzielte jedes Jahr einen Wertverlust. Wer sich hingegen Geld lieh, erzielte jedes Jahr einen Gewinn, denn die zu zahlenden Zinsen sind geringer als der Wertverlust. Natürlich lagen die effektiven Zinsen, die man als Endverbraucher im Markt erhielt, etwas über der Inflation. Aber die Zinsen waren so tief gesunken, dass es für jeden Amerikaner rationaler war, sich Geld zu leihen als Geld zu sparen. Sie reagierten also völlig logisch auf die Anreize, die man ihnen gegeben hatte, und nach wenigen Jahren erlebte die USA konsequenterweise eine negative Sparquote – zum ersten Mal überhaupt.

Eine Folge der Niedrigzinspolitik war ein Ansteigen von Vermögenspreisen, insbesondere der Immobilienpreise. Alan Greenspan sagte in einem Interview mit der *Financial Times*, dass es nicht richtig sei, von nur einer Blase zu sprechen, es gab gleich mehrere Blasen gleichzeitig. Eine der ersten und wichtigsten Blasen, die hier entstanden sind, ist die Immobilienblase. Durch die billigen Zinsen wurden die amerikanischen Hypotheken billiger. Anders als in Deutschland können in den USA Besitzer von existierenden Hypotheken diese jederzeit umfinanzieren, das heißt, sie sind in der Lage, ihre alte teure Hypothek abzulösen und durch eine neue billige Hypothek zu ersetzen, wenn die Zinsen fallen. So ist ein bislang unvergleichbarer Immobilienboom eingeleitet worden.

Der Case-Shiller-Index für amerikanische Hauspreise etwa für die Stadt Los Angeles verzeichnete einen Zuwachs der Immobilienpreise von 170 Prozent zwischen den Jahren 2000 und 2006. Eine Immobilie, die ursprünglich 100.000 Dollar kostete, war plötzlich 270.000 Dollar wert. In New York war die Wachstumsrate während dieser Periode 120 Prozent, in der Hauptstadt Washington 140 Prozent und in Miami 180 Prozent. Das heißt, in Miami haben sich die Häuserpreise binnen sechs Jahren fast verdreifacht. Im Vergleich dazu haben sich die Häuserpreise in Deutschland seit dem Wiedervereinigungsboom kaum verändert. Herrschte bei uns 15 Jahre lang Stagnation, so erlebten die USA einen auf Pump finanzierten Hauspreisboom, der größer war als jede Immobilienblase der Vergangenheit.

Warum waren die Zinsen damals so billig? Der Grund lag an den damals geringen Inflationsraten. Die amerikanische Zentralbank Federal Reserve hat die Zinsen so weit gesenkt, wie sie glaubte, dass das mit ihrem Inflationsziel vereinbar war. Jetzt sind die Preise von Häusern oder die Preise von Aktien nicht Bestandteil des Warenkorbs, mit dem die Statistiker die Inflation berechnen. Dieser Warenkorb besteht hauptsächlich aus Gütern, Dienstleistungen und Mieten. Aber gerade die Güterpreise sind in dieser Zeit gefallen. Denn die Welt profitierte von Billigimporten vor allem aus Asien. Und wir alle profitierten in den Jahren vor dem Irakkrieg von billigen Ölpreisen.

Mit der Immobilienblase kam die Hypothekenblase. Es kamen immer abenteuerlichere Hypotheken auf den Markt, Hypotheken mit Startzinsen, die niedriger waren als die Marktzinsen und die natürlich später mit umso höheren Zinsen bezahlt werden müssen, oder Hypotheken, die in ihrer Summe größer sind als der Wert der Immobilie. Vor allem aber kam es zu einer Form der Hypothek, über die sich damals kaum jemand Sorgen machte, die sich später als Auslöser der Krise entpuppen sollte: die Subprime-Hypothek, also die Hypothek an Kunden mit geringer Kreditwürdigkeit. Das Wort Prime bedeutet

im Englischen so viel wie „erste Wahl". So wie „Prime
Rib" als eine der besten Fleischsorten gilt, sind „Prime
Credits" Kredite an Kunden mit hoher Kreditwürdigkeit.
Subprime bedeutet demnach Kredite an Kunden, von denen man nicht sicher ist, ob sie zurückzahlen können.
Die Euphorie an den Immobilienmärkten wurde so
extrem, dass Banken oder spezielle Makler oftmals Hypotheken blind vergaben, ohne dass der Antragsteller
auch nur ein Dokument vorlegen musste. Selbst nachdem
die Blase schon längst geplatzt war, hörte man im amerikanischen Radio und Fernsehen immer noch Werbung,
in denen Finanzmakler versprachen, Hypotheken ohne
jegliche Prüfung innerhalb einer Stunde zu gewähren und
innerhalb einer Woche zur Verfügung zu stellen. Man
brauchte einfach nur in eine Bank zu spazieren oder einen Makler aufzusuchen, ein Formular auszufüllen, und
man erhielt sofort einen Kredit von einer halben Million
Dollar, eine Hypothek, die oft nie zurückbezahlt wurde.
Die Banken und Makler, die sich auf dieses Spiel einlie-
ßen, wetteten dabei darauf, dass die Häuserpreise in den
USA für immer und ewig hochgehen würden. Im Jargon
der Banker sprach man von sogenannten Ninja-Anleihen.
Ninja stand für „no income, no job, no assets", also kein
Einkommen, kein Arbeitsplatz, kein Vermögen. Hier wurden also arme und zum Teil ungebildete Menschen regelrecht übers Ohr gehauen. Es kam auch noch ein weiteres
politisch brisantes Problem in den USA auf. Ein Großteil
dieser Kreditnehmer gehörte ethnischen Minderheiten
an.
    Aber selbst der Subprime-Wahn schien zunächst rela-
tiv gut zu laufen. Die Zahlungsausfälle blieben überschau-
bar. Solange der Immobilienmarkt boomte, funktionierte
dieses Pyramidenspiel. Der erste Akt unseres Dramas hatte daher zunächst gar nicht den Anschein eines Dramas.
Zinsen und Inflation waren auf Tiefstständen, ebenso die
Arbeitslosigkeit, zumindest in den USA. Das Produktivi-

tätswachstum war ungewöhnlich hoch. Es war in der Tat ein Goldenes Zeitalter. Akt I war daher noch relativ nett, so wie in einem griechischen Drama. Nur im Rückblick bekommt man die Gänsehaut.

1.2 Akt II: Der Kreditmarkt

Der Weltwirtschaft ging es gut, und den Immobilienbesitzern ging es noch besser. Man borgte sich Geld zu billigen Zinsen, investierte es in Immobilien und Aktien. Die Wertsteigerung in diesen Märkten war um ein Vielfaches höher, als notwendig wäre, um die Zinsen zu tilgen. Es war also rational, Kredite aufzunehmen und in risikoreiche Wertpapiere oder Immobilien zu investieren.

Was wir bislang beschrieben haben, ist ein typischer Blasenmechanismus. Man investiert auf Pump, und irgendwann platzt die Blase. Unsere Geschichte verlief anders.

In unserem zweiten Akt trat ein neuer Akteur auf, der Kreditmarkt, der sich als einer der Bösewichte unseres Dramas entpuppen sollte.

Früher war ein Kredit ein Kredit. Die Bank vergab den Kredit an einen Kunden. Dieser Kredit blieb bis zum Ende der Tilgung in der Bilanz der Bank. Doch durch eine Reihe finanzieller Innovationen ist das heutzutage immer weniger der Fall. Die Banken sind heute in der Lage, Kredite, die sie vergeben haben, in den Finanzmarkt zu schleusen, was ihnen Spielräume verschafft, wiederum neue Kredite zu gewähren. Eine der zentralen Fragen, die wir versuchen werden, in diesem Buch zu beantworten, ist, wie genau dieser Mechanismus funktioniert.

Was ist also passiert?

Einige Leser mögen sich noch an die Pleite der Kölner Herstatt-Bank im Jahre 1974 erinnern. Die Krise führte zu langen internationalen Konsultationen unter Finanz-

beamten und Notenbankern, wir man Derartiges in Zukunft verhindern könnte. Man einigte sich in den 80er-
Jahren auf eine Reihe von Prinzipien. Eines dieser Prinzipien war es, dass man Banken Obergrenzen für die
Kreditvergabe auferlegte. Diese Grenzen hingen von verschiedenen Faktoren ab, vor allem aber dem Eigenkapital der Bank und der Art der Kredite. Im Fachjargon
der Banker bezeichnet man diese Eigenkapitalregeln als
„Basel I", benannt nach der Schweizer Stadt, in der die
Bank für Internationalen Zahlungsausgleich (BIZ) ihren
Hauptsitz hat. Die BIZ nennt man auch die Notenbank
der Notenbanken. Dort hatte man sich auf diese neuen
Regeln geeinigt.

Basel I hatte aber einen wichtigen Nebeneffekt, der sich
als eine der Ursachen dieser Krise erweisen sollte. Durch
die Bestimmung von Obergrenzen der Kreditvergabe gab
Basel I den Banken einen Anreiz, existierende Kredite in
den Kapitalmarkt abzuschieben, um sich somit neue Spielräume für Kreditvergaben zu schaffen.

Wir beschreiben im Folgenden kurz und ohne jeglichen
Anspruch auf Vollständigkeit, wie dieser Prozess vonstat-
tenging. Die Grundidee ist, dass die Bank eine Anzahl von
Krediten aus ihrer Bilanz entfernt, indem sie sie regelrecht
„verkauft". Das alles ist in der jetzigen Rechtslage völlig
legal und gängige Praxis.

Wer ist also der „Käufer" dieser Kredite? Zu diesem
Zweck errichten Banken Zweckgesellschaften, die sogenannte besicherte Wertpapiere herausgeben. In der ursprünglichen und einfachsten Form spricht man im Englischen von Asset-Backed Securities oder ABS. Wenn es
sich um Hypotheken handelt, dann spricht von Mortgage-Backed Securities oder MBS. Die Aufgabe einer
ABS oder MBS ist es – um bei unserer Wurst-Analogie
zu bleiben – die Kredite zu verwursten. Die ABS sind die
Wurstfabrik (und die Bank ist der Schlachter). Die Kredite werden in festverzinsliche Wertpapiere umgeformt

und werden dann im Markt an professionelle Investoren verkauft.

Für den Kreditnehmer ändert sich hier nichts. Er oder sie zahlt den Kredit zurück (oder auch nicht). Nur endet der Zahlungsstrom nicht mehr bei der Bank, sondern bei der ABS.

Vermögen und Schulden der ABS tauchen in keiner Bankbilanz auf, denn das würde die ganze Operation ad absurdum führen.

Die ABS wird oft auf einer exotischen Insel domiziliert, was allerdings nicht heißt, dass ihre Angestellten ebenfalls auf einer dieser Inseln leben. Im Gegenteil, sie leben dort, wo sie immer gelebt haben, in den Vororten von Zürich, in der Grafschaft Kent oder auf der Upper East Side in New York.

Jetzt stellt sich die Frage: Wie funktioniert die Umwandlung eines Kredits in ein Wertpapier? Man spricht hier vom Prinzip der Verbriefung. Ein Kredit ist ein Vertrag zwischen zwei Parteien. Man kann einen Kredit nicht auf einer Börse handeln. Man kann diesen Kredit aber „verbriefen". Man muss sich jetzt eine ABS nicht als eine traditionelle Firma vorstellen, mit Kantine und Fuhrpark, sondern als eine Papierfirma mit Forderungen und Verbindlichkeiten. Die ABS gibt eigene festverzinsliche Wertpapiere heraus, die von den Ratingagenturen bewertet und dann an Anleger weiterverkauft werden. Diese Papiere sind durch die Kredite gedeckt.

Jetzt stellt sich eine weitere Frage: Wie ermittelt man den Preis eines solchen Wertpapiers? Da hinter diesen Wertpapieren lediglich die Kredite als Sicherung stehen, muss man also die Frage beantworten: Wie hoch ist die Wahrscheinlichkeit, dass ein Kreditnehmer den Kredit nicht zurückbezahlt? Dazu hat die moderne Finanzmathematik bahnbrechende Ergebnisse bereitgestellt, die den Banken zunächst die Illusion gaben, dass sie Kreditrisiken genau berechnen konnten.

In diesem Prozess spielten die Ratingagenturen eine wichtige Rolle. Sie waren es, die mithilfe der mathematischen Modelle, diesen Wertpapieren ihren Gütesiegel aufstempelten. Nicht nur das: Das Gütesiegel war der entscheidende Faktor für die Preisbildung. Eine Ratingagentur ist im Finanzmarkt ähnlich wie die Stiftung Warentest im Produktmarkt. Ein Gütesiegel der Ratingagentur bedeutet, dass der Markt ein Wertpapier als besonders sicher ansieht. Dabei war der Einfluss der Ratingagentur um ein Vielfaches höher als der Einfluss eines Produkttests, denn die Bewertung bestimmt effektiv den Preis des Wertpapiers. Dieser ergibt sich direkt aus dem der Bewertung zugrunde liegenden mathematischen Modell. Hier wurde also der Preis nicht direkt durch Angebot und Nachfrage bestimmt wie an einer Börse, sondern durch die Mathematik. Daher spielen diese Modelle eine wichtige Rolle in unserem Drama.

Und somit gab es eine Kette von Ereignissen, angefangen mit der Pleite von Herstatt, gefolgt von den Baseler Eigenkapitalregeln, der Auslagerung von Krediten an Zweckgesellschaften und der Schaffung des Kreditmarktes als der legale Ort, wo man die Regulierer regelrecht austricksen konnte.

Was hier beschrieben wurde, ist eine einfache ABS. Es gibt darüber hinaus noch komplizierte Strukturen mit Namen wie CDO, CMO, SIV oder SIV-light. Wir werden diesen Strukturen im Laufe des Buchs noch begegnen. CDO steht für Collateralized Debt Obligation oder besicherte Schuldverschreibung im Deutschen. Eine CDO funktioniert ähnlich wie eine ABS, nur im größeren Stil. Wohingegen eine ABS aus Krediten festverzinsliche Wertpapiere produziert, kauft die CDO zum Beispiel die ABS oder MBS und verwurstet diese dann in neue Wertpapiere. Es gibt auch CDOs, die andere CDOs kaufen, und dieser Prozess kann theoretisch immer weiter geführt werden. Mit jedem Schritt wächst die Entfernung zwischen dem Investor, der am einen Ende der Kette steht, und dem Kreditnehmer am anderen Ende.

Ein SIV oder Special Investment Vehicle tut Ähnliches, nur besorgt es sich die Finanzen vom Geldmarkt, genauer gesagt dem Markt für Asset-Backed Commercial Paper, der in unserer Geschichte noch eine wichtige Rolle spielen wird. Die übliche Abkürzung für diesen Markt ist ABCP. Im Deutschen spricht man auch von besicherten Geldmarktpapieren. Die SIVs hinterlegen also Sicherheiten, und zwar die von ihnen selbst erzeugten Wertpapiere.

Das alles klingt kompliziert und ist es auch. Am Ende ist die Idee immer dieselbe. Man kauft entweder Kredite oder Wertpapiere auf und strukturiert sie in andere Wertpapiere um. Das tut man, entweder um den Baseler Eigenkapitalregeln zu genügen, oder um Investoren bestimmte Risikoprofile zu bieten. Es gibt noch viele andere Gründe.

Wie sehen nun diese Wertpapiere aus? Es handelt sich um Rentenpapiere oder Bonds, oberflächlich also ähnlich wie Bundesanleihen. Sie zahlen regelmäßig einen festen Zins und werden am Ende ihrer Laufzeit zurückbezahlt. Wie Bundesanleihen sind diese Wertpapiere im Markt handelbar. Und ebenso wie Bundesanleihen werden sie von Ratingagenturen bewertet.

Im Gegensatz zu Staatsanleihen gibt es aber einen entscheidenden Unterschied. Diese Wertpapiere werden nicht an einer Börse gehandelt, sondern nur im direkten Handel. Der Markt ist ähnlich strukturiert wie der Gebrauchtwagenmarkt. Man muss als Verkäufer einen Käufer finden. Es gab in diesem Markt keine Händler, die zu jedem Zeitpunkt einen Preis für Kauf und Verkauf eines Wertpapiers anboten.

In den Boomjahren war es für Besitzer von verbrieften Wertpapieren kein Problem, ihre Beute zu verkaufen oder als Sicherheit für Kredite zu hinterlassen. Der Markt in diesen Produkten war zunächst rege und heizte sich in

den Jahren billigen Zentralbankgeldes ernorm auf. In guten Zeiten ließ sich fast alles vermarkten. Die Investoren
haben sich um diese Tranchen regelrecht gerissen. Später sollte sich herausstellen, dass gerade in dieser Markt-
struktur die Achillesferse dieses Marktes bestand.

1.3 Akt III: Das Ende des Booms

Akt I und II verliefen fast zeitgleich. In der realen Wirtschaft gab es einen Boom, der durch billige Kredite ent-
facht wurde. Und in den Finanzmärkten, hinter den Ku-
lissen, entstand ein neuer Zockermarkt, und zwar für
komplizierte, verbriefte Produkte auf der Grundlage des
guten alten Kredits. Im dritten Akt sind wir wieder in der
realen Welt. Es ist die Spätphase des Booms.

Im Jahre 2006 fing der Häusermarkt der amerikanischen Ost- und Westküste an zu stagnieren. Es gab keine dramatischen Einbrüche. Die Preise gingen nur nicht
weiter hoch, und in einzelnen Gebieten gaben die Preise
ein wenig nach. Der Preisverfall hat sich im Jahre 2007
beschleunigt, und zwar flächendeckend. Damit endete
die Spekulationsblase im Hypothekenmarkt abrupt.

Zu dieser Zeit wurde die Immobilienkrise ein Politi-
kum. Das amerikanische Repräsentantenhaus und der
Senat waren seit den Kongresswahlen im Jahre 2006 fest
in der Hand der Demokraten. Viele der Opfer der Subpri-
me-Booms lebten in demokratischen Distrikten. Die Demokraten prangerten die Wall Street an und drohten mit
drakonischer Regulierung. Für den Fall eines Wahlsiegs
der Demokraten bei der Präsidentschaftswahl im Jahre
2008 wäre auch damit zu rechnen, dass das regulative
Umfeld in den USA sehr stark zuungunsten der Banken
verändern wird.

Die Krise an den Hypothekenmärkten existierte schon
unterschwellig in der zweiten Hälfte des Jahres 2006, da-

mals aber noch weit weg vom Auge der Öffentlichkeit.
Die Zeitungen interessierten sich wenig für dieses Thema,
und nur einige spezielle Wirtschaftsinformationsdienste
wie Professor Nouriel Roubinis RGE Monitor, die amerikanische Fachpublikation *Grant's Interest Rate Ober-
server* und in Europa die *Financial Times* schrieben über
dieses Thema. Zu diesem Zeitpunkt waren die Ereignisse
in den Kreditmärkten eher ein Thema für Fachleute, weit
weg von der Öffentlichkeit, auch in den USA.

Die ersten großen Schockwellen kamen Ende Februar
2007. Das Problem war nicht der allgemeine Hypothekenmarkt, sondern vor allem die Subprime-Komponen-
te, also diese abenteuerlichen Hypotheken, für die man
keinen Einkommensnachweis brauchte. Diese Spekulationen rechneten sich nur unter der Annahme, dass die Immobilienpreise weiter stark ansteigen würden. Selbst eine
Stagnation hätte diese Krise hervorgerufen. Ein Verfall
der Hauspreise war für diesen Markt katastrophal. Und
genau das war schließlich passiert.

Im Februar 2007 meldete New Century, der zweit-
größte Subprime-Kreditgeber in den USA, plötzlich hohe
Verluste im Subprime-Geschäft. Die Meldung schreckte
den gesamten Kreditmarkt auf. Überall stiegen die Zins-
margen, und zwar auch für Kreditpapiere, die überhaupt
nichts mit dem Immobiliensektor zu tun hatten. Denn
das Prinzip der Verbriefung wurde nämlich auch auf andere Kredite angewandt, auch Autokredite und Unternehmenskredite.

Ende Februar 2007 meldete die Börse von Schanghai
einen plötzlichen Einbruch von knapp zehn Prozent. Der
Grund hatte nichts mit dem Subprime-Debakel zu tun. Es
war eine rein chinesische Angelegenheit. Die chinesische
Regierung hatte zuvor angekündigt, Aktienspekulationen
begrenzen zu wollen. Die Weltmärkte benutzten die Panik von Schanghai als Vorwand für eine Neubewertung
der globalen Aktienmärkte. Auch in den Kreditmärkten

kriselte es kurzfristig. Kredite wurden teurer, und es kehrte zumindest für ein paar Wochen wieder ein Sinn für Risiko in den Markt zurück. Die Krise schwappte kurzfristig vom Immobilienmarkt auf den Rest des Kreditmarkts
über. Nach ein paar Wochen war aber diese Minikrise
dann auch vorbei.

Der Boom ging danach fröhlich weiter und mit ihm
immer verzweifeltere Versuche von Marktakteuren, diese
Blase mit rationalen Argumenten zu erklären.

Später im Frühjahr nahm die Blase ein weiteres be-
drohliches Ausmaß an. Man entwickelte einen neuen
Typus von Kredit, einen Firmenkredit für Unternehmen
mit schlechter Kreditwürdigkeit. Bei diesen Krediten ver-
zichtete man auf die üblichen Kontrollen. Die maximale
Höhe eines Kredites steht normalerweise in einem engen
Zusammenhang mit dem Einkommen des Kreditnehmers.
Ein Kreditnehmer ist normalerweise verpflichtet, bestimmte Liquiditätsvoraussetzungen zu erfüllen, wenn er den
Vertrag für einen Kredit unterzeichnet. Jeder, der schon
einmal eine Hypothek beantragt hat, weiß, dass die Banken in der Regel weniger als 100 Prozent des Immobilienwertes finanzieren, und dass die monatliche Abzah-
lung nicht höher sein darf als etwa ein Drittel des Netto-
einkommens. Das dient dazu, dass sich der Kreditnehmer
nicht überlastet.

Bei dieser speziellen Form von Kredit wurde auf alle
diese Vorsichtsmaßnahmen verzichtet. Es handelte sich
dabei um ein Äquivalent von Subprime-Kredit, diesmal
übertragen auf den Markt für Unternehmenskredite. Im
Fachjargon spricht man von „Cov-light"-Krediten, was
für „Covenant light" steht. Das englische Wort „Covenant" bedeutet „Vertrag". Cov-light bezeichnet also eine
lockere vertragliche Regelung. Die maßlose Überhitzung
im Immobiliensektor griff nun auf den Markt für Unternehmensanleihen über. Unternehmen konnten somit Kon-
sortialkredite erhalten, auf die sie sonst keinen Anspruch

gehabt hätten. Im Gegenzug dazu zahlte das Unternehmen einen etwas erhöhten Zinssatz. Da der Markt regelrecht boomte, war dieser Zinssatz allerdings nur ein wenig höher. Aus Sicht des Investors war der Ertrag relativ gering im Verhältnis zum Risiko. Nur scherten sich die Investoren wenig um das Risiko. Hauptsache, die Gewinnmarge war etwas höher.

Die Kontroverse um diese hochriskanten Kredite erreichte ihren Höhepunkt im Mai 2007, als Anthony Bolton[1], ein bekannter Fondsmanager, öffentlich vor diesem Instrument warnte. Es ist sehr selten, dass derartige Warnungen direkt aus der Industrie selbst kommen, und nicht etwa von Notenbankern oder Journalisten. Boltons Kritik war eines von mehreren Warnsignalen zu dieser Zeit, die signalisierten, dass hier ein Markt dabei war, völlig aus den Fugen zu geraten.

Doch zunächst ging auch diese Kontroverse spurlos an den Märkten vorbei. Die Kreditspannen – die Differenz zwischen den Zinssätzen von Krediten und denen von sicheren Staatsanleihen – wurden immer geringer. Die Investoren hatten zu dieser Zeit das Risiko völlig ausgeblendet. Ein etwas naiver Fondsmanager sagte einmal der *Financial Times*, die Firmen hätten nicht genug Zeit, pleitezugehen.

Das sollte sich als ein fulminantes Fehlurteil erweisen. Fast der gesamte Markt unterlag der Illusion, Liquidität sei schließlich ausreichend vorhanden. Doch dies ist oft eine Illusion. Plötzlich passiert etwas, und die Liquidität ist mit einem Mal verschwunden. Im deutschen Volksmund sagt man über Bankkredite, man bekomme sie nur, wenn man sie nicht braucht. Ähnlich ist es mit der Liquidität. Sie ist ausreichend vorhanden, wenn man sie nicht braucht. Aussagen, wonach Liquidität reichhaltig vorhanden sei, sollte man daher mit Vorsicht genießen.

Was ist eigentlich Liquidität?

Man hört überall, dass es reichlich Liquidität gibt. Die einen behaupten, die Ursache für die Liquidität liegt bei der Niedrigzinspolitik der Notenbanken, insbesondere der Federal Reserve in den Jahren 2001 bis 2004. Andere sagen, die Ursachen liegen in den globalen Ungleichgewichten. Die eine Erklärung ist eine monetäre Erklärung, die andere eine realwirtschaftliche. Die Argumente sind auf beiden Seiten alles andere als trivial.

Wir kennen Liquidität, wenn wir sie sehen. Sie zu definieren ist ungleich schwerer. Marktteilnehmer machen oft die schmerzliche Erfahrung, dass Liquidität reichhaltig im Aufschwung vorhanden ist und dann im Abschwung plötzlich verschwindet – also genau das, was im August 2007 passiert ist. Das liegt daran, dass im Abschwung die hinterlegten Sicherheiten weniger wert sind und damit die Kreditversorgung reduzieren.

Der Kreditmarktexperte Henry Maxey definiert drei Sorten von Liquidität: Cash, also Bargeld, beziehungsweise liquide Mittel; Kredite, die auf der Basis von Einkommenserwartungen gegeben werden, wie etwa Konsumentenkredite; und schließlich Kredite auf der Basis von Sicherheiten, Collateral im Englischen. Maxey macht eine weitere Klassifizierung bezüglich der Herkunft der Liquidität, und zwar solche, die von Zentralbanken direkt erzeugt wird; solche, die vom klassischen Bankensystem erzeugt wird; und schließlich Liquidität, die vom Nichtbankensektor her stammt. Letztere zum Beispiel ist ausschlaggebend für den hohen Hebel bei den Krediten für Hedgefonds.

Die Arten von Liquidität beziehungsweise deren Herkunft sagt uns allerdings wenig über die Zusammenhänge zwischen diesen Gruppen aus. Es kann also schon sein, dass die Liquidität am Ende der Kette ein monetäres Phänomen ist, das direkt von den Zentralbanken durch eine konsequente Niedrigzinspolitik verursacht ist. Zentralbanken versorgen Banken mit Liquidität, die dann durch eine ganze Reihe von direkten und indirekten Kanälen Liquidität in die Wirtschaft schleusen. Woher genau der Kredit am Ende kommt, ist letztlich irrelevant.

Es kann aber auch sein, dass Liquidität globale Ursachen hat. Selbst wenn die heimischen Zentralbanken keine Schuld treffen sollte, kann Liquidität dadurch entstehen, dass einige Länder, zum Beispiel die OPEC-Staaten oder China, enorme Handelsüberschüsse mit den USA aufweisen und die überschüssigen Dollars durch den globalen Finanzmarkt schleusen. Eine Liquiditätsblase ist daher in letzter Konsequenz immer ein volkswirtschaftliches Phänomen.

Es waren die letzten Monate vor dem Crash. Im Juni 2007 meldeten zwei Hedgefonds der großen US-Bank Bear Stearns, dass sie durch die Subprime-Hypothekenkrisen in ernste Zahlungsschwierigkeiten gerieten. Damals hieß es, einer der Fonds stünde kurz vor dem Kollaps. Die Muttergesellschaft hat später die Fonds mit milliardenschweren Finanzspritzen gerettet. Im August 2007 wurde die Lage an den US-Hypothekenmärkten immer brenzlicher. Nach New Century, dem zweitgrößten US-Hypothekenkreditgeber, der im Februar Verluste meldete und Anfang April nach amerikanischem Recht das Insolvenzverfahren eröffnete, geriet plötzlich die gesamte Subprime-Industrie ins Straucheln. Während des zweiten Quartals 2007 beschleunigte sich der Verfall der Häuserpreise. Der Case-Shiller-Hauspreisindex für die 20 größten Städte der US fiel in diesem Quartal um 3,2 Prozent

gegenüber dem Vorjahr. Im dritten Quartal ging es weiter
bergab. Die Varianz war sehr hoch. In einigen Regionen,
wie zum Beispiel Chicago oder Westküste, waren die Verluste sehr viel höher.[2]

Viele Experten hatten Ende 2006 prognostiziert, dass
sich der Immobilienmarkt bald wieder erholen würde.
Das Gegenteil ist eingetreten. Der Preisverfall beschleunigte sich, und gerade für die Kreditnehmer im Subprime-
Segment bedeutete der Knall im Immobilienmarkt den
Ruin. Die Hausbesitzer waren plötzlich mit einer Situation konfrontiert, in der sie weder in der Lage waren, die
Kredite abzuzahlen, noch, ihr Haus zu verkaufen. Denn
der zu erwartende Erlös des Hauses war geringer als die
gesamte Kreditschuld. Es passierte also, was passieren
musste. Immer mehr Subprime-Kredite wurden nicht zurückgezahlt. Da die Banken die Kredite längst weiterverkauft, aufgeschnitzelt und in kleine Pakete transformiert
hatten, waren sie selbst aus dem Schneider, aber nicht
die von den Banken eingerichteten Zweckgesellschaften
oder SIVs. Im Juni und Juli 2007 brodelte es weiter, aber
zumeist unterhalb der Oberfläche. Es war die Ruhe vor
dem Sturm. Im August war es dann so weit.

Im August 2007 wurde schnell klar, welche Investoren
sich mit diesen Subprime-Produkten eingedeckt hatten.
Man vermutete zunächst, dass es hauptsächlich Hedgefonds waren. Hierbei handelt es sich um Investmentgesellschaften, die nicht reguliert sind und die höhere Risiken
eingehen als gewöhnliche Investmentfonds. Vor der Krise
hatte man große Angst davor, dass ein bedeutender Hedgefonds pleitegehen würde und damit seine eigenen Kreditgeber mit in den Abgrund reißen würde. Ähnliches passierte im Jahre 1998, als der damals größte Hedgefonds der
Welt, Long-Term Capital Management, sich verspekulierte
und eine Finanzkrise auf der Wall Street ausgelöst hatte.

Die ganze Welt starrte Anfang August wie gebannt auf
die Hedgefonds. Es stellte sich heraus, man führte wieder

einmal den Krieg von gestern. Die wirkliche Krise kam aus einer ganz anderen Ecke – aus der Ecke des Geldmarktes.

1.4 Akt IV: Der Knall

Der Schock kam am Donnerstag, den 9. August 2007. Um die Mittagszeit kam es in Europa in den Interbankmärkten plötzlich zu einem Verkäuferstreik. Dabei handelt es sich um Finanzmärkte, auf denen die Banken sich untereinander und ohne Sicherheit mit kurzfristigem Geld versorgen. Sie sind ein wichtiger Bestandteil der Finanzmärkte. Da es sich um extrem kurzfristige Kredite handelt, sind die Zinsen in diesem Markt relativ stabil, meist in der Nähe des Zentralbankzinses.

Um die Mittagszeit des 9. August 2007 herum passiert etwas Ungewöhnliches. Der Marktzins für Tagesgeld sprang plötzlich von ungefähr vier Prozent, dem Leitzinssatz der Europäischen Zentralbank, auf über 4,4 Prozent. Es war also offensichtlich, dass am Geldmarkt das Geld knapp wurde. Banken waren plötzlich nicht mehr willens, einander Geld zu leihen. Die EZB, zu deren Aufgabe es gehört, für stabile Konditionen an den Geldmärkten zu sorgen, intervenierte in einer bislang unbekannten Dimension. Binnen kürzester Zeit versorgte sie den Markt mit Liquidität im Wert von 95 Milliarden Euro. Die Interventionen dauerten mehrere Wochen, ohne dass es gelang, den Geldmarkt zu stabilisieren. Zeitweilig wuchs die Zinsdifferenz noch weiter. Überall auf der Welt lagen die Geldmarktzinsen knapp einen halben Prozentpunkt über den Leitzinsen. Es handelte sich um ein weltweites Liquiditätsproblem.

Die Nachricht der europäischen Geldmarktkrise verbreitete sich wie ein Lauffeuer und führte zu ähnlichen

Geldmarktverwerfungen in anderen Kontinenten, natürlich auch in den USA, wo die Federal Reserve mithilfe von zwei Geldmarktoperationen an diesem Tag insgesamt 24 Milliarden Dollar in den Markt pumpte.

Einige Händler hofften, der Spuk ginge schnell vorüber, aber es wurde schlimmer. Die Liquiditätskrise im Interbankenbereich schwappte auf einen anderen Teil des Geldmarktes über, und zwar den Markt für Commercial Paper.

Was ist ein Commercial Paper?

Hierzu gibt das Wirtschaftslexikon24.net folgende sinnvolle Definition:[3] Bei Commercial Papers (CPs), oft auch Euro Commercial Papers oder Euronotes genannt, handelt es sich um Geldmarktpapiere, die als Inhaberpapiere ausgestattet sind. Sie sind insofern mit den Certificates of Deposit (CDs) vergleichbar. Im Gegensatz zu den CDs sind die Laufzeiten nicht standardisiert, sondern können auf individuelle Anlagebedürfnisse der Anleger abgestellt werden. Die Laufzeiten bewegen sich in der Regel zwischen 30 und 270 Tagen. Die Zinsen werden im Gegensatz zu den CDs abgezinst gezahlt. (Anmerkung des Autors: abgezinst heißt, wenn man sich 100 Mark für ein Jahr ausleiht zu einem Zinssatz von vier Prozent, dann erhält man am Anfang 96,15 Euro und zahlt am Ende des Jahres die 100 Euro zurück). Commercial Papers werden vornehmlich durch erstklassige Industrieadressen begeben. Darüber hinaus treten in den USA die Niederlassungen ausländischer Banken als Emittenten auf.

CPs werden durch Broker vertrieben und durch diese auch auf dem Sekundärmarkt gehandelt. Voraussetzung für die Platzierung und den Handel ist ein ausgezeichnetes Rating der Emittenten. Adressen mit

weniger guter Bonität können Commercial Papers mit
der Garantie einer erstklassig eingestuften Bank oder
Versicherungsgesellschaft begeben (Support Facilities,
Back-up Lines) ... Eine wichtige Variante des klassischen Commercial Papers stellt das Asset-Backed
Commercial Paper dar, im Deutschen auch wertbesi-
chertes Geldmarktpapier genannt.

Als sich die Krise auf den Commercial-Paper-Markt aus-
dehnte, war hauptsächlich nur ein Subsegment betroffen,
und zwar der schon erwähnte Markt für wertbesicherte
Geldmarktpapiere, ABCP. Der ABCP-Markt ist dabei der
Markt, in dem sich vor allem die SIVs kurzfristig finanzierten.

Und somit hatten die Zweckgesellschaften gleich zwei
Probleme. Die langfristige Finanzierung funktionierte nicht
mehr, da die Investoren die Wertpapiere nicht mehr kaufen wollten, und die kurzfristige Finanzierung funktionierte ebenfalls nicht, weil der Geldmarkt diese Wertpapiere nicht mehr als ausreichende Sicherheit akzeptierte.
Und somit kam es zu einer akuten Finanzkrise bei einigen
dieser Gesellschaften. Sie saßen auf ihren Papieren, und
keiner wollte sie haben, auch nicht der ABCP-Markt, wo
man sie normalerweise als Sicherheit hinterlegen kann.

Die Krise hatte zu diesem Zeitpunkt also fast den gesamten Geldmarkt umfasst. Auch wenn die Zweckgesellschaften den Banken nicht gehören, die Banken stehen
trotzdem für ihre Verluste gerade. Und so kam es zu
den verschiedenen Minikrisen bei den Banken, zunächst
bei Bear Stearns, dann bei der IKB und der Sachsen LB,
und später bei den Investmentbanken. Banken wie Citibank, Bank of America oder auch die Deutsche Bank
sowie einige Investmentbanken wie Merrill Lynch hatten milliardenschwere Verluste erlitten, die sie im dritten

Quartal begannen, abzuschreiben. Bei Merrill Lynch und der Citibank mussten später die Chefs zurücktreten. Das Problem während dieser ganzen Zeit war, dass kaum einer wusste, wie tief das Fass war. Es kamen täglich neue Katastrophenmeldungen hinzu.

Die IKB Deutsche Industriebank in Düsseldorf unterhielt ebenfalls einen SIV mit dem Namen Rhineland Funding. Wie andere auch erlitt auch dieser SIV kurzfristige Zahlungsschwierigkeiten. Nur konnte die IKB die Mittel zur Rettung von Rhineland Funding nicht selbst aufbringen, und es kam zum Eklat.

Der Chef der Bankenaufsicht Bafin, Jochen Sanio, warnte daraufhin vor der schwersten Bankenkrise seit den 30er-Jahren, ein Kommentar, der zwar logisch richtig war, aber zu diesem Zeitpunkt die Märkte in Deutschland noch weiter verunsicherte. Die bundeseigene Kreditanstalt für Wiederaufbau, einer der Anteilseigner der IKB, sprang sofort mit einer Kreditlinie von 8,1 Milliarden Euro ein. Effektiv bedeutete dies: Die Bundesregierung hat diese Bank gerettet. Die IKB wäre ohne diese Hilfe in akute Schwierigkeiten geraten. Der Aufsichtsrat der IKB war ebenfalls nicht vollständig informiert und schien mit der ganzen Angelegenheit hoffnungslos überfordert.

Zwischenzeitlich gab es auch eine weitere Krise in einer deutschen Bank, die allerdings mit der Kreditmarktkrise nicht im Zusammenhang stand. Auch die Düsseldorfer WestLB geriet in Schwierigkeiten, weil sich dort einige Händler verspekuliert hatten.[4] Die Nervosität an diesen Märkten war zu dieser Zeit extrem.

Im August wiederholte sich das Schauspiel bei der Sachsen LB. Auch dort gab es Subprime-Verluste, auch dort gab es Bankmanager, die nicht wussten, wie ihnen geschah. In diesem Fall bestand die Rettung in einer Fusion mit einer anderen Landeszentralbank, und zwar die LBBW in Stuttgart, die dann später auch eine Fusion mit der WestLB anstrebte.

Die Krise, die im Subprime-Geschäft in den grauen Vororten amerikanischer Großstädte ihren Ursprung nahm, hatte Mitte August 2007 den deutschen Bankensektor erreicht. Die ersten Opfer waren also nicht die hochriskanten Hedgefonds, sondern stinklangweilige Finanzinstitutionen wie die IKB oder die Sachsen LB. Die bravsten deutschen Kleinbanken, die sich darauf spezialisiert haben, mittelständische Betriebe zu finanzieren, haben sich massenweise mit diesen Schrottpapieren eingedeckt. Natürlich ist das Problem nicht auf die IKB und die Sachsen LB beschränkt. Überall in Europa haben sich Banken mit Papieren versorgt, die Traumrenditen von bis zu 20 Prozent versprachen, Renditen, von denen man im Aktienmarkt nur träumen kann.

Was die Investoren nicht beachteten, war, dass sie in Märkte investierten, deren Liquidität nicht gesichert war. Natürlich war die Liquidität groß, als die Zeiten noch gut waren, aber das änderte sich sehr schnell, als die Banken feststellten, dass es keine Käufer für diese Wertpapiere mehr gab. Ein kurzfristiger Käuferstreik wäre noch zu verkraften gewesen, aber der hohe Zahlungsausfall der amerikanischen Subprime-Hypotheken bedeutete, dass die von den Banken gehaltenen Wertpapiere tatsächlich weniger wert waren. Als die Krise ausbrach, waren viele dieser Papiere schrottreif.

In den folgenden Wochen Ende August bis Mitte September wurde sehr viel diskutiert. Wie schlimm ist die Krise? Weitet sie sich aus? Ist das eine reine Finanzkrise, oder wird die Wirtschaft insgesamt darunter leiden? Was sollen die Zentralbanken tun? Sollte man den Markt weiter mit Liquidität versorgen? Die Leitzinsen senken? Gerade unter Notenbankern selbst wurde dieses Thema heftig diskutiert.

Im August und September verschlechterte sich auch die Lage bei den US-Immobilien. Der Finanzökonom Robert Shiller von der Universität Yale, und Koautor des

Case-Shiller-Hauspreisindex, sagte voraus, dass sich Teile der USA auf Wertverluste von bis zu 50 Prozent gefasst machen müssten, damit Hypotheken und Mietsätze wieder in Einklang gebracht werden. Wenn Shiller recht mit seiner Prognose hat, denn steht der wirkliche Verfall der US-Hauspreise erst noch bevor.

Für die US-Wirtschaft gehört ein derart hoher Preisverfall zu den denkbar gravierendsten ökonomischen Ereignissen überhaupt, denn der Immobilienmarkt übt einen übermäßig großen Einfluss auf die Wirtschaftsleistung aus. Die Möglichkeit eines drastischen Einbruchs der Immobilienpreise alarmierte daher eine ganze Reihe von Ökonomen, auch innerhalb der amerikanischen Zentralbank.

Anfang September während des jährlichen Symposiums der Notenbanker in Jackson Hole[5] im US-Bundesstaat Wyoming forderte der ehemalige Wirtschaftsberater von Ronald Reagan, Martin Feldstein, die Federal Reserve dazu auf, die Zinsen um einen ganzen Prozent von 5,25 auf 4,25 Prozent zu senken, um eine Rezession abzufedern. Auch der Notenbank-Gouverneur Frederick Mishkin[6] argumentierte dort, dass eine Notenbank durchaus eine durch einen Immobiliencrash verursachte Rezession abwenden kann, aber nur, wenn sie entschlossen und schnell genug reagiert. Es gab während dieser Tage viele Vorschläge, wie man diese Krise bewältigen sollten. Die Ökonomen Willem Buiter und Anne Sibert[7] schrieben in mehreren Kommentaren in der *Financial Times*, das Grundproblem sei schließlich das Versagen eines Markts, der nicht in der Lage ist, den Preis für bestimmte Wertpapiere zu bestimmen. Wäre es da nicht angebracht, wenn die Zentralbanken in ihrer Funktion als Kreditgeber der letzten Instanz diese Papiere als Sicherheiten akzeptieren würden?

Die Zentralbanken lehnten diesen Vorschlag ab. Aber unter den Zentralbanken gab es erhebliche Unterschiede. Die Europäer waren am großzügigsten, vielleicht auch,

weil gerade in Europa die ersten Banken ins Straucheln
gerieten. Die EZB versorgte die Banken mit ausreichend
viel Geld zu den normalen Konditionen. Die Bank of
England hingegen zeigte sich in diesen Monaten weniger großzügig. In Großbritannien unterhält die Zentralbank die Möglichkeit der Notfinanzierung zu einem entsprechend hohen Zinssatz. Ähnliches gibt es auch in den
USA. Die Banken nehmen diese Kredite nur ungern in
Anspruch, zum einen, weil die Zinsen sehr hoch sind, und
zum anderen, weil es peinlich ist, zugeben zu müssen,
dass man solche Kredite nötig hat. In England versuchte
man, derartige Geschäfte geheim zu halten, aber in einem
modernen Finanzmarkt wie der City von London, umzingelt
von Tausenden Journalisten, ist so etwas nicht möglich.

Zum offenen Streit kam es Mitte September, als der
Gouverneur der englischen Notenbank, Mervyn King[8],
der EZB den Vorwurf machte, dem Markt übermäßig
viel Liquidität zur Verfügung zu stellen. King argumentierte, die Probleme in den Märkten sitzen tiefer. Es han-
dele sich nicht um eine Liquiditätskrise, die mit einem
Überbrückungskredit getilgt werden könnte, sondern um
eine strukturelle Krise. Wenn man den Märkten zu große
Mengen an Liquidität zur Verfügung stellt, so King, dann
geht man große moralische Risiken ein. Man schiebt das
Problem von heute auf morgen. Die Spekulanten, durch
die Liquiditätszufuhr erneut gestärkt, würden dann später zurückkehren und alles noch schlimmer machen. Gegen dieses Argument sprach sich später der ehemalige US-
Finanzminister Larry Summers aus.[9] Er sagte, schlimmer
noch als diese moralische Gefahr, die von dieser Situation
ausgeht, wären die Moralisten, die diese Gefahr immer
heraufbeschwören. Er meinte natürlich den britischen
Notenbank-Gouverneur, ohne ihn explizit beim Namen
zu nennen.

Mervyn King galt unter den Notenbank-Gouverneu-
ren als ein Primus inter Pares. In den 80er-Jahren ein an-

erkannter Geldtheoretiker, der an der London School of
Economics forschte und lehrte, wurde King in den frühen
90er-Jahren Chefökonom der Bank of England, später
Stellvertretender Gouverneur und schließlich Notenbankchef. Sein Ruf war bis zu diesem Zeitpunkt unbestritten.
Er war einer der Erfinder des Prinzips der direkten Inflationssteuerung, eine Methode, mit der Zentralbanken
eine vorgegebene Inflationsrate mithilfe eines Prognose-
modells ansteuern konnten. King sagte einmal, sein Ziel sei,
die Geldpolitik langweilig zu machen. Es ginge schließlich
nicht um Leben und Tod oder um den Kampf zwischen
einer Theorie und einer anderen, sondern nur um technische Fragen. Das Direktorium der Bank of England bestand daher auch vorwiegend aus Technikern, die sich um
den Verlauf von projizierten Inflationskurven stritten.

Kings hohes Ansehen geriet innerhalb 24 Stunden
ins Wanken, als er an einem Tag etwas behauptete und
am nächsten Tag das Gegenteil unternahm. Nachdem er
am Donnertag, den 13. September, vor der moralischen
Gefahr warnte, die davon ausgeht, wenn Zentralbanken
anfangen, das Finanzsystem mit allzu viel liquiden Mitteln zu versorgen, wurde ein Tag später, am Freitag, den
14. September, bekannt, dass ausgerechnet die Bank of
England einer britischen Hypothekenbank namens Northern Rock unter die Arme gegriffen hat.

Die von King kurz zuvor kritisierten Europäer waren
schockiert, zum einen, dass einer ihre Kollegen sie öffentlich so scharf attackierte, und zum anderen, dass er dann
selbst einen „Bail-out" finanzierte, also die Rettung einer
Bank in Not. Des Weiteren hatte die Bank of England
keine andere Notenbank in Kenntnis gesetzt.

In einem Artikel in der *Financial Times*[10] verteidig-
te der französische Notenbankchef Christian Noyer die
Haltung der EZB in dieser Angelegenheit. Immerhin hat
die EZB nicht eine einzige Bank direkt gerettet. Sie hat
lediglich dem gesamten Markt Geld zur Verfügung ge-

stellt. Die Bank of England hingegen verlieh eine Milliar-
densumme an eine ziemlich aggressive Bausparkasse, die
zuvor dadurch bekannt geworden war, dass sie im über-
hitzten britischen Immobilienmarkt Hypotheken im Wert
von 130 Prozent des Hauspreises zur Verfügung stellte.
Hier handelte es sich also nicht um die nette Nachbar-
schaftsbank, sondern um eine Zockerbank.

Die Bank of England war an dieser Notrettung beteiligt. Die Initiative selbst ging aber von der britischen Regierung aus. So wie die Bundesregierung nicht das Risiko
eingehen wollte, die Sachsen LB zum Einsturz zu bringen,
so wollten die Briten nicht Northern Rock untergehen lassen, vorwiegend aus politischen Gründen.

Als die Nachricht von der Notfinanzierung für Northern Rock über die BBC am Morgen des 14. September
2007 verbreitet wurde, kam es in England zu einem klassischen Run auf die Bank.[11] Die Kunden standen Schlange,
um ihre Konten bei Northern Rock aufzulösen. Die On-
line-Kunden beschwerten sich, dass sie nicht in der Lage
waren, sich in das System einzuloggen, denn die Compu-
tersysteme von Northern Rock waren hoffnungslos überlastet. Binnen zweier Tage haben die Kunden zwei Milliarden britische Pfund aus ihren Northern-Rock-Konten
abgezogen. Drei Tage lang schwelte die Krise, bis sich die
Lage allmählich beruhigte.

King und die Treasury, nicht die EZB, machten den
kapitalsten Fehler, den eine Zentralbank in dieser Situation machen kann. Auf keinen Fall darf eine Zentralbank
insolvente Finanzinstitutionen unterstützen. Die Spekulanten sind die Gewinner. Wenn ihre riskante Wette auf-
geht, behalten sie den Gewinn. Wenn nicht, greift ihnen
die Zentralbank oder die Regierung unter die Arme. Der
Dumme in diesem Spiel ist der Steuerzahler.

In den 90er-Jahren sprach man auch vom sogenannten
Greenspan-Put, ein Ausdruck aus der Welt der Optionen.
Ein Put ist ein Instrument, das einem Investor im Fall ei-

nes Absturzes Absicherung bietet. Der damalige Fed-Chef Alan Greenspan, einer der marktfreundlichsten Fed-Chefs aller Zeiten, gehörte zu denen, die mit ihrer Zinspolitik die Blase an den Kreditmärkten maßgeblich beeinflussten. Die moralische Gefahr besteht darin, dass die Investoren in den guten Zeiten die hohen Renditen ernten, in den schlechten Zeiten von den Zentralbanken unterstützt werden. Genau das aber ist passiert. Jahrelang machten die Banken im Kreditmarkt gute Gewinne. Als es knallte, riefen sie nach staatlichen Hilfen.

Der Greenspan-Put kam erneut Ende September, als die US-Notenbank beschloss, die Leitzinsen von 5,25 Prozent auf 4,75 Prozent zu senken. Vorher entstand in den Finanzmärkten ein enormer Druck, dem die Fed nicht widerstehen konnte. Als die Leitzinssenkung bekannt gemacht wurde, da spekulierten die Märkte erneut schon auf die nächste Zinssenkung. Von den Märkten wurden die jetzt billigeren Zinsen mit großer Begeisterung aufgenommen. Binnen Kurzem schossen sich die Aktienmärkte auf neue Höchststände ein, zum Teil höher noch als vor der Krise. Zumindest auf diesem wichtigen Markt schien die Krise Ende September zu Ende zu sein.

Auf einem anderen Markt jedoch wurde es schlimmer. Durch die Leitzinssenkung wurde der Dollar für Spekulanten unattraktiver. Ende Oktober sank der Euro-Wechselkurs gegenüber dem Dollar auf 1,45 Dollar pro Euro, ein historisches Hoch. Während dieser Zeit stieg auch der Ölpreis auf neue Rekorde – Ende Oktober auf knapp 100 Dollar pro Barrel – und die Feinunze Gold wurde mit knapp 800 Dollar gehandelt. Die Märkte hatten plötzlich Angst vor einem Anstieg der Inflation, und gleichzeitig freuten sie sich über jede Zinssenkung. Ende Oktober legte die Fed mit einer weiteren, diesmal kleineren Zinssenkung nach, auf 4,5 Prozent. Zu diesem Zeitpunkt war die Zinsdifferenz zwischen den USA und dem Euro-Raum fast geschmolzen.

Was die Entwicklung der Kreditmärkte selbst anging,
war der Oktober ein relativ ruhiger Monat, aber es fühlte sich in den Märkten erneut an wie die Ruhe vor dem
Sturm. Im Oktober gab es zwei wichtige Ereignisse. Das
erste war die Etablierung eines großen Rettungsfonds für
den Kreditmarkt. Citibank, Bank of America und Bear
Stearns einigten sich unter Druck des amerikanischen Fi-
nanzministeriums, einen Rettungsfonds in einer Größenordnung von 75 bis 100 Milliarden Dollar einzurichten
mit dem Ziel, als Käufer der letzten Instanz den Kreditmarkt von seiner illiquiden Notlage zu befreien. Es hörte
sich zunächst an wie eine großartige Rettungsaktion. Die
Banken, die für den Schlamassel verantwortlich waren,
ziehen jetzt die Konsequenzen. Aber in den Tagen und
Wochen danach kamen immer mehr Skepsis und Kritik auf. Denn auch ein Rettungsfonds kann schließlich
nicht das Grundproblem lösen, denn der Rettungsfonds
selbst ist nichts anderes als ein SIV. Auch der Rettungsfonds kauft schlechte Papiere auf und wandelt sie in vermeintlich gute Papiere um. Die Frage, die am häufigsten
gestellt wurde zu dieser Zeit, war: Was passiert, wenn der
Rettungsfonds in Schwierigkeiten gerät? Denn schließlich
war das Grundproblem ein fehlerhafter Markt in diesen
Produkten. Es gab keinen regelrechten Marktmechanismus, vor allem gab es keinen Preismechanismus. Die
Preise errechneten sich aus einem theoretischen Modell,
dem zu diesem Zeitpunkt keiner mehr vertraute. Der Rettungsfonds löste also das Problem nicht. Die Produkte
blieben weiterhin intransparent. Der Marktmechanismus
funktionierte nicht. Die Endkunden streikten, da sie diesen Produkten mit Recht nicht vertrauten. Was passiert
also, wenn der Rettungsfonds pleitegeht? Die Antwort
wurde nie gegeben, aber es war zu erwarten, dass hier erneut der amerikanische Steuerzahler einspringt. Schließlich wurde der Dachfonds mithilfe von US-Finanzminister Hank Paulson aufgesetzt. Die Regierung hing also mit

drin, und war wieder in einer ähnlichen Situation wie
Ende der 80er-Jahre, als sie in die missliche Lage geriet,
die Sparkassenindustrie zu retten, die durch eine maßlose Zockerei in eine Krise geraten war. Erneut schlug die
moralische Gefahr zu. Die Wall Street steckt in den guten
Zeiten die Gewinne ein und bettelt in den schlechten Zeiten um Almosen von den Steuerzahlern. Dass sich derartiges Verhalten am Ende rächt, sollte nicht überraschen.

Die richtige Antwort wäre gewesen, dass die Banken
tatsächlich ihre Risiken voll abschreiben, anstatt zu versuchen, sich über die nächste Runde zu retten. Denn genau
das bedeutete der Rettungsfonds: nicht die Lösung des
Problems, sondern ein Aufschub. Ökonomisch war diese Idee ähnlich missraten wie die Agrarpolitik der Europäischen Union. Dieser Rettungsfonds war der Versuch,
die zum Teil unrealistischen Preise im Kreditmarkt aufrechtzuerhalten.

Das zweite wichtige Ereignis war die Herbsttagung
des Internationalen Währungsfonds (IWF) in Washington, auf der die Kreditkrise natürlich das Hauptthema
war. Man erhoffte sich von den Gesprächen und auch
vom Treffen der Finanzminister der sieben größten In-
dustrienationen Aufklärung. Das G-7-Treffen einigte sich
darauf, dem vom italienischen Notenbankchef Mario
Draghi geleiteten Finanzstabilitätsforum – eine Gruppe
aus Notenbankern und Regulierern – den Auftrag zu geben, Empfehlungen für die Zukunft zu geben. Die Notenbanken suchten die Schuld natürlich nicht bei sich selbst,
sondern bei den Marktteilnehmern. Und so kam eine relativ lauwarme Empfehlungsliste heraus. Man wolle die
Transparenz erhöhen und die Rolle der Hedgefonds näher untersuchen. Auf die Idee, dass die Krise auch etwas
mit der Niedrigzinspolitik der Notenbanken zu tun haben könnte, auf diese Idee kam dort niemand.

Ein hochrangiger Banker traf mit einem Kommentar
am Ende der Tagung den Nagel auf den Kopf. Er sei, so

sagte er, mit mehr Optimismus nach Washington geflogen als von Washington zurückgekehrt. Spätestens da war allen Beteiligten klar, dass die Krise noch längst nicht vorüber ist.

Auch der IWF warnte vor den langfristigen Auswirkungen dieser Krise. Im Oktober schien das Schlimmste zwar vorbei zu sein. Zumindest hatten die Banken einen Überblick über den entstandenen Schaden. Aber man war sich immer noch nicht sicher darüber, wie es weitergehen sollte. Die Unsicherheit dominierte die Stimmung der IWF-Tagung. Insbesondere machte man sich Sorgen über den Einfluss der Krise auf die Realwirtschaft. Die US-Wirtschaft begann zu dieser Zeit schon abzubauen. Der Verfall der Häuserpreise schien sich zu beschleunigen. Ebenfalls war unklar, ob und wie eine Verlangsamung der US-Wirtschaft oder gar eine Rezession auf den Rest der Weltwirtschaft wirkt.

Anfang November, als einige die Krise schon vorüber wähnten, kam es zu Problemen in einem anderen Teil des Kreditmarktes, der noch obskurer schien. Sogenannte Monoline-Versicherungen, Finanzfirmen, die sich darauf spezialisierten, Bondemissionen zu versichern, insbesondere amerikanische Kommunalanleihen (sogenannte Munis) gerieten plötzlich in große Not. Am 1. November kam es zu einem Minicrash bei Finanztiteln in den Aktienmärkten.

1.5 Akt V: Nachbeben oder Vorbeben?

Die Krise der Monolines und die Rücktritte der Chefs von Merrill Lynch und der Citibank waren die letzten Ereignisse, die wir in unserer Narrative berücksichtigen konnten. Der Redaktionsschluss für dieses Buch war Anfang November 2007. Wenn Sie, liebe Leserin, lieber Leser, dieses Buch im Frühjahr 2008 oder später lesen, dann sind Sie über den weiteren zeitlichen Ablauf dieser Krise

sicher informiert. Vielleicht haben sich die Ereignisse etwas beruhigt. Vielleicht erscheint es auch so, als sei diese Krise gänzlich vorüber. Doch man darf die Tatsache
nicht aus den Augen verlieren, dass das, was wir bislang
erlebt haben, lediglich der Zusammenbruch eines relativ
kleinen Teils des Kreditmarktes war, nämlich des Marktes für zweitklassige US-Hypotheken. Wir haben bislang
noch keine Probleme gehabt mit den anderen, größeren
und kritischeren Segmenten des Kreditmarkts, zum Beispiel mit den schon erwähnten Cov-light-Krediten. Bislang haben wir auch noch nicht über die Probleme ge-
sprochen, die mit Sicherheit entstehen, wenn die Anzahl
der Firmeninsolvenzen plötzlich ansteigt. Deren Anzahl
war bis zum Jahre 2007 extrem niedrig.

Ein großer Teil des Kreditmarkts besteht aus Versicherungen gegen Firmeninsolvenz. Hierbei handelt es sich
nicht um klassische Versicherungen, sondern um versi-
cherungsähnliche Verträge, die keiner strengen Regulierung unterliegen. Wenn die Insolvenzen steigen, dann ist
damit zu rechnen, dass es auch in diesem sehr großen
Marktsegment zu erheblichen Verwerfungen kommen
wird. Die sich Anfang November entfaltende Krise der
Monolines ist möglicherweise ein erstes Warnzeichen. Die
Kreditkrise ist somit keine Flutwelle, sondern tatsächlich eher einem Erdbeben zu vergleichen, das mit einem
Vorbeben anfängt, mit einem Hauptbeben seinen Höhepunkt erreicht, gefolgt von einer Reihe von Nachbeben.
Die zentrale These dieses Buches ist, dass die Hypothekenkrise vom Sommer 2007 nicht das Beben selbst war,
sondern ein Vorbeben. Die wirkliche Kreditkrise kommt
noch.

2 Von Märkten und Blasen

2.1 Warum wir moderne Finanzmärkte brauchen

Als Kolumnist der *Financial Times* und *Financial Times Deutschland* erhalte ich regelmäßig Briefe von Lesern, die unserem Wirtschaftssystem sehr kritisch gegenüberstehen. Einer dieser Leser machte mir einmal den Vorwurf, in meiner Darstellung der Kreditmarktkrise den Wald vor lauter Bäumen nicht zu erkennen. Das Problem habe nichts mit Regulierung zu tun, so der Leser, sondern mit dem kapitalistischen System an sich. Es ist das System, das zu Krisen und Fehlallokationen führt, und nicht etwa falsche Geldpolitik oder falsche Regulierung. Die Kreditmarktkrise sei nichts anderes als das Scheitern des kapitalistischen Systems an sich.

Diesen Standpunkt teile ich nicht. Ganz im Gegenteil: Ich bin ein großer Anhänger moderner Finanzmärkte. Ich halte Finanzmärkte für eine moderne Volkswirtschaft besser geeignet als ein paternalistisches Bankensystem mit einer Übermacht öffentlicher und genossenschaftlicher Banken. Das deutsche Bankensystem war das Pendant zum Korporatismus der Nachkriegszeit. In der postindustriellen Wirtschaft des 21. Jahrhunderts ist die Sparkasse ein Relikt aus alten Zeiten, und die Landesbank ein Dinosaurier.

Was sind die Vorzüge eines modernen Finanzmarktes? Seine Funktion ist es, Liquidität bereitzustellen, Informationen zu poolen und Risiko zu teilen. Damit werden volkswirtschaftliche Aktivitäten erlaubt, die es sonst nie geben würde. Es ist sicherlich zu begrüßen, wenn Berufsanfänger eine Hypothek erhalten, anstatt jahrelang in eine Bausparkasse einzuzahlen und währenddessen Miete zu zahlen. Es ist auch besser, wenn junge Unternehmer Wagniskapital erhalten, anstatt die Verwandten anzupumpen oder sich das Startkapital zusammensparen zu müssen oder gar aufzugeben. Kapital ist mehr als nur Schmieröl einer Wirtschaft. Es generiert Aktivität, die es sonst nicht gäbe. Und der moderne Finanzmarkt stellt dieses Kapital effizienter und bereitwilliger zur Verfügung als ein bankenbasiertes System.

Aber diese insgesamt positive Bewertung moderner Finanzmärkte lässt sich nicht so ohne Weiteres auf jedes Finanzinstrument übertragen. Das Problem mit den ultramodernen Finanzinstrumenten ist, dass sie zu diesem Prozess kaum noch beitragen und sich nur noch darauf beschränken, Geld umzuverteilen, zum Teil durch Verschleierung von Risiken, die dann von der Allgemeinheit getragen werden.

Der Kreditmarkt ist Teil des Kapitalmarkts. Hier werden Kredite, oft mit einer Laufzeit von vielen Jahren, in Wertpapiere verschiedener Güteklassen umgewandelt. Der britische Wirtschaftsjournalist Martin Wolf[12] verglich den Kreditmarkt in seiner Funktion mit einem berühmten Beispiel aus der Ökonomie, dem Markt für Gebrauchtwagen.

Hierbei handelt es sich um eine herrliche Geschichte und gleichzeitig eine tiefe Einsicht in die Funktionsweise von Märkten, die dem Autor George Akerlof einen Wirtschaftsnobelpreis einbrachte. Der Markt für Gebrauchtwagen ist ein Markt mit asymmetrischer Information, das heißt, die Verkäufer haben mehr und bessere Informationen als die Käufer. Denn Letztere sind nicht in der Lage, den Unterschied zwischen schlechten Autos – die von Akerlof als „lemons", also Zitronen, beschrieben wurden – und guten Autos zu treffen.

Da die Verkäufer guter Autos in einem solchen Markt keinen fairen Preis erzielen konnten, gingen sie aus dem Markt heraus. Das Resultat ist, dass nur schlechte Autos im Markt verblieben, was irgendwann einmal zu einem Käuferstreik führte. Der Markt für Gebrauchtwagen trocknete schließlich aus. Spätestens an diesem Punkt treten die Parallelen offensichtlich zutage.

Im Wesentlichen ist genau dasselbe im Kreditmarkt passiert. Hier hatten die Verkäufer zu jeder Zeit einen Informationsvorsprung, denn sie wussten, welche Kredite hinter den komplizierten Finanzinstrumenten standen. Die Käufer hingegen wussten das nicht, und wie bei Akerlofs Zitronen trocknete dieser Markt ebenfalls aus.

Akerlofs Beispiel von einem Markt für Gebrauchtwagen ist das klassische Beispiel von Marktversagen. Genau darum geht es in diesem Buch. Aber auch Akerlof kommt nicht zu dem Schluss, dass man den Markt an sich abschaffen muss. Das Grundproblem bei Akerlofs Gebrauchtwagenmarkt war, dass die Käufer nicht gut genug informiert waren. Heute gibt es Organisationen wie den ADAC oder private Klubs, die einem Autokäufer die Möglichkeit zu einem unabhängigen Gutachten vor einem Gebrauchtwagenkauf bieten. Man musste nur den Markt reparieren – in diesem Fall mit nur wenig Aufwand. Abschaffen und verstaatlichen musste man ihn nicht.

In diesem Buch geht es also nicht darum, die Finanzmärkte zu verteufeln und das Marktversagen als Entschuldigung für eine Antikapitalismuskampagne zu machen. Hier wird kein Plädoyer getroffen für eine Rückkehr zum öffentlichen Bankenwesen, das sich in Deutschland schon seit einiger Zeit im Rückzug befindet. In diesem Buch geht es um das Versagen eines Segments des Finanzmarktes und um die Ursachen dieses Versagens.

2.2 Forever Bubbles

I'm dreaming dreams, I'm scheming schemes, I'm building castles
high … I'm forever blowing bubbles, Pretty bubbles in the air, They
fly so high, Nearly reach the sky, Then like my dreams, They fade
and die.

Amerikanischer Folksong, 1919

Blasen gehören zu den faszinierendsten Phänomenen von
Finanzmärkten. Blasen gab es, solange es Finanzmärkte
gab, und im Grunde gab es sie sogar vorher schon. Um
unsere Finanzkrise zu verstehen, sollte man zunächst wissen, wie und warum Blasen entstehen.

Finanzmärkte leben von Erwartungen, denn der Wert
einer Investition wird durch Ereignisse in der Zukunft bestimmt. Investoren in den Rohstoffmärkten spekulieren
im Sommer darauf, wie die Weizenernte im Herbst aus-
fällt. Der Wert einer Aktie berechnet sich, zumindest theoretisch, als der abgezinste Wert aller zukünftigen Gewinne eines Unternehmens, geteilt durch die Anzahl der
Aktien. Ein Investor im Aktienmarkt drückt also seine
Erwartungen über zukünftige Gewinne aus. Die Finanz-
theorie unterstellt, dass die Gesamtheit der Investoren
sich rational verhält. Das heißt jetzt nicht, dass alle immer die richtigen Entscheidungen treffen, sondern lediglich, dass die Mehrheit der Investoren sich nicht permanent ins Boxhorn jagen lässt. Zum Beispiel bedeutet diese
Aussage unter anderem, dass man aus Fehlern lernt.

Ein analoges Beispiel kommt aus der Politik. Wir nehmen schließlich an, dass die Gesamtheit der Wähler in einer Demokratie die für sie richtig Wahl trifft. Auch wenn
sie sich nicht zu jeder Zeit richtig entscheiden, lernen sie
aus ihren Fehlern. Der Prozess erinnert an Winston Chur-
chills berühmten Kommentar über die Amerikaner: „Sie
treffen am Ende immer die richtige Entscheidung – nachdem sie alle Alternativen vorher ausprobiert haben."[13]

Wir wissen natürlich, dass Menschen zu irrationalem Verhalten fähig sind, auch über längere Zeiten. Eine Finanzmarktblase ist ein Beispiel für irrationales Verhalten einer großen Mehrheit von Investoren. Während der Blase glaubt jeder, rational zu handeln. Erst im Nachhinein wird den meisten Leuten klar, wie irrational sie sich zuvor verhielten.

Zu diesem Thema hat der mittlerweile verstorbene amerikanische Ökonom John Kenneth Galbraith ein herrliches Büchlein geschrieben mit dem Titel: „A Short History of Financial Euphoria", übersetzt: eine kurze Geschichte finanzieller Euphorie. In seinem Buch beschreibt Galbraith, wie verschiedene Blasen der Weltgeschichte entstanden sind.

Die meisten von ihnen hatten folgende Merkmale gemeinsam: Das erste ist eine ansteckende Euphorie. Menschen, die normalerweise nicht investieren, lassen sich in den Bann der Blase ziehen. Das zweite Phänomen ist der Versuch, die extrem hohen Preise mit Scheinargumenten zu rationalisieren, zum Beispiel New-Economy-Theorien um das Jahr 2000 herum oder noch abstrusere Theorien in der Vergangenheit. Die Pseudotheorie, die dem Kreditboom zugrunde lag, war die Annahme, dass mathematische Innovationen im Finanzsektor zu einer effizienteren Zuteilung von Krediten geführt haben. Es bekommen Menschen und Unternehmen für lukrative Projekte heutzutage Kredite, die sie früher nicht erhalten hätten.

Das dritte Merkmal einer Bubble ist ein starkes und plötzliches Anwachsen der Kredite. Die Investoren spekulieren nicht mit ihrem eigenen Vermögen, sondern leihen sich Geld, um ihre Zockerei zu finanzieren. Das gilt im Übrigen auch für den Kreditmarkt selbst. Dort basieren also nicht nur die Wertpapiere auf Krediten. Sondern die Spekulationen werden mit Krediten finanziert. Dass so etwas schnell in einem Teufelskreis endet, ist offensichtlich.

In diesem Markt passieren sehr merkwürdige Dinge.
Die Kreditabteilung einer Bank „verkauft" einen Kredit,
der dann in ein Wertpapier umgeformt wird, und das
dann von der Anlageabteilung derselben Bank wieder gekauft wird. Hier wird keine volkswirtschaftliche Aktivität kreiert. Hier wird Geld von einem Ort zum anderen
geschoben.

Hierzu macht Galbraith eine bemerkenswerte und
hochkontroverse Feststellung. Im Grunde trifft er damit
den philosophischen Kern des Problems. Es geht nämlich um die Frage, ob so etwas wie Innovation in Finanzmärkten überhaupt möglich ist. Dazu Galbraith[14]: (Meine Übersetzung aus dem Englischen):

*Was neue Finanzinstrumente angeht, so definiert
die Erfahrung eine klare Regel ...: Die Regel ist,
dass Finanzmärkte sich nicht für Innovationen eignen. Was immer wieder so beschrieben und zele-
briert wird, ist ohne Ausnahme eine kleine Variante
eines längst etablierten Vorgangs, eine, die ihr
unterscheidendes Merkmal der Kurzlebigkeit der
Erinnerungen in den Finanzmärkten verdankt. Die
Finanzwelt feiert die Erfindung des Rades immer
wieder, oft in einer nur weniger stabilen Variante.
Jegliche Finanzinnovation beinhaltet in irgendeiner
Form die Schaffung von Schulden, die durch mehr
oder weniger adäquate Sicherheiten gedeckt sind.*

Salopp ausgedrückt: Was eine Bubble zu einer Bubble
macht, ist nicht die Tatsache, dass Oma das Sparkonto
auflöst und Aktien kauft, sondern dass Oma das Sparkonto auflöst, das Fünffache dieser Summe an Kredit erhält und mit Sparbuch plus Kredit eine hochriskante
Tranche eines komplizierten Kreditderivats kauft, die
Oma nicht versteht, mit der sie aber einem Hedgefonds

garantiert, für die Bonität paraguayischer Staatsanleihen geradezustehen.

In seinem Buch gibt Galbraith ebenfalls eine kurze Übersicht über die wichtigsten Blasen der Geschichte. Nur die wenigsten waren klassische Aktienblasen. Kreditblasen gab es in der Vergangenheit natürlich nicht, denn es gab schließlich keine Kreditmärkte.

Notwendige Voraussetzung einer jeden Blase ist natürlich das Vorhandensein eines Marktes. Dabei muss es sich nicht unbedingt um einen Finanzmarkt handeln. Eine der merkwürdigsten Blasen überhaupt war die niederländische Tulpenblase aus dem 17. Jahrhundert, die viele Merkmale moderner Blasen schon aufwies. Dass man mit Aktien und anderen Wertpapieren eine Finanzblase erzeugen kann, grenzt für viele Menschen schon an ein Wunder. Dass so etwas mit einer Tulpenzwiebel möglich ist, ist für Kenner der Wirtschaftsgeschichte immer wieder erstaunlich. In der folgenden Textbox steht eine verkürzte Version von Galbraiths herrlicher Geschichte.[15] Wer es eilig hat, kann diesen Text überspringen. Um die Psychologie einer Blase zu verstehen, ist die Geschichte der Tulpen das wohl beste Beispiel.

Die Tulpenzwiebelblase

Die Tulpe gilt im Ausland als ein typisch niederländisches Produkt, sie war dort allerdings bis ins 16. Jahrhundert unbekannt. Damals wurden zum ersten Mal Tulpenzwiebeln – Tulipa, aus der Familie der Liliaceae – von Konstantinopel, heute Istanbul, nach Amsterdam geschifft. In den darauffolgenden Jahren etablierte sich die Tulpe als ein Zeichen von Wohlstand und kultiviertem Leben.

In den Niederlanden im frühen 17. Jahrhundert wur-

de die Tulpe zum Gegenstand der Spekulation. Ganz
Holland spekulierte und wurde zunächst reich. Galbraith schreibt: „Keine Person mit auch nur der geringsten geistlichen Empfindsamkeit wollte hier im Abseits
stehen. Die Preise waren extravagant. Im Jahre 1636
wurde eine Zwiebel, die vorher keinen offensichtlichen
Wert hatte, plötzlich für einen Wagen und zwei Pferde eingetauscht." Das war aber nur der Anfang der
Bubble. Galbraith zitiert eine eindrucksvolle Passage
von Charles Mackays Werk, „Extraordinary Popular
Delusions and the Madness of Crowds", aus dem Jahre 1841, eines der wichtigsten Referenzen über diese
Episode. Mackay schreibt (meine Übersetzung aus
dem Englischen):

Die Nachfrage nach Tulpen einer besonders sel
tenen Gattung wuchs so stark im Jahre 1636,
dass man auf der Amsterdamer Börse Stände für
ihren Handel etablierte. Ebenso in Rotterdam,
Haarlem, Leiden, Alkmaar, Hoorn und anderen
Städten ... Zunächst, wie üblich am Anfang ei
ner Spekulationsmanie, war die Zuversicht groß,
und jeder schien zu gewinnen. Die Tulpenhänd
ler an der Börse spekulierten auf Anstieg und
Fall von Tulpenzwiebeln. Sie verbuchten große
Gewinne mit Käufen, nachdem die Preise gefal
len waren, und mit Verkäufen, nachdem sie an
gestiegen waren. Viele Menschen wurden ganz
plötzlich reich. Ein goldener Köder hing auf ein
mal vor den Menschen, und einer nach dem an
deren schmissen sie sich auf den Tulpenzwiebel
markt wie Bienen auf einen Honigtopf. Jeder von
ihnen glaubte, dass die Vorliebe für Tulpen ewig
dauern würde, und dass die Wohlhabenden der

ganzen Welt ihre Einkäufer auf ewig nach Amsterdam schicken würden und bereit sind, jeden Preis zu bezahlen, den man von ihnen verlangt. Die Reichen Europas stiegen am Zuyder Zee ab, und die Armut war plötzlich aus den holländischen Gefilden verschwunden. Nobelmänner, Bürger, Bauern, Handwerker, Seefahrer, Knechte und Mägde, auch Schornsteinfeger und Altkleiderverkäuferinnen versuchten sich in der Tulpenspekulation. Menschen aller Schichten verkauften ihre Immobilien und investierten den Erlös in Blumen. Häuser und Grundstücke wurden für lächerlich geringe Preise zum Verkauf angeboten oder als Zahlungsmittel im Tulpenmarkt ausgewiesen. Auch Ausländer waren von diesem Wahnsinn betroffen, und Geld strömte nach Holland von allen Seiten. Die Lebenshaltungskosten sind dann plötzlich angestiegen. Die Preise für Häuser und Grundstücke, Pferde und Wagen sowie Luxusgüter aller Art wuchsen ebenfalls, und für einige Monate erschien Holland als das Vorzimmer von Plutus. Der Tulpenhandel entwickelte sich derart, dass man es für nötig hielt, einen Gesetzeskodex für den Handel zu erlassen ... In den kleineren Städten, wo es keine Börsen gab, wurde häufig die größte Taverne im Ort als Umschlagplatz gewählt. Dort versammelte sich die Dorfgemeinschaft zumeist während genussvoller Abende, oft mit 200 oder 300 Abendgästen, und große Vasen mit Tulpen in voller Blüte wurden auf die Tische und Sideboards gestellt als Dank für die großzügigen Erlöse während des Schmauses ...

Das Ende des Tulpenwahns kam im Jahre 1637. Keiner weiß so recht, wie das Ende seinen Anfang nahm. Aber einige bekannte Spekulanten verkauften plötzlich ihre Tulpen und zogen sich aus dem Markt zurück. Warum, weiß niemand. Aber der Rückzug führte zu einer Massenpanik. Viele Spekulanten kauften ihre Tulpen nicht mit ihrem eigenen Geld, sondern mit Krediten, in der Hoffnung, dass die Wertsteigerung den Zins bezahlt. Aus reichen Nobelmännern wurden arme Leute. Das ganze Land verarmte und erlitt eine tiefe Depression, die mehrere Jahre andauerte. Es begann die Suche nach den Schuldigen. Galbraith schrieb, die Geschichte hatte im Grunde nur eine gute Komponente. „Die Kultivierung der Tulpe setzte sich in Holland fort, und große Märkte entstanden sowohl für die Blumen als auch die Zwiebeln. Jeder, der die Tulpenfelder dieses ruhigen und angenehmen Landes im Frühjahr gesehen hat, behält für immer ein Gefühl für die Gnade der Natur."

Galbraith beschreibt ebenfalls sehr eindrucksvoll, wie kurz die menschliche Erinnerung ist. Nach jeder geplatzten Blase ist der Finanzsektor zunächst gegen Euphorie geimpft. Mehrere Jahre betrachtet man die Wahrscheinlichkeit ansteigender Preise mit großer Skepsis. Dazu Galbraith:[16]

Für den praktischen Gebrauch sollte man annehmen, dass das finanzielle Erinnerungsvermögen als maximal 20 Jahre angenommen werden kann. Das ist normalerweise die Zeit, die gebraucht wird, bis die Erinnerung an die Katastrophe ausgelöscht wird und eine neue Variante der Demenz entsteht, die den Geist der Finanzmärkte erobert.

Die Geschichte der Tulpenblase gehört sicherlich zu den merkwürdigsten Phänomenen der Wirtschaftsgeschichte überhaupt. Obwohl damals die Finanzmärkte noch nicht annähernd so weit entwickelt waren, gibt es dennoch eine ganze Reihe von überraschenden Parallelen. So irrational die Tulpenblase aus heutiger Sicht erscheinen mag, so rational erschien den Menschen damals der rasant steigende Wert von Tulpenzwiebeln. Auch Profis sind damals reingefallen. Auch in der heutigen Kreditkrise gibt es Opfer, die nicht gerade Witwen und Waisen sind, sondern hartgesottene Banker, die den Fehler gemacht haben, an ihre eigenen Lügen zu glauben.

Galbraith hat in einem Punkt völlig recht. Wenn es um Blasen geht, dann wiederholt sich die Geschichte nahezu perfekt. Euphorie entsteht unweigerlich, und mit ihr wächst die Bereitschaft, irrationale Risiken einzugehen.

An dieser Stelle möchte ich auf eine weitere Bubble eingehen, die Panik von 1907, die einige wichtige strukturelle Parallelen mit der heutigen Situation aufweist, mehr noch als die wohlbekannte Krise aus dem Jahr 1929. Wie heute handelte es sich damals um eine Panik, die im Bankensystem selbst entstanden ist. Sie begann mit dem Versuch eines Spekulanten, den Markt für Kupfer zu manipulieren. Daraus ergaben sich eine Reihe von Kettenereignissen, die fast zum totalen Kollaps des amerikanischen Bankensystems geführt haben. Für denjenigen, der die Probleme von heute verstehen will, bietet der Crash aus dem Jahre 1907 eine Reihe von wichtigen Lehren.

Die Panik von 1907[17]

Um das Jahr 1900 durften amerikanische Banken zwar
von der Öffentlichkeit Ersparnisse akzeptieren, aber sie
durften kein Vermögen verwalten. Zu diesem Zweck
gab es damals die Trust Companies, man könnte sagen, sie waren die Vorgänger der modernen Hedgefonds. Damals wie heute gab es Lücken in der ansons-
ten strikten Regulierung. Banken durften zwar nicht
das Geschäft eines Trusts ausüben, sie durften aber
Trusts besitzen. Bankdirektoren durften für Trusts arbeiten und umgekehrt, und somit existierte die eigentlich strikte Trennung nur auf dem Papier. So streng die
Regeln auch waren: Die Banker wussten immer, wie
sie die Regeln am besten umgehen.

Ein Unterschied zu heute war, dass es damals keine
Zentralbank gab. Anstatt dessen gab es eine Clearing
House Association, die den Banken selbst unterstand,
in die die Trusts allerdings nicht eingebunden waren.
Das Clearing House war dafür verantwortlich, die
Schecks der Banken untereinander einzulösen und
die Liquidität im Markt sicherzustellen. Das Clea-
ring House fungierte somit als Geldgeber der letzten
Instanz. Es übte auch eine Regulierungsfunktion aus,
und es war damals eine große Ehre, im Vorstand der
Clearing House Association berufen zu sein. So viel
zur Ausgangslage.

Der Crash begann mit einer normalen Fehlspekulation im Oktober 2007. Ein damals bekannter Spekulant aus dem Kupfergeschäft, ein Augustus Heinze,
versuchte mit wilden Spekulationen, den Preis für
Kupfer in die Höhe zu treiben, indem er gnadenlos die
Aktien von United Copper aufkaufte. Die Spekulation
ging allerdings daneben. Heinze verlor 50 Millionen

Dollar, damals ein unvorstellbar großes Vermögen, und dieser Verlust hatte negative Auswirkungen auf die Märkte. Wäre Heinze nur ein normaler Kupferspekulant gewesen, dann wäre aus der Fehlspekulation keine Finanzmarktkrise entstanden. Aber Heinze war ebenfalls ein Banker, wenn auch einer, der selbst zugeben musste, dass er vom Bankengeschäft nicht viel verstand. Heinze gehörte eine Bank in der Provinz. Er war aber auch Präsident der Mercantile National Bank, ein Mandat, das er dann auch sofort zur Verfügung stellte, als seine Verluste im Kupfergeschäft publik wurden.

Trotzdem verhindert das nicht ein Run auf die Mercantile National Bank am nächsten Tag, denn die Sparer vermuteten fälschlicherweise, dass die Bank mit Heinzes Geschäft etwas zu tun hatte. Damals war Sparvermögen noch nicht versichert, wie das heute zum Teil der Fall ist, und sogenannte Bank-Runs gab es im 19. und früher 20. Jahrhundert sehr häufig. Der Bank-Run auf die Mercantile National Bank wurde kurzfristig dadurch gestoppt, dass die Clearing House Association einsprang. Man vermutete schon, und die Zeitungen berichteten es, dass die Krise damit vorbei sei. Es war eine falsche Vermutung. Es sollte viel schlimmer kommen.

Gleichzeitig kam es zu einem parallelen Run, und zwar auf die Knickerbocker Trust Company, keine Bank, sondern wie der Name schon sagt, ein Trust. Knickerbockers Präsident, Charles Barney, war ein enger Vertrauter von Heinze, und so war Heinzes schlechte Aura auch für diesen Run verantwortlich. Die Krise spitzte sich dramatisch zu mit Barneys Selbstmord, der dazu führte, dass Knickerbockers Anleger binnen drei Stunden am nächsten Morgen insgesamt acht Millionen Dollar abhoben, woraufhin der Trust am nächsten Tag seine Tore dem Publikum nicht mehr öffnete.

Daraufhin weitete sich die Bankenkrise wie ein Lauffeuer aus. Die Anleger zogen ihr Geld aus dem Bankensystem, und auch die Banken misstrauten einander und liehen sich untereinander nicht mehr Geld. Die Panik von 1907 war sicher nicht die schlimmste Krise in den USA – das war immer noch 1929 –, aber die Dramaturgie dieser Krise ist ein Paradebeispiel dafür, wie scheinbar nichtige Auslöser, wie in diesem Fall eine Fehlspekulation, ein marodes Bankensystem zu Fall bringen können.

Die Krise endete erst in den darauffolgenden Tagen. Zunächst mischte sich J. P. Morgan, der legendärste amerikanische Banker aller Zeiten, damals 70 Jahre alt, in die Angelegenheit ein und stellte Hilfe in Aussicht. Am Ende entschied er sich, anstatt Knickerbocker einen anderen Trust, und zwar die Trust Company of America, zu retten.

Die Regierung mischte sich ein und entsandte der Finanzminister George Cortelyou nach New York, um seinerseits finanzielle Hilfe in Aussicht zu stellen. Auch der legendäre Tycoon John D. Rockefeller unterstützte die Banken finanziell, und nach einigen Tagen legte sich die Panik langsam. Am 24. Oktober des Jahres überlebte die Trust Company einen Run, was das Ende der Panik einläutete. Morgan unterstütze die New Yorker Börse, die ebenfalls kurz vor dem Kollaps stand. In den Tagen danach kehrte an der New Yorker Wall Street wieder etwas Ruhe ein.

Die Bankenpanik aus dem Jahre 1907 hatte laut Steve Quinn, einem Wirtschaftsprofessor der texanischen Universität von Fort Worth, eine ganze Reihe von Parallelen mit der heutigen Situation:[18]

Zunächst gab es deutliche Parallelen zwischen Trusts und Hedgefonds. Beide Organisationsformen existieren, weil man strikten Regulierungen ausweichen wollte.

Zweitens, als die Panik ausbrach, wusste niemand so recht, wo genau das Risiko lag. Es herrschte asymmetrische Information.

Drittens, die Trusts, die ja nicht im Clearing-House-System organisiert waren, hatten ähnliche Schwierigkeiten in Zeiten der Panik wie heute die Hedgefonds oder die Investmentgesellschaften der Banken, die ebenfalls außerhalb der Kontrolle der Federal Reserve liegen.

Viertens, es gibt eindeutige Parallelen zwischen der Rolle des noblen Spenders J. P. Morgan im Jahre 1907 und etwa der Bank of Amerika, die im Jahre 2007 der Hypothekenbank Countrywide unter die Arme gegriffen hat.

Fünftens hat diese Krise zu einer Flut ganz neuer Bankenregeln geführt. Zunächst gab es den Aldrich-Vreeland Act, womit das System der Notfinanzierung von Banken neu geregelt wurde. Danach wurde das Federal-Reserve-System kreiert und das Clearing-House-System abgeschafft. Damit wurde auch eine Trennlinie zwischen den Banken selbst und der Bankenreserve gezogen, daher auch der Name Federal Reserve.

Wenn Bubbles platzen, dann ist das Geschrei immer groß. Das war damals im Tulpenmarkt so, im Jahre 1907 ebenfalls und wird jetzt nicht anders sein. In diesem Moment schaltet sich dann zumeist die Politik ein und verschärft die Regeln, eben wie damals im Jahre 1907, als man das Federal-Reserve-System, die heutige amerikanische Zentralbank, etablierte. Nach dem Crash von 1929 gab es

den berühmten Glass-Steagall Act, der es den Banken
untersagte, in mehreren Bundesstaaten gleichzeitig tätig
zu sein, und der eine strikte Trennung zwischen normalen Banken und Investmentbanken vorschrieb. Im Laufe
der Zeit vergessen aber die Gesetzgeber ihre konserva-
tive Einstellung und werden selbst in den Bannkreis der
nächsten Blase gezogen. Vor einer Blase erlebt man häufig
eine Periode der Deregulierung in den Finanzmärkten.

Für die Bubble in den Kreditmärkten war die Deregulierung eine von mehreren notwendigen Voraussetzungen.
Egal wie schlimm die Auswirkungen einer geplatzten Kreditmarktblase auch sein mögen: Eine Prognose lässt sich
jetzt schon mit an Sicherheit grenzender Wahrscheinlichkeit treffen. Irgendwann wird diese Blase vergessen sein,
und die nächste Blase wird kommen. Galbraith schätzte
den Zeitverzug auf etwa 20 Jahre, je nach Schwere der
Blase. Diese Horizonte sind heute etwas kürzer geworden. Weniger als zehn Jahre nach der geplatzten Blase
von 1987 warnte der damalige Chef der Federal Reserve,
Alan Greenspan, vor einem irrationalen Überschwang an
den Märkten. Die gute Marktkonjunktur hielt zunächst
noch ein paar Jahre an, bis im Jahre 2001 der New-Eco-
nomy-Boom dann plötzlich sein Ende nahm. Von da an
waren es nur noch wenige Jahre bis zur Kreditblase, die
Mitte des Jahrzehnts ihren Anfang nahm.

In einem Interview mit der *Financial Times* warnte
Greenspan, dass Bubbles unvermeidbar sind. „Die Menschen können sie nicht vermeiden. Sie können nicht lernen", so der Maestro im Interview.

3 Die Rolle der Kreditmärkte als moderne Massenvernichtungswaffen

In diesem Kapitel geht es nun endlich um die Kreditmärkte selbst. Der Kreditmarkt ist ein Markt, in dem fast nur Profis handeln – im Gegensatz zum Aktienmarkt. Die Instrumente dieses Marktes sind hochkomplexe Wertpapiere, deren Basis der gute alte Kredit ist. Diese Papiere haben alle lange hässliche Namen mit Abkürzungen, wie ABS, MBS, CDO oder CDS. Diese Kürzel werden uns im Laufe dieses Kapitels noch häufiger begegnen (siehe auch das Glossar am Ende des Buches). Wir werden in diesem Buch die wichtigsten dieser Instrumente untersuchen, um zu verstehen, worin genau die Problematik besteht.

Der amerikanische Großinvestor Warren Buffett verglich einige diese neuen Instrumente mit Massenvernichtungswaffen. Der Vergleich ist sicher übertrieben, aber nicht ganz abwegig. Buffett ist ein konsequenter Investor. Er investiert nur in Instrumente, die er versteht. Er, einer der gewieftesten Investoren überhaupt, gibt ganz offen zu, dass er die modernen Kreditmarktinstrumente nicht versteht. Im Gegensatz zu vielen anderen Investoren ist er konsequent. Er lässt die Finger davon.

Die Instrumente sind enorm kompliziert und können in ihrer Wirkung verheerend sein, sowohl für die betroffenen Investoren selbst als auch für die Volkswirtschaft an sich. Das wirklich Erschreckende an diesen Instrumenten ist, dass selbst viele Profis diese Instrumente nicht voll verstehen, und dass sie dennoch bereit sind, sich mit diesen Papieren einzudecken. Wenn der Kreditmarkt platzt, dann ist nicht die Oma pleite, sondern Omas Bank und deren Rückversicherung.

Was ist also nun ein Kreditmarkt? Stark vereinfacht geschieht hier Folgendes: Kredite werden in Wertpapiere umgewandelt, und zwar so, dass die Bonität der Wertpapiere

größer ist als die der zugrunde liegenden Kredite selbst.
Was der Alchemie nie gelungen ist – die Produktion
von Gold aus billigen Rohstoffen –, scheint in den Kreditmärkten mühelos verwirklicht worden zu sein: nämlich
ein Verfahren entwickelt zu haben, mit dem man mühelos
Geld verdienen kann. Dabei schienen die Investmentbanken weniger Mühen zu haben als die anderen Beteiligten.

In der nüchternen Wirklichkeit gilt natürlich auch hier
das „no free lunch"-Prinzip: Am Ende hat alles seinen
Preis. Der Preis dieser sprudelnden Goldquelle ist nämlich das Risiko, und das Risiko ist lange versteckt, bis zu
dem Moment, in dem es wie ein Monster auf der Bildflä-
che erscheint und allseitige Panik auslöst.

Es gibt eine ganze Reihe von Akteuren, die diese Bubble
treiben. Die Private-Equity-Branche mit ihrem beinahe un-
endlichen Appetit für Kredite für Firmenübernahmen, sogenannte Leveraged Loans. Sie gehören zu den wichtigen
Endkunden. Eine andere Kraft sind natürlich die Hedgefonds, deren Manager wie seinerzeit die Trust Companies
im frühen 19. Jahrhundert unter enormem Druck stehen,
jedes Quartal hohe Renditen für ihre Kunden zu erwirtschaften. Das verleitet sie zu kurzfristigen Investitionen,
und vor allem zu einer Unterschätzung mittelfristiger Risiken.

Andere Akteure sind Ratingagenturen, die mit ihren
zum Teil sehr großzügigen Ratings von Kredittranchen
dieses Spiel überhaupt erst ermöglichen. Und dann sind
da noch die klassischen Banken, die ihre Bilanz dadurch
bereinigen, indem sie Kredite an Dritte verkaufen, Investmentbanken, die diese Wertpapiere konstruieren, sowie
die Regulierungsbehörden, die Regeln aufstellen, die alle
Akteure dazu veranlassen, sich genau so zu verhalten. Wer
an dieser Kreditblase Schuld hat, wird auch dieses Buch
nicht vollständig beantworten können. Aber es sind mehrere Akteure beteiligt, die dieses Vabanquespiel betreiben
und die ein Interesse daran haben.

Bevor wir uns an diese Materie machen, wird in der folgenden Textbox kurz beschrieben, wie unser Bankensystem funktioniert, welchen Regeln es unterliegt und wie Banken und Zentralbanken untereinander agieren. Wer weiß, wie ein Repo funktioniert, was es mit Euribor und Commercial Paper auf sich hat, und wofür Basel I und II stehen, der wird in diesem Kapitel wenig neues Material finden und kann direkt zum darauffolgenden Unterkapitel über die Finanzinstrumente springen. Für Leser ohne Hintergrund in Finanzmärkten ist diese kurze Textbox allerdings unerlässlich. Auf technische und juristische Details wird verzichtet. Um diesen Themen voll gerecht zu werden, wäre ein gesondertes Buch nötig.

Was ist eigentlich eine Bank?

Das Kerngeschäft einer klassischen Bank besteht darin, Geld von Anlegern zu einem bestimmten Zinssatz anzunehmen und es zu einem höheren Zinssatz zu verleihen. Im 19. Jahrhundert, als die Bankensysteme noch rudimentär waren, kam es vor allem in den USA zu Bank-Runs, Paniken, die durch zumeist falsche Gerüchte ausgelöst wurden. Die Anleger wollten ihr Geld zurückhaben, aber die Bank, die das Geld weiterverliehen hat, hatte plötzlich nicht genug Liquidität, um die Anleger auszubezahlen. Oft mussten die Banken ihre Türen schließen, da sie nicht in der Lage waren, sich kurzfristig Liquidität zu besorgen.

Das Beispiel eines klassischen Bank-Runs zeigt uns übrigens den Unterschied zwischen einer Liquiditätskrise und einer Solvenzkrise. Die eben genannten Banken waren meistens solvent, aber nicht liquide. Die Bilanz dieser Banken war wahrscheinlich gesund. Keine Bank der Welt wäre in der Lage, ohne Refinanzierung

einen Bank-Run zu überleben. Wann ist eine Bank in-
solvent? Zum Beispiel, wenn sie eine hohe Anzahl an
Krediten gewährt hat, die nicht mehr zurückbezahlt
werden können, wenn also die Verbindlichkeiten höher sind als die Forderungen.

Banken müssen stets über ausreichende Liquidität
verfügen, um Anlegern ihr Geld zurückzubezahlen oder
um Kassenautomaten zu füllen. Zu diesem Zweck müssen sich Banken refinanzieren, entweder über die Zentralbank oder über den Interbankenmarkt.

Die Zentralbank spielt hier eine besonders wichtige
Rolle, denn sie ist die Quelle allen Geldes. Bevor es
Zentralbanken gab, gab es entweder privilegierte Pri-
vatbanken, die das Recht hatten, Geld auszugeben, sowie Clearing Houses, die von den Banken selbst unterhalten wurden, die den Zahlungsverkehr zwischen
den Banken managten und die als Kreditgeber der
letzten Instanz funktionierten. Heute haben wir Zentralbanken, staatliche, zumeist aber von Regierungen
unabhängige Institutionen, denen das Geldmonopol
unterliegt und deren Hauptfunktion darin besteht, die
Stabilität des Geldes und des Finanzsektors zu gewähr-
leisten.

Wie kommt das Geld von der Zentralbank in die Geschäftsbanken? Jede Woche schleust die Europäische
Zentralbank Geld mittels eines sogenannten „Repos"
in die Märkte. Dieses Wort steht für „Securities Repurchase Agreement". Damit gemeint ist ein Verfahren, durch das die Zentralbank den Banken über einen
Zeitraum von zwei Wochen Geld verleiht. Dafür hinterlegen die Banken Sicherheiten in Form von Wertpapieren, und zwar nur solche, die von der Zentralbank
akzeptiert werden. Dazu gehören zum Beispiel Staatsanleihen. Am Ende tilgen die Banken den Kredit da-

durch, dass sie die Sicherheiten wieder zurückkaufen. Dieses Verfahren verläuft über einen sogenannten Tender, eine Auktion, bei der die Zentralbank einen Mindestzinssatz festlegt. Dieser Mindestsatz ist der sogenannte Repo-Satz. Wenn man in der Zeitung liest, die EZB habe ihre Zinsen erhöht, dann ist es genau dieser Mindestzinssatz, den sie erhöht hat.

Die Geschäftsbanken bieten regelrecht wie auf einer Auktion. Durchgeführt wird diese Auktion allerdings nicht zentral von der EZB selbst, sondern von den nationalen Zentralbanken. Die Zuteilung erfolgt nach festen Regeln, und zwar so, dass diejenigen, die den höchsten Zinssatz bieten, eine höhere Zuteilung erhalten.

Um Geld von der Zentralbank zu erhalten, müssen die Banken also entsprechende Sicherheiten hinterlegen, zum Beispiel Aktien oder festverzinsliche Wertpapiere. Was für Papiere zulässig sind, entscheidet die Zentralbank. In Krisenzeiten handelt es sich hierbei um ein wichtiges Steuerungsinstrument. Wenn Banken auf Papieren sitzen, die sie im Markt nicht verkaufen können, dann kann es für eine Bank von existenzieller Bedeutung sein, ob die Zentralbank ein derartiges Papier als Sicherheit akzeptiert oder nicht. In der Kreditmarktklemme im August 2007 war genau das ein Thema. Damals entschied sich die Federal Reserve, bestimmte Kreditmarktpapiere als Sicherheiten zuzulassen, in denen der Wertpapierhandel ausgetrocknet war (allerdings nicht Subprime-Wertpapiere). Ziel dieser Aktion war es, den Finanzierungsspielraum der Banken zu erhöhen. In Krisenzeiten sind derartige Maßnahmen oft wichtiger als der Zinssatz selbst.

Bei Repos handelt es sich also um regelmäßige, in diesem Fall wöchentliche Operationen. Was passiert

aber, wenn eine Bank heute Nachmittag Geld benötigt
und wenn heute kein Repo-Tag ist? Hier gibt es im
Grunde zwei Möglichkeiten – über die Zentralbank
selbst und über den Markt.

Die Notfinanzierung über die Zentralbank ist teuer
und für die Banken oft sogar peinlich. Banken geben
nur ungern zu, dass sie sich von der Zentralbank außerhalb des normalen Prozesses Geld geliehen haben,
weil derartige Informationen zumeist öffentlich sind.
Der amerikanische Ökonom Stephen Cecchetti verglich diese Operation damit, dass man sich von den
Eltern Geld leiht.[19] Man versucht Derartiges zu vermeiden, insbesondere wenn alle Freunde eben darüber
informiert sind, dass man sich von seinen Eltern Geld
geliehen hat.

In den USA wird diese Notfinanzierung über den
sogenannten Diskontsatz geregelt, im europäischen
Währungsraum über den sogenannten Spitzenrefinanzierungssatz, der in der Regel einen ganzen Prozentpunkt über dem Repo-Satz liegt und der eine Art obere
Schranke für den Geldmarkt bietet. Denn zugelassene
Banken können sich damit jederzeit über den Spitzenrefinanzierungssatz finanzieren. Die Bank of England
hat diese Funktion erst vor Kurzem eingeführt unter
der Voraussetzung, dass derartige Transaktionen ano-
nym bleiben müssen.

Im August 2007, einem turbulenten Monat für die
internationalen Geldmärkte, hatte sich Barclays not-
finanzieren müssen und damit erhebliche Unruhe auf
den Märkten erzeugt. Barclays benötigte dringend
kurzfristiges Geld, um einen seiner Fonds, Cairn
High Grade Funding, finanziell zu unterstützen.[20] Der
Grund waren Fehlinvestitionen in den Kreditmärkten.
Der Zusammenhang zwischen Kreditmärkten und

Geldmärkten ist also sehr eng. Wenn es in den Kreditmärkten knallt, dann haben es die Banken eilig, sich
Geld zu besorgen.

Das Gros der laufenden Refinanzierung erfolgt im
Normalfall aber nicht über den Notfinanzierungsgeld-
hahn der Zentralbanken, sondern über den Interbankenmarkt. Dort leihen sich Banken untereinander Geld
aus – und zwar ohne Sicherheit. Wenn eine Bank sich
über einen Repo mit Liquidität versorgt, leiht sie in
der darauffolgenden Woche überschüssige Liquidität
weiter an andere Banken. Die Zinssätze im Interbankenmarkt liegen in der Regel dicht bei dem Repo-Satz.
Wenn es aber zu einer Finanzklemme kommt, wie im
August 2007, können diese Sätze schneller hochgehen.

Die Zinssätze, die in diesem Markt gelten, haben
Namen wie Libor, London Interbank Offered Rate,
oder Euribor, der Zinssatz, der im Interbankenmarkt
des Eurogebiets gilt. Viele Kredite mit variablen Zinssätzen basieren auf Libor oder Euribor. Ein typischer
Kredit basiert zum Beispiel auf dem 3-Monats-Libor
plus 200 Basispunkte.

Damals im August 2007 sprangen die Zentralbanken ein, um den Banken ausreichend Liquidität zu gewähren, weil der Interbankenmarkt zusammengebrochen war. Die Interventionen wurden immer stärker,
und den Zentralbanken gelang es monatelang nicht,
die Geldmärkte zu stabilisieren trotz großzügiger Ver-
sorgung mit Geld. Das legte den Verdacht nahe, das
Problem sei nicht fehlende Liquidität, sondern das
Horten von Liquidität durch Banken, die durch Wert-
berichtigung einen enormen Liquiditätsbedarf hatten.

Der Bank-Run bei Northern Rock in England, wo
sich Kunden stundenlang anstellten, um ihre Konten

zu schließen, erinnerte teilweise an die Bankpaniken
vergangener Zeiten. Bis in die 30er-Jahre galten Banken als sehr unsicher. Diese Unsicherheit hat sich auch
im modernen Sprachgebrauch eingebürgert, wenn man
eine risikobehaftete Aktion als ein Vabanquespiel bezeichnet (französisch von va banque = es gilt die
Bank).

Wer heutzutage zur Bank geht, geht in der Regel
kein hohes Risiko ein, es sei denn, er geht zu einer amerikanischen Hypothekenbank und lässt sich dort eine
Subprime-Hypothek aufschwatzen. Heutzutage sind
die meisten Banken im Gegensatz zu früher viel sicherer. Einer der Gründe dafür liegt in einer enormen Ver-
besserung in der Qualität der Bankenaufsicht.

Umstrittener ist, ob die international gültigen Eigenkapitalregeln, die bekannt sind als Basel I und Basel II, die Banken wirklich sicherer gemacht haben.
Die Baselregeln spielen eine zentrale Rolle in der Kreditmarktkrise. Wie schon in der Einleitung angedeu-
tet, war der Auslöser für die Diskussion, die im Jahre
1988 zum Basel-I-Abkommen geführt hat, der Zusammenbruch der Kölner Herstatt-Bank im Jahre 1974.
Die Notenbanken und Politiker der G 10 (Belgien,
Kanada, Frankreich, Deutschland, Italien, Japan, Nie-
derlande, Schweden, Schweiz, Großbritannien und die
USA) waren besorgt, dass das Eigenkapital der Banken
zu niedrig war, was das Risiko einer Insolvenz erhöht.
Das Basel-I-Abkommen schreibt eine angemessene Ei-
genkapitalausstattung vor. Die Grundregeln des Basel-
I-Abkommens sind: Die Höhe des Eigenkapitals muss
mindestens acht Prozent der risikogewichteten Kredite
sein. Die Betonung liegt auf dem Wort risikogewichtet. Hierzu sah das ursprüngliche Baselabkommen ein
sehr starres Raster vor: Kredite an Unternehmen und

Privatkunden wurden zu 100 Prozent gewichtet, und zwar unabhängig davon, ob es sich um gute oder schlechte Kredite handelte. Hypotheken hingegen flossen nur zu 50 Prozent ein. Kredite an andere Banken nur zu 20 Prozent und Kredite an den Staat überhaupt nicht.

Mit den Basel-I-Regeln standen Banken unter dem Zwang, ihre Eigenkapitalquote von acht Prozent ständig aufrechtzuerhalten, was sie dazu zwang, die Menge der risikogewichteten Kredite zu managen. Zum Beispiel hatten Banken wenig Interesse daran, Kredite an Firmenkunden mit hoher Bonität in ihren Büchern zu belassen, denn diese Kredite schlugen zu 100 Prozent in der Kalkulation der risikogewichteten Kredite ein. Es gibt Kritiker, die behaupten, Basel I sei die eigentliche Ursache für die Kreditmarktblase, denn diese viel zu starren Regeln haben Banken dazu verleitet, Entscheidungen zu treffen, die ohne derartige Regeln ökonomisch unsinnig wären. Der wichtigste Kritikpunkt am Baseler Abkommen war, dass es zu einer Fehlallokation von Kapital geführt hat. Banken hatten einen Anreiz, Kredite an Kunden mit geringerer Bonität zu vergeben, da zum einen die Zinsen höher sind und zum anderen das Kreditrisiko sofort veräußerbar war.

Gleichzeitig gibt es Risiken, die im Baseler Abkommen überhaupt nicht erwähnt sind. Dort ging es hauptsächlich um die klassischen Risiken – Marktrisiken und Kreditausfallrisiken. Der Zusammenbruch der britischen Barings Bank Anfang der 90er-Jahre zeigt aber, dass operationelle Risiken ebenfalls nicht zu unterschätzen sind. Damals hatte Nick Leeson, ein Wertpapierhändler, der Bank derart hohe Verluste zugefügt, dass Barings innerhalb von Tagen als unabhän-

gige Institution verschwand. Diese beiden Kritikpunk-
te – Inflexibilität in der Risikobewertung und Unter-
schlagung wichtiger Risikokategorien – führte später
zum Baseler Abkommen, das im Jahre 2008 für Banken in Europa verbindlich wird. Mit Basel II wird das
starre Risikoraster aufgelöst und durch Ratings, also
Bewertungen, ersetzt. Hierbei handelt es sich nicht um
die Ratings der Ratingagenturen, sondern um Bewertungen, die Banken selbst in Bezug auf ihre Kreditkunden erstellen. Firmenkredit ist dann also nicht gleich
Firmenkredit, sondern die Risikogewichtung hängt
jetzt von einer konkreten Bewertung des Risikos ab.
Natürlich sind auch diese Ratings problematisch.

Die wichtigsten Ratingagenturen – Moody's, Standard & Poor's und Fitch Ratings – haben gerade in der
Kreditmarktkrise eine unrühmliche Rolle gespielt und
in einigen Fällen, etwa in der amerikanischen Hypothekenkrise, das Risiko nicht erkannt. Bei diesen Ratings handelt es sich um mathematisch ausgeklügelte
Verfahren, die die Banken selbst anwenden, um ein
Risikoprofil ihrer Kunden zu erstellen. Aber auch hier
sollte Vorsicht geboten sein. Es gibt kein mathematisches Modell, das zu jeder Zeit Risiko immer richtig
bewertet.

Die Gefahr ist dann besonders groß, wenn sich Banker auf derartige Modelle blind verlassen und bei Krediten überhaupt nicht mehr auf ihren eigenen Instinkt
vertrauen. Ein guter Banker kennt seine Pappenheimer.
Ein schlechter Banker, ausgestattet mit einem guten
Modell, wird über lange Zeiten immer schlechtere Re-
sultate erzeugen.

Einerseits war die Erneuerung des Basel-I-Abkom-
mens zu begrüßen, da Risiko jetzt nicht mehr mecha-
nistisch bewertet wird, und da es Banken vielleicht zu

etwas weniger Irrationalität veranlasst. Gleichzeitig sollte man wissen, dass jede derartige Regel eine Industrie erzeugt mit dem einzigen Ziel, diese Regel zu umgehen. In diesem Fall war die Industrie der Kreditmarkt. Denn der ermöglichte es Banken, ungewünschte Kredite aus ihrer Bilanz verschwinden zu lassen, was der Bank half, die von Basel I deklarierten Eigenkapitalregeln einzuhalten. Zu diesem Zweck richteten Banken die bekannten Zweckgesellschaften ein. Und damit sind wir schon wieder beim Kreditmarkt und seinen Instrumenten.

3.1 Finanzinstrumente

In diesem Unterabschnitt werden die Instrumente der modernen Kreditmärkte vorgestellt. Es handelt sich hierbei nicht um eine „Einführung in die modernen Finanzmärkte", so, wie es an einer Business School gelehrt wird. Wir beschreiben hier nicht alle Instrumente in ihren technischen Einzelheiten, sondern konzentrieren uns nur darauf, was für das Verständnis der Blase nötig ist. Gleichzeitig werden diese Instrumente nicht nur in ihrer technischen Funktionsweise vorgestellt, wie dies in der Spezialliteratur oder in Lehrbüchern geschieht, sondern in ihrer ökonomischen Funktionsweise.

Die beiden wichtigsten Konzepte, die man für ein tieferes Verständnis der modernen Finanzmärkte benötigt, sind das Prinzip der Verbriefung und das Instrument des Swaps. Die synthetische Collateralized Debt Obligation, eines der kompliziertesten Finanzinstrumente überhaupt, benutzt beides. Zunächst geht es um ein Finanzinstrument, das allen Lesern bekannt sein dürfte: die Hypothek. Was vielleicht weniger bekannt ist, sind die erheblichen

Unterschiede zwischen einer deutschen Hypothek und einer amerikanischen Mortgage.

3.1.1 Hypotheken und Mortgages

Hypotheken sind bekanntlich durch Immobilien besicherte Kredite. Eine typische Hypothekenbank in Deutschland ist die Deutsche Genossenschafts-Hypothekenbank AG. Sie beschreibt sich wie folgt.

Wir finanzieren Wohn- und Gewerbe-Immobilien sowie kommunale Bauvorhaben, verbriefen Kreditrisiken und emittieren Pfandbriefe.

Was es mit den verbrieften Kreditrisiken auf sich hat, ist Inhalt eines der nächsten Abschnitte. Entscheidend für diesen Abschnitt ist die Aussage, dass die Bank Immobilien finanziert und Pfandbriefe emittiert, das heißt herausgibt. Beide Aktivitäten sind miteinander verbunden.

Woher kommt das Geld für eine deutsche Hypothek? Die Antwort ist: in der Regel von einem Pfandbrief. Ein Pfandbrief, auch Kommunalobligation genannt, ist ein festverzinsliches Wertpapier, eines der sichersten Wertpapiere überhaupt.

In Deutschland dürfen nur eine begrenzte Zahl von Hypothekenbanken und öffentlich-rechtliche Institutionen Pfandbriefe herausgeben. Der Pfandbrief zahlt eine vereinbarte Rendite, zumeist etwas über der Rendite einer vergleichbaren Bundesanleihe, und der Pfandbrief ist selbst durch Immobilien abgesichert.

Die Laufzeit eines Pfandbriefs beträgt bis zu zehn Jahren. Natürlich haben die meisten Hypotheken Laufzeiten von mehr als zehn Jahren, das bedeutet, dass ein Pfandbrief nicht eine einzelne Hypothek finanziert, sondern dass hinter einem Pfandbrief ein Pool von Hypotheken steht.

Der Pfandbrief ist der Vorläufer der Asset-Backed Security (ABS) beziehungsweise der Mortgage-Backed Security (MBS), wenn es sich bei den besicherten Werten um Hypotheken handelt. Der wichtigste Unterschied zwischen Pfandbrief und ABS/MBS: Hinter einem Pfandbrief steht eine Bank mit ihrer Bilanz. Genau das ist es, was dem Pfandbrief eine erhöhte Sicherheit verleiht.

Die deutsche Hypothek ist im Verhältnis zu dem Hypothekenmarkt anderer Länder relativ konservativ. In Deutschland sind Hypotheken von 100 Prozent des Immobilienwertes nicht üblich. Ebenso nicht Hypotheken über Zeiträumen von 50 Jahren oder Hypotheken in der Höhe des fünffachen Bruttojahreseinkommens, auch nicht Hypotheken mit großzügigen Konditionen für Einsteiger, etwa geringere Abzahlungen in den ersten zwei Jahren. Es gibt zwar in Deutschland Hypotheken mit variablen und festen Zinssätzen, aber in Deutschland ist es im Gegensatz zu den USA nicht so ohne Weiteres möglich, Hypotheken mit festem Zins während ihrer Laufzeit zu refinanzieren.

Die Europäische Kommission wollte ursprünglich die Möglichkeit der Hypothekenrefinanzierung in der gesamten EU ermöglichen. Eines der Länder, das sich dagegen wehrt, ist Deutschland. Die Möglichkeit der Refinanzierung ist mit dem guten alten Pfandbrief nicht so einfach zu machen. Schließlich pocht der Anleger des Pfandbriefes darauf, dass die Kreditnehmer brav ihre monatlichen Abzahlungen leisten, und zwar zu dem vereinbarten Tarif.

Aber auch in den USA ist die Möglichkeit der Refinanzierung nicht durch die Hand Gottes gegeben, nicht einmal durch Adam Smiths unsichtbare Hand des Marktes. Im Gegenteil. Wer glaubt, dass die USA hier einen freien Markt hätten, der irrt sich gewaltig. Der Markt für US-Hypotheken ist alles andere als ein freier Markt. Dominiert wird er durch zwei merkwürdige Institutionen mit noch merkwürdigeren Namen, Freddie Mac und Fannie Mae.

Freddie und Fannie

Im US-Hypothekenmarkt spielen zwei Institutionen eine
wichtige Rolle mit Namen, die an ein Musical erinnern
und für die es international kein Äquivalent gibt. Die
eine heißt Fannie Mae und die andere heißt Freddie
Mac. Ihr Ursprung liegt wie bei so vielen modernen
Institutionen in den USA in den 30er-Jahren während
des New Deals von Präsident Franklin D. Roosevelt. In
der Großen Depression Anfang der 30er-Jahre verloren
viele Menschen ihr Eigentum. Im Jahre 1938 schuf die
Roosevelt-Administration die sogenannte Federal National Mortgage Association, damals noch eine staatliche Institution. Gemäß den Initialen wurde der Kunst-
name Fannie Mae geschaffen. Die Aufgabe von Fannie
Mae war es, für Liquidität im Hypothekenmarkt zu
sorgen. Fannie Mae war kein direkter Vertragspartner
für jemanden, der sein Haus finanzieren wollte, aber
Fannie Mae war ein Vertragspartner für die Hypothekenbanken. Fannie Mae sorgte dadurch für Liquidität, indem es den Hypothekenbanken die Kredite ab-
kaufte, das Risiko übernahm und sich im Finanzmarkt
refinanzierte. Mit diesem System unterstützte die US-
Regierung über Jahrzehnte indirekt den privaten Woh-
nungsmarkt.

Im Jahre 1968 wurde Fannie Mae privatisiert und
in ein Government Sponsored Enterprise, ein Privatun-
ternehmen mit besonderem staatlichem Schutz, umgewandelt. Fannie Mae ist zwar privat, besitzt aber eine
implizite Garantie der amerikanischen Regierung, was
dazu führt, dass Fannie Mae sich zu den besten Konditionen in den Finanzmärkten finanzieren kann. Um
für Wettbewerb zu sorgen, setzte man damals Fannie
Mae gleich einen Konkurrenten gegenüber, die Fede-

ral Home Loan Mortgage Corporation, die man dann
Freddie Mac nannte. Im Jargon spricht man die beiden
Firmen mit ihren jeweiligen Vornamen an, also Fannie
und Freddie.

Heutzutage unterstützten Fannie und Freddie immer noch den amerikanischen Hypothekenmarkt, indem sie alle Hypotheken, die bestimmten, jährlich
neu definierten Kriterien unterliegen, aufkaufen und
in Wertpapiere umwandeln, die dann am Finanzmarkt
gehandelt werden. Diese Wertpapiere sind die schon
erwähnten Mortgage-Backed Securities (MBS). Wir
haben gesehen: Auch Pfandbriefe sind Wertpapiere,
die durch eine Hypothek gedeckt sind. Die Grundidee
ist ähnlich. Der Hauptunterschied besteht darin, dass
eine Bank, die eine MBS kreiert, mit dem Kredit auch
das Kreditrisiko verkauft. Eine Hypothekenbank, die
einen Pfandbrief emittiert, bleibt auf dem Risiko sitzen. Wie ein MBS im Detail aufgebaut ist, ist Inhalt
eines der nächsten Kapitel.

Die ökonomische Idee hinter der Verbriefung besteht darin, ausreichend Liquidität für den Hypothekenmarkt bereitzustellen. Damit soll sichergestellt werden, dass selbst dann Geld zur Verfügung steht, wenn
es dem Bankensektor gerade einmal nicht gut geht. Mit
dieser halbstaatlichen Konstruktion ist es zum Beispiel
auch möglich, dass in den USA Eigenheimbesitzer ihre
Hypotheken refinanzieren, weil eben Fannie und Freddie genau das ermöglichen.

Fannie und Freddie sind sehr mächtige Institutionen. Fannie ist das siebtgrößte Unternehmen der Welt.
Die US-Notenbank hat mehrmals darauf hingewiesen,
dass man Freddie und Fannie aufgrund ihrer Markt-
stellung stärker regulieren müsste.

Was auch immer man von dem System hält, einen

Vorwurf darf man Fannie und Freddie allerdings nicht machen. Sie sind für die Subprime-Hypothekenkrise nicht verantwortlich. Sie refinanzieren nur die besten Hypotheken. Subprime-Hypotheken sind das Werk des freien Marktes. Sie wurden ohne jede öffentliche Hilfe durch die Finanzmärkte bereitwillig gegenfinanziert. Selbst deutsche Banken wie die IKB Deutsche Industriebank oder die Sachsen LB, aber auch viele andere Banken haben gern und bereit in Schuldentitel investiert, die auf Subprime-Krediten basierten. In guten Zeiten braucht der Markt Institutionen wie Fannie und Freddie natürlich nicht. In schlechten Zeiten, wie damals in den 30er-Jahren oder eben nach dem Platzen der Kreditblase spielen derartige Institutionen allerdings eine wichtige Rolle in der Stabilisierung der Märkte. Der ehemalige US-Finanzminister Larry Summers schrieb in der *Financial Times*, er sei zwar im Prinzip kein Befürworter des privilegierten Status von Fannie und Freddie, aber wenn es jemals eine Rechtfertigung für diese Institutionen gab, dann jetzt. Es ist gerade in Zeiten von Liquiditätsengpässen wichtig, dass man den Hypothekenmarkt stabilisiert und die Krise nicht weiter verschlimmert.

3.1.2 Das festverzinsliche Wertpapier

Ein festverzinsliches Wertpapier, oder auch ein Bond, ist ein Wertpapier, das in regelmäßigen Abständen einen vereinbarten Zinssatz, oder Coupon, bezahlt. Am Ende der Laufzeit wird der Nominalwert des Bonds dem Investor zurückgezahlt. Typische Bonds sind Staatsanleihen oder Anleihen großer Unternehmen.

Ein Kredit wird nicht im strikten Sinn zurückgezahlt,

sondern getilgt: Das heißt, Zinsen und ein Teil des Kapitals werden in regelmäßigen Abständen zurückbezahlt, so lange, bis die Schuld gelöscht ist.

Beim Bond wird hingegen strikt zwischen dem Coupon und Kapitalwert unterschieden. Hierbei handelt es sich um einen klassischen Bond. Man kann Bonds mit großer Vielfalt konstruieren. Ein weiterer beliebter Bond ist der Zero-Coupon Bond, der keinen Coupon bezahlt, die fehlenden Zinsen aber dadurch kompensiert, dass er am Ende der Laufzeit eine höhere Summe zurückzahlt. Solche Konstruktionen haben oft steuerliche Gründe. Es gibt Staaten wie Belgien, die eine hohe Einkommenssteuer erheben, aber für bestimmte privilegierte Gruppen keine Kapitalertragssteuern. Ein Zero-Coupon Bond ist so konstruiert, dass in diesem Fall möglichst wenig Steuern bezahlt werden.

Im Gegensatz zu einem Kredit kann man einen Bond handeln. Die Märkte, auf denen Bonds gehandelt werden, heißen in Deutschland Rentenmärkte oder Effektenbörsen. International spricht man von Bondmärkten. Was bestimmt den Preis eines Bonds?

Der Preis eines Bonds und seine Rendite

Der Preis eines Bonds bewegt sich umgekehrt zum Marktzinssatz. Warum? Nehmen wir einmal an, die Bundesregierung gibt einen 10-Jahres-Bond heraus mit einer garantierten jährlichen Coupon-Zahlung von vier Prozent. Der Bond habe einen Nominalwert von 100 Euro. Das heißt, Sie leihen dem Staat 100 Euro. Der Staat zahlt Ihnen zehn Jahre lang einen Coupon von vier Prozent, also vier Euro, und nach zehn Jahren erhalten Sie Ihre 100 Euro wieder zurück.

Wir nehmen einmal an, der Marktzins für zehnjährige Papiere liegt zum Zeitpunkt des Kaufs ebenfalls zufällig bei vier Prozent. Was passiert mit dem Preis, nachdem der Bond auf den Markt kommt? Zunächst gar nichts, denn der Coupon des Bonds ist genauso hoch wie der Marktzins.

Einen Monat später erhöht die Zentralbank die Zinsen von vier auf fünf Prozent (eine Zentralbank würde allerdings kaum die Zinsen in einem Schritt so stark erhöhen). Was bedeutet dann die Zinserhöhung für den Preis des Bonds? Hierzu müssen wir noch eine weitere Annahme treffen. Der Bond hat eine Laufzeit von zehn Jahren. Entscheidend für den Preis sind also die 10-Jahres-Zinsen und nicht die Tageszinsen. Die Zentralbank kontrolliert aber nur den Kurzfristzins. Die Langfristzinsen werden im Markt bestimmt, werden aber durch die Kurzfristzinsen beeinflusst. Für unser Beispiel nehmen wir also an, alle Zinsen, ob kurz oder lang, gehen auf fünf Prozent hoch. Also was passiert in diesem Fall mit dem Preis des Bonds?

Der Bond zahlt immer noch einen Coupon von vier Prozent auf den Nominalwert von 100, also vier Euro. Auf dem Markt erhält man aber mittlerweile Bonds mit Renditen von fünf Prozent. Die Preise müssen sich also so anpassen, und zwar rechnerisch so, dass ein fester Coupon von vier Euro einen Prozentsatz von fünf Prozent vom Preis ausmacht. Der Preis, der dieses Resultat hervorbringt, ist 80 Euro (80 multipliziert mit fünf geteilt durch 100 ergibt vier). Wenn der Zins um 20 Prozent steigt, wie in diesem Fall (ein Anstieg von vier auf fünf Prozent ist schließlich ein Anstieg von 20 Prozent), dann fällt der Preis des Bonds um 20 Prozent. Umgekehrt, wenn die Marktzinsen runtergehen, dann steigen die Bondpreise. Das Verhältnis zwischen Zins und Bondpreis ist also invers zueinander.

Der Marktzins ist aber nur einer von vielen Faktoren, der den Preis eines Bonds bestimmt. Die Kreditwürdigkeit dessen, der den Bond herausgibt, spielt natürlich ebenfalls eine Rolle. Bundesanleihen gehören zu den sichersten Anleihen der Welt. Wenn Sie einen Bond im Subprime-Hypothekenmarkt gekauft haben, dann sind Sie höheren Bankrottrisiken ausgesetzt. Wie wir im Jahre 2007 gesehen haben, gilt das selbst für Subprime-Bonds mit einem AAA-Rating, also dem besten Rating überhaupt.

Die Bewertung des Risikos erfolgt über sogenannte Ratingagenturen. Die drei bekanntesten sind Moody's, Standard & Poor's und Fitch Ratings. Das beste Bond-Rating heißt bei Moody's Aaa, bei S&P AAA. Bei den mittleren und schlechteren Ratings unterscheiden sich die Bezeichnungen nicht nur durch die Groß- und Kleinschreibung. So bezeichnet Moody's einen Bond, der seinen Zahlungsverpflichtungen nicht nachkommt, mit C und S&P und Fitch mit D.

Wie bewerten Ratingagenturen einen Bond? Die Antwort ist: durch mathematische Modelle, Informationen aus dem Markt und Erfahrung. Wenn das Einkommen einer Firma unzureichend ist, um einen Bond zu bezahlen, dann wird die Ratingagentur den Bond entsprechend gering einstufen. Wenn Staaten politischen Risiken unterliegen, etwa dem Risiko eines Militärcoups oder einer Revolution, dann wird dies ebenfalls in die Bewertung mit einfließen. Die Ratings gelten für Investoren als Leitlinie, aber nicht als verbindlicher Maßstab. Schlaue Investoren bilden sich eh ihre eigene Meinung und interpretieren die Bewertung lediglich als eine von vielen Informationen.

3.1.3 Der Swap

Der Swap ist das mit Abstand wichtigste moderne Finanzinstrument und bildet die Grundlage des sogenannten Credit Default Swaps (CDS). Im Fließtext wird das Prin-

zip des Swaps beschrieben, in einer separaten Textbox
gibt es ein konkretes Rechenbeispiel, wie ein Swap funktioniert und warum er sich für die Beteiligten lohnt.

Auch hier gilt: Wenn Sie wissen, was ein Swap ist,
dann können Sie dieses Kapitel überschlagen. Die meisten
Leser sollten trotzdem dieses Kapitel lesen, auch wenn sie
schon mal von einem Swap gehört haben sollten.

Die Lexikon-Definition eines Swaps – ein Austausch
von Zahlungsströmen – hilft uns für ein Verständnis nur
wenig weiter. Was ist also ein Swap? Ein Swap ist ein
Vertrag zwischen Parteien, die sich einigen, Zahlungsfor-
derungen, die sie selbst zu leisten haben (etwa Zinszahlungen), nach einer bestimmten Regel untereinander
auszutauschen (daher auch der englische Name Swap =
Tausch). Bei einem Wechselkurs tauscht einer Euro-Zah-
lungen gegen Dollar-Zahlungen. Natürlich kann man sich
die Dollars auch in den Devisenmärkten besorgen, aber
die Attraktivität eines Swaps besteht darin, dass sich hier
zwei Parteien finden mit entgegengesetzten Voraussetzungen und Notwendigkeiten. Der eine hat Euros und braucht
Dollars, der andere hat Dollars und braucht Euros.

Einer der wichtigsten Swaps ist der Zins-Swap. Hier
finden sich zwei Parteien, die einen festen Zinssatz gegen einen variablen Zinssatz austauschen wollen. Swaps
wie auch viele andere Finanzinstrumente sind Nullsum-
menspiele per Definition. Einer gewinnt, einer verliert.
Im Grunde genommen sind Swaps Negativsummenspie-
le, ähnlich wie Roulette (wegen der Null!). Denn bei einem Swap verhandeln die beiden Parteien oft nicht direkt miteinander, sondern über einen Swap-Händler, der
natürlich auch seinen unbescheidenen Obolus verdienen
möchte.

Wenn ein Swap ein Nullsummenspiel ist, warum ist
es dann für die Beteiligten so interessant? Der Grund
liegt darin, dass viele Marktteilnehmer nur Zugang zu
bestimmten Krediten haben, aber lieber andere Kredite

hätten. Zum Beispiel gibt es Firmen, die lieber einen festen Zins bezahlen als den variablen Zins, den die Bank anbietet. Mit einem Swap lässt sich so etwas bewerkstelligen. Die Firma hat somit einen kalkulierbaren Zins. Ein anderer Grund liegt in den Markterwartungen. Wenn man glaubt, dass die Zinsen in Zukunft fallen, dann kann man mit einem Swap Geld verdienen, wenn man recht hat. Nur sollte man die Tatsache nicht aus den Augen verlieren, dass am Ende eines Swap-Geschäfts immer einer verloren hat, wenn ein anderer gewonnen hat.

Wie die meisten Finanzinstrumente werden auch Swaps von Investmentbanken angeboten. Investmentbanken sind die großen Verdiener in diesem Markt. Egal ob der Swap gut ist oder nicht, die Investmentbank verdient ihr Geld.

Nehmen wir einmal an, die Firma Groß, ein Traditionsunternehmen mit hoher Kreditwürdigkeit, gibt einen Bond heraus. Was für kleine Firmen nicht möglich ist, ist für die Firma Groß ein Klacks. Sie gibt einen Bond heraus mit einer jährlichen Coupon-Zahlung von fünf Prozent. Die Firma Klein kann nicht den Bondmarkt anzapfen, sondern erhält einen Kredit von der Sparkasse, und zwar zu den folgenden Bedingungen: Libor plus drei Prozent. Libor ist der täglich neu errechnete Zinssatz für Tagesgeld im Interbankengeschäft, also der Zinssatz, mit dem sich die Banken selbst Geld ausleihen. Die drei Prozent sind also der Gewinn für die Sparkasse. Die Firma Groß ist nicht nur größer und reicher als die Firma Klein, sie kann sich auf den Märkten auch zu besseren Konditionen finanzieren.

Nehmen wir einmal an, Firma Groß möchte lieber einen variablen Zinssatz und Firma Klein lieber einen festen. Jetzt kann man mithilfe eines Swaps einen Deal konstruieren, der besser ist, als beide in den Finanzmärkten sonst erhalten hätten, und zwar unabhängig davon, wie sich der Zinssatz entwickelt. Hier genau liegt die Attraktivität des Swaps. Zwar ist am Ende einer von den beiden der

Gewinner und ein anderer der Verlierer relativ zum dem,
was sie jetzt haben. Aber relativ zu den Alternativen, die
ihnen die Bank oder die Kreditmärkte sonst angeboten
hätten, können beide gewinnen.

Wie dies genau funktioniert, wird in einem Rechenbeispiel in der Textbox beschrieben.

Wir bleiben bei unseren fiktiven Firmennamen Firma
Groß und Firma Klein, und treffen folgende Annahmen. Firma Groß braucht Geld für eine Investition.
Folgende Finanzierungsmöglichkeiten stehen der Firma Groß offen:

Libor plus 0,5 Prozent oder fester Zinssatz von fünf
Prozent.

Firma Klein steht vor der folgenden weniger attraktiven Wahl:

Libor plus drei Prozent oder fester Zinssatz zu zehn
Prozent.

In diesem Beispiel wählen die beiden Unternehmen
das aus ihrer Sicht jeweils attraktivere Angebot.

Firma Groß wählt den Bond mit festem Zinssatz zu
fünf Prozent.

Firma Klein wählt den variablen Zinssatz, also Libor plus drei Prozent.

Aber Firma Groß hätte lieber einen variablen Zinssatz, wenn auch zu attraktiveren Konditionen, und
Firma Klein hätte lieber einen festen Zinssatz, allerdings nicht zu zehn Prozent. Um das zu erreichen, ver-
einbaren die beiden einen Swap wie folgt:

Firma Groß zahlt Libor an Firma Klein und erhält
von Firma Klein einen festen Zinssatz von 5,2 Prozent.

Firma Klein zahlt einen festen Zinssatz von 5,4 Prozent und erhält Libor.

Im folgenden Diagramm werden die Zahlungsströme dargestellt, und zwar vor dem Swap und nach dem Swap:

Zahlungsströme ohne Swap

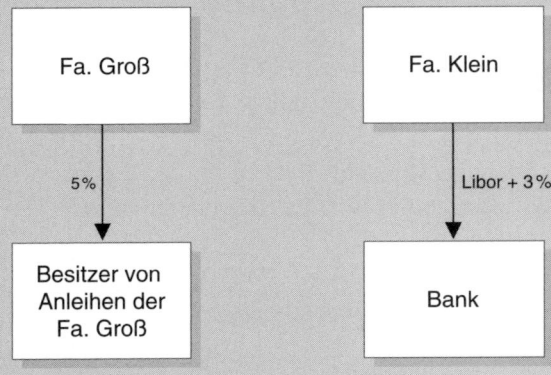

Zahlungsströme mit Swap

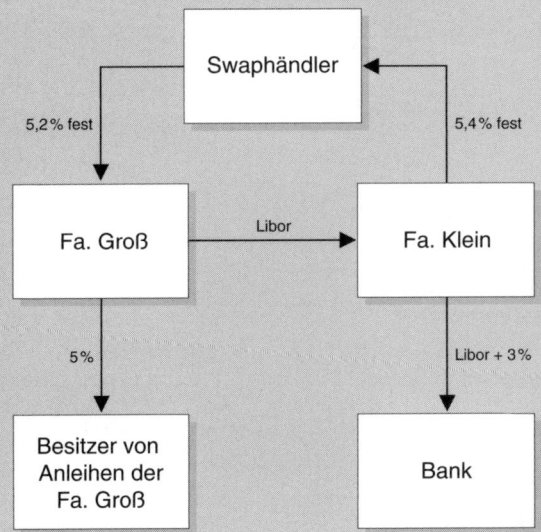

In diesem Beispiel zahlt also die Firma Groß an Firma
Klein Libor, also den variablen Marktsatz. Firma Klein
hingegen zahlt einen festen Zinssatz von 5,4 Prozent,
von dem Firma Groß 5,2 Prozent erhält. Die Differenz zwischen diesen beiden festen Zinssätzen, in diesem Fall 0,2 Prozent, geht an den Swap-Händler. Der
Swap-Satz ist also 5,2/5,4 Prozent, je nachdem, ob
man den festen Satz zahlt oder erhält.

Wie sieht die Gesamtbilanz für beide Firmen nach
dem Swap aus. Zunächst für Firma Groß. Firma Groß
zahlt Zinsen und erhält Zinsen durch den Swap. Hier
zunächst die Zinszahlungen der Firma Groß:

Zahlungen:	
für den Bond an die Investoren	5 %
für den Zins-Swap	Libor
Zwischensumme	5 % + Libor
– Zinseinnahmen durch Swap	5,2 %
Summe	Libor – 0,2 %

Für die Firma Klein gilt folgende Rechnung. Zunächst
die Zinszahlungen:

Zinszahlungen an die Banken	Libor + 3 %
Zinszahlungen für den Swap	5,4 %
Zwischensumme	Libor + 8,4 %
– Zinseinnahmen durch Swap	Libor
Summe	8,4 %

Somit zahlt Firma Groß: Libor minus 0,2 Prozent anstatt fünf Prozent fest, und Firma Klein zahlt einen

festen Satz von 8,4 Prozent anstatt Libor plus drei Prozent.

Haben beide gewonnen? Ja und nein. In beiden Fällen sind die Konditionen günstiger, als den Firmen sonst zur Verfügung gestanden hätten. Wir erinnern: Firma Groß hätte im Markt Libor plus 0,5 Prozent bekommen und Firma Klein einen Kredit mit festem Satz zu zehn Prozent. Jetzt zahlt Firma Groß Libor minus 0,2 Prozent und Firma Klein einen festen Satz von 8,4 Prozent.

Natürlich kann Firma Groß immer noch verlieren. Wenn der Libor auf über 5,2 Prozent steigt, dann wäre es besser gewesen, auf den Swap zu verzichten. Firma Klein verliert, wenn der Libor auf unter 5,4 Prozent fällt. Da eine dieser beiden Bedingungen für den Libor immer gilt, so verliert entweder Firma Groß oder Firma Klein relativ zu den vor dem Swap gewählten Konditionen. In der Tat, wenn der Libor genau zwischen 5,2 Prozent und 5,4 Prozent fällt, dann verlieren beide Parteien. Der Einzige, der immer gewinnt, egal was mit dem Libor passiert, ist der Swap-Händler.

Allein an diesem einfachen Beispiel sehen wir schon die Problematik dieses Instrumentes. Swap-Händler, meistens große Investmentbanken, haben ein natürliches Interesse daran, so viel wie möglich an Swaps zu verkaufen. Für die Beteiligten lohnt sich ein Swap im Nachhinein nur unter bestimmten Umständen. Natürlich kauft sich die Firma Klein durch den Zins Sicherheit. Denn wenn der Zins nach oben gehen sollte, dann würde die Firma Klein eventuell in finanzielle Schwierigkeiten geraten. Diese Sicherheit ist ihr vielleicht wichtiger als der theoretische Verlust, der sich ergeben würde, wenn die Marktzinsen stark fallen.

Swaps sind geladene Finanzinstrumente, mit denen man viel Geld verlieren kann. Der Autor Satyajit Das gibt zu Anfang seines Buches „Traders, Guns and Money"[21] ein herrliches Beispiel eines indonesischen Unternehmers, der auf Anraten seiner Bank einen Dollar-Swap gekauft hat, den er nicht vollends verstand. Er verlor einen Haufen Geld und verklagte die Bank, was ihm überraschenderweise auch mit Erfolg gelang. Swaps sind in jedem Fall komplizierte Instrumente, und Investoren sollten sich sehr gut überlegen, wie der Swap unter verschiedenen Szenarien unterschiedlicher Zinssätze und Wechselkurse funktioniert.

3.1.4 Kreditderivate: Credit Default Swaps und Asset Swaps

Warren Buffetts Vergleich mit Massenvernichtungswaffen galt einem spezifischen Instrument, nämlich den Credit Default Swaps oder CDS. Hier gibt es keinen deutschen Ausdruck, der dieses Instrument besser bezeichnet, und wir bleiben daher bei dem englischen Originalausdruck. CDS bieten dem Investor eine Versicherung gegen einen Zahlungsausfall, was sich zunächst harmlos anhört. Doch was für den Käufer eine Versicherung ist, ist für den Verkäufer ein Zahlungsrisiko. Wie funktioniert ein CDS? Grundlage für einen CDS ist in der Regel ein Kredit von einer Bank an eine Firma oder ein Bündel von Wertpapieren, meistens Bonds.

Nehmen wir einmal das Beispiel einer Bank, die einen Kredit an eine Autofirma verliehen hat, die dann aber ihr Risiko im Autosektor reduzieren möchte. Die Bank möchte sich gegen einen Zahlungsausfall der Firma versichern. Zu diesem Zweck wird ein CDS kreiert. Für das Privileg der Versicherung zahlt die Bank jedes Vierteljahr eine Prämie an denjenigen, der für das Risiko einsteht. Im Falle einer Nichtzahlung erhält die Bank eine vereinbarte Summe. Dieser Vertrag ist insofern ein Swap, als dass hier Zahlungsströme ausgetauscht werden. Der Käufer eines CDS zahlt jedes Quartal, der Verkäufer zahlt aber nur dann, wenn tatsächlich ein Zahlungsausfall besteht.

Rein ökonomisch handelt es sich um eine Versicherungsleistung. Denn die Bank kauft sich eine Versicherung gegen Zahlungsausfall und zahlt dafür eine Versicherungsprämie.

Ein wichtiger Punkt bei einem CDS ist, dass in diesem Fall die Autofirma, deren Anleihe hier als Referenzwert für den CDS gilt, kein Partner in dieser Transaktion ist. Jeder kann also in Ford-Anleihen kräftig mitzocken, ohne dass die Firma Ford davon informiert ist.

In unserem Beispiel sind die Vertragspartner also eine Bank und eine Versicherungsgesellschaft oder ein Hedgefonds. Die Unternehmensanleihe nennt man den Referenzwert. CDS sind daher Derivate, also abgeleitete Produkte.

Derjenige, der für das Risiko geradesteht, also die Versicherungsleistung liefert, hat im besten Fall keine Ausgaben. Dafür erhält er vierteljährlich eine Prämie. Man sieht allein schon an dieser Struktur, dass dieser Markt zum Zocken einlädt. Man kann hier effektiv ohne Einsatz zu Geld kommen, und das funktioniert, solange es keinen Zahlungsausfall gibt. So einfach ist das in der Praxis natürlich nicht, denn der CDS-Verkäufer muss natürlich gewisse Mindestvoraussetzungen erfüllen. Als Privatanleger lässt man Sie nicht durch das Tor.

Im CDS-Sektor wurde ein enormer Schattenversicherungsmarkt kreiert, aber ohne die Standardisierung und die strenge Aufsicht, wie das im Versicherungsmarkt üblich ist. Eine Versicherung muss in den meisten Ländern der Welt sehr strikte Auflagen erfüllen. Satyajit Das schrieb in seinem schon zitierten Buch davon, dass im Versicherungsmarkt das Prinzip *uberrima fides*[22] gilt, was so viel heißt, dass hier beide Seiten mit der größtmöglichen Offenheit und Transparenz miteinander umgehen sollen. Der Versicherungsnehmer soll der Versicherung die wirklichen Risiken mitteilen, und die Versicherung soll ebenfalls unmissverständlich klarstellen, was genau versichert ist und was nicht.

Unzählige Rechtsanwälte haben sich mit der Frage beschäftigt, ob CDS formell unter die Rubrik Versicherung fallen sollten. Die Antwort wurde verneint. Ein CDS ist rechtlich somit nur eine gewöhnliche Finanztransaktion, die keiner besonderen Kontrolle unterliegt. Aus diesem Grund ist dieser Markt überhaupt erst so groß geworden. Jeder durfte an der Versicherungszockerei mitmachen. Im Markt für CDS gilt ein anderes lateinisches Prinzip, und zwar *caveat emptor*: Käufer, nimm dich in Acht.

Wer ist in diesem Markt der Käufer? Banken natürlich und auch Hedgefonds, die sich absichern wollen. Und wer ist der Verkäufer? Auch Hedgefonds, aber auch klassische Versicherungsgesellschaften, die hier außerhalb ihres regulierten Kerngeschäfts eine Möglichkeit sehen, ihre Gewinne zu erhöhen.

In frühen Jahren des CDS-Marktes gab es zunächst ein Problem, und zwar in der Frage der Standards und der Zahlungsabwicklung. Dem Dachverband der internationalen Derivatehändler, der International Swap and Derivatives Association, ISDA, ist es nach langen Verhandlungen gelungen, Standardverträge einzuführen, die genau regeln, was mit einem Zahlungsausfall exakt gemeint ist. Die genaue Identität des zu versichernden Kredites oder Bonds produziert gelegentlich große Probleme. Was passiert, wenn Firmen fusionieren? Es gibt viele weitere Beispiele, wo es am Ende überhaupt nicht klar ist, worauf sich die Versicherungsleistung bezieht. Es gab sogar schon Fälle, da existierte der Referenz-Bond überhaupt nicht. Mit anderen Worten: *caveat emptor*. Auch bei der Abwicklung von Zahlungsströmen hatte es in der Vergangenheit enorme Schwierigkeiten gegeben, die dank ISDA später gelöst wurden.

CDS waren – bis vor Kurzem zumindest – nicht an der Börse handelbar. Es handelt sich hierbei um sogenannte „Over-the-Counter"-Verträge, individuelle Verträge zwischen zwei Vertragspartnern. In den letzten Jahren wurden allerdings erhebliche Fortschritte erzielt, dem Markt einheitliche Standards zu geben.

Wir wollen in diesem Buch auf die rechtlichen Aspekte eines CDS nicht weiter eingehen, sondern uns mit der Frage beschäftigen, wie ein CDS funktioniert, was er im Idealfall leistet und warum er gefährlich sein kann.

Zunächst zur Größe des Marktes für CDS. Im Jahre 2006 machte die British Bankers Association (BBA)[23] eine Umfrage zu Kreditderivaten, aus der sich ergab, dass sich die Größe des globalen Kreditderivatemarktes von fünf Billionen Dollar im Jahre 2004 auf 26 Billionen Dollar im Jahre 2006 vervielfältigte. Allein an diesen Zahlen sieht man schon das fast unkontrollierte Wachstum dieses Markts. Für 2007/2008 wurde ein weiteres Wachstum auf über 30 Billionen Dollar angesetzt, das sind 30.000 Milliarden Dollar, ungefähr das 15-Fache des gesamten Bruttoinlandsprodukts der Bundesrepublik. Der CDS-Markt hat den größten Beitrag zu diesem Wachstum geleistet.

Eine wichtige Entwicklung, die diesem Markt zum explosionsartigen Wachstum verholfen hat, sind CDS-Indizes. Man kann einen CDS auf einen einzigen Bond ausrichten oder auch einen Index verschiedener Bonds. In diesem Fall sind die Zahlungsströme klar geregelt. Man kann zum Beispiel einen CDS erstellen, der nur für die ersten drei Zahlungsausfälle in einem Index eine Versicherungsleistung bietet, und einen weiteren CDS, der nur die Ausfälle vier bis sieben versichert. In einer separaten Box beschreibe ich, wie die Preise von CDS dargestellt sind und was es mit dem iTraxx-Index, dem in Europa mittlerweile wichtigsten CDS-Index, auf sich hat.

**Wie funktioniert ein Credit Default Swap beziehungs-
weise ein CDS-Index?**

Wie berechnet sich die vierteljährliche Prämie in einem
CDS-Vertrag. Die Formel ist hier:

> *Zu versichernde Prämie (meistens zehn Milli-
> onen Dollar oder Euro) multipliziert mit dem
> Swap-Satz (in Dezimaldarstellung).*

Normalerweise bezieht sich ein CDS-Vertrag auf ein
Bündel von Bonds im Wert von zehn Millionen Dollar
oder Euro. CDS werden notiert in Basispunkten. Eine
typische Notierung für einen CDS ist zum Beispiel
200 bp. Das heißt, die jährliche Prämie ist zehn Millionen multipliziert mit 0,02, also gleich 200.000 Euro
im Jahr. Die vierteljährlichen Raten sind somit
50.000 Euro.

Der CDS-Markt begann in den 90er-Jahren und
explodierte förmlich seit 2004/2005, als man begann,
CDS-Indizes zu schaffen. Wie ein Aktienindex beinhal-
ten auch die CDS-Indizes mehrere Werte. Wie funktioniert ein CDS-Index?

Hier gibt es mehrere Möglichkeiten. Bei einem
First-to-Default Swap wird die Zahlung fällig, wenn es
einen Zahlungsfall bei nur einem einzigen Wert in dem
Index kommt. Es gibt auch Second-to-Default Swaps
und Subordinate Basket Default Swaps. Bei letzteren
wird eine Obergrenze pro Titel im Index angegeben
sowie eine Gesamtobergrenze.

Nehmen wir einmal an, der Index besteht aus zehn
Werten. Die Vertragspartner treffen folgende Vereinbarung: Der maximal zu zahlende Betrag pro Wert
im Index ist zehn Millionen Dollar, der maximale Ge-

samtbetrag ist 15 Millionen Dollar. Wenn der erste Wert einen Ausfall hat von 20 Millionen Dollar, der zweite Wert einen Ausfall von zwei Millionen Dollar, dann sind unter diesem Vertrag zwölf Millionen Dollar fällig, zehn Millionen Dollar für den ersten Wert und zwei Millionen Dollar für den zweiten.

Ein beliebter CDS-Index in Europa ist der iTraxx-Index. Wenn Zeitungen über diesen Markt berichten, dann wird meistens einer der iTraxx-Indizes zitiert. Hier ist ein Beispiel für einen Marktbericht vom 4. September 2007 von der Internetseite FT-Alphaville[24], ein frei zugänglicher Informationsblog, den die *Financial Times* für die Finanzindustrie eingerichtet hat.

> *"European credit derivatives markets weakened on Tuesday, with both the benchmark iTraxx Crossover index and the investment-grade iTraxx Europe index moving wider. By mid-morning, the Crossover index of 50 mostly high-yield corporate borrowers widened about 3 bp to 331 bp, while the Europe index added 1 bp to 45 bp ... In single-name news, the cancellation of oil firm Repsol and Gas Natural's Gassi Touil project with Algeria's state-owned Sonatrach pushed Repsol's five-year credit default swaps 4 bp wider to 70 bp."*

Diese Nachricht ist wie folgt zu lesen. Es werden zunächst zwei Indizes zitiert. Der erste ist der iTraxx-Crossover-Index, der aus 50 europäischen Bonds besteht, deren Kreditwürdigkeit von den Ratingagenturen als spekulativ eingeschätzt wird. Der Marktbericht besagt, dass der iTraxx Crossover um drei Basispunkte auf 331 Basispunkte gestiegen ist. Das heißt, die Versicherungsprämie für einen Ausfall von Bonds im Wert von zehn Millionen Euro im iTraxx-Index beträgt 331.000 Euro, nachdem sie vorher 328.000 Euro betragen hat.

Der iTraxx-Europe-Index, der sich auf Bonds von Unternehmen mit hoher Kreditwürdigkeit bezieht, schloss an diesem Tag einen Punkt höher mit 45 Basispunkten. Je höher die Notierung, desto höher das Risiko.

Man kann diese Basispunkte auch als eine Risikoprämie auffassen. Wie hoch ist eine Versicherung gegen den Zahlungsausfall einer Bundesanleihe? Nun, wenn Sie glauben, die Bundesrepublik gehe in den nächsten Jahren pleite, dann würden Sie sich wahrscheinlich dagegen versichern wollen. Der Markt und die Ratingagenturen sehen die Ausfallwahrscheinlichkeit als nahezu null an. Wenn also ein CDS mit 331 bp oder Basispunkten notiert ist, so wie der iTraxx am 4. September, dann heißt das, dass die Investoren bereit sind, für das erhöhte Risiko eine Prämie von 3,31 Prozent zu bezahlen. Das hört sich nicht nach sehr viel an, und das ist in der Tat so. Auf der Höhe des Kreditbooms fielen die Prämien auf unter 150 Basispunkte, was bedeutet, dass die Investoren damals sehr risikofreudig waren.

Der Marktbericht zitiert ebenfalls einen Einzelwert, Repsol, dessen Prämie an diesem Tag gestiegen ist, was ebenfalls bedeutet, dass die Investoren plötzlich ein höheres Risiko sehen. FT-Alphaville präsentiert diesen Marktbericht jeden Tag. Die Internetseite des Informationsdienstes Markit, www.markit.com, veröffentlicht ebenfalls tägliche Marktberichte über den Kreditmarkt.

Es gibt eine große Anzahl verschiedener Credit Default Swaps. Eine wichtige Variante ist der Asset Swap, der wiederum eher wie ein Swap aussieht. Hier ist ein sehr interessantes Beispiel, entnommen aus dem Buch von Satyajit Das[25]. Dieses Beispiel ist etwas komplizierter als die, die wir bislang in diesem Buch kennengelernt haben. Aber dieses Beispiel ist sehr typisch für die Art von Verträgen, die man heute in den modernen Finanzmärkten schließt. Es lohnt sich daher, dieses Beispiel genauer im Detail zu verfolgen und es eventuell ein zweites Mal zu lesen, um es vollends zu verstehen. Wem das zu lästig ist, kann natürlich gleich zum nächsten Unterabschnitt springen.

Der Asset Swap

So funktioniert ein typischer Asset Swap. Ein Investor kauft einen Telekom-Bond mit Nominalwert von 20 Millionen Euro mit einem Coupon oder Zins von 6,85 Prozent mit einer Laufzeit von fünf Jahren. Die Coupon-Zahlungen seien halbjährlich. Gleichzeitig verhandelt der Investor einen 5-Jahres-Zins-Swap mit einem Swap-Händler mit folgender Struktur: Der Investor zahlt einen festen Zinssatz, die sogenannte Swap-Rate. Diese sei in diesem Fall sechs Prozent. Das heißt, der Investor zahlt jedes halbe Jahr drei Prozent von 20 Millionen Euro an den Swap-Händler. Der Swap-Händler wiederum zahlt dem Investor den sechsmonatigen Libor – also den Geldmarktzins für Geldanlagen von sechs Monaten – plus 45 Basispunkte.

So sieht also die Bilanz nach dem Swap aus.

Der Investor
erhält von seinen Bonds   6,85 %
zahlt an den Händler   6,00 %
und erhält vom Händler   Libor + 0,45 %

das ergibt zusammen   Libor + 1,3 %

Der Investor hat also mithilfe eines Asset Swaps aus
einem 5-Jahres-Bond mit festem Coupon einen Floater
strukturiert, also einen Bond mit variablem Zinssatz,
der ihm Libor plus 1,3 Prozent bringt, allerdings natürlich nur so lange, bis die Telekomfirma die Bonds
auch tatsächlich bezahlt. An diesem Beispiel sehen Sie
den Nutzen der modernen Finanzmarktinstrumente.
Man erhält mehr Flexibilität. Man kann sich sein Portfolio maßgeschneidert gestalten, genau das Risikoprofil wählen, das einem die Risikomodelle, die man für
viel Geld gekauft hat, ausgerechnet haben. Und man
kann das Risiko über eine große Anzahl von Investoren streuen.

Es gibt noch eine ganze Reihe weiterer Swaps, zum
Beispiel den Total Return Swap. Kurz gesagt werden
hier nicht nur die Zinszahlungen auf einem Bond ge-
swappt, sondern die gesamte Rendite, also Zinszahlung
plus eventuelle Kursgewinne und -verluste. Diese Swaps
sind technisch komplizierter, als sie sich anhören. Ein
Total Return Swap ist zum Beispiel für einen Investor
nützlich, der glaubt, ein bestimmter Bond würde innerhalb einer Periode ein besseres Rating erhalten.

Beispiele hierfür sind Unternehmensanleihen. Wenn
ein Investor glaubt, dass ein Unternehmen im nächsten
Jahr höhere Gewinne verbuchen wird, so kann man

natürlich Aktien dieses Unternehmens kaufen. Ein Total Return Swap wäre aber eine Alternative. Man selbst zahlt einen festen, vorher vereinbarten Zinssatz, und erhält den variablen Satz plus die erhoffte höhere Rendite.

Nach all dieser Finanztechnik stellen sich zunächst zwei Fragen: Warum wollen sich Investoren gegen Nichtzahlung versichern, und warum wollen Investoren diese Versicherungsdienstleistung anbieten? Der Grund, sich zu versichern, hängt sehr stark damit zusammen, dass der moderne Finanzmarkt Risiken aktiv managt. Das heißt nicht, dass Banken heutzutage weniger Risiken eingehen als früher. Das Gegenteil ist der Fall. Doch Banken benutzen die Ergebnisse der modernen Versicherungsmathematik, die ausgeklügelte Risikomodelle erarbeitet hat, mit denen Banken ihr Risiko sehr präzise managen. Eine der bei Banken sehr beliebten Risikogrößen ist das Value at Risk, abgekürzt VaR, ein Konzept aus der modernen Statistik, das der Finanzmarkt mit Enthusiasmus aufgenommen hat. VaR reduziert das große Spektrum von Risiken, denen eine Bank ausgesetzt ist, auf eine einzige Zahl. Die Tatsache, dass jede Bank ihr Risiko heutzutage aktiv managt, bedeutet einen enormen Appetit für moderne Kreditderivate, den einfachen Swap, auch Plain Vanilla Swap genannt (was fälschlicherweise unterstellt, dass Vanille geschmacksneutral ist!), oder den Total Return Swap oder eben den Credit Default Swap.

Ein Großteil der Nachfrage für diese Instrumente besteht tatsächlich darin, dass man sich absichern möchte. Insofern sind Kreditderivate ähnlich den normalen Derivaten wie zum Beispiel Aktienoptionsscheinen, mit denen man sich auch absichern kann, zum Beispiel gegen einen Kursverfall.

Und wie bei den Aktienoptionen kann man diese
Instrumente auch missbrauchen. Man kann mit ihnen
zweifelsohne zocken. Und genau das ist in diesem Markt
ebenfalls passiert. In Zeiten, in den man glaubte, wie ein
Händler der *FT* einmal sagte, dass Firmen keine Zeit hätten, pleitezugehen, da ist man schon versucht, einen CDS
zu garantieren, also als Verkäufer zu agieren. Wenn man
glaubt, dass die Wahrscheinlichkeit eines Zahlungsausfalls gering ist, dann freut man sich über die vierteljährlichen Prämien, die man erhält. Hier fanden sich Investoren, die ihr Risiko fein steuern wollten, und andere Investoren, die bereit waren, hohe Risiken einzugehen, indem
sie für den Zahlungsausfall eines Dritten geradestehen.

An diesem Geschäft beteiligt sind Ratingagenturen
und vor allem Investmentbanken, die sich an diesem Geschäft die Nase vergoldeten. Denn es stimmt zwar, dass
bei einem Swap die eine Partei immer gewinnt und die
andere verliert. Zwei Gewinner gab es aber in jedem Fall:
Die einen sind, wie wir schon wissen, die Investmentbanken, die den Swap auf den Markt brachten. Die anderen
sind die Ratingagenturen, auf deren Ratings die Preise
für diese modernen Finanzinstrumente basieren.

Eine Frage, die oft gestellt wird, ist: Warum gibt es
diesen Markt erst seit den 90er-Jahren? Warum ist man
nicht schon früher auf die Idee gekommen, Bonds außerhalb des offiziellen Versicherungsmarkts zu versichern?

Die Antwort liegt in der Finanzmathematik. Man
konnte früher für derartige Produkte wie einen CDS keinen Preis bestimmen und sie daher auch nicht handeln.
Das ist ähnlich wie bei den Aktienoptionen. Auch dieser Markt entwickelte sich, nachdem Mathematiker in
den 70er-Jahren herausfanden, wie man Aktienoptionen
berechnet. CDS waren noch komplizierter als Optionen,
sodass ein erneuter mathematischer Quantensprung nötig war. Mit diesem Thema beschäftigen wir uns im Detail in einem separaten Kapitel.

Doch auch die Fortschritte in der Finanzmathematik waren nur ein Schritt zur Popularisierung dieser Instrumente. Die Schaffung von CDS-Indizes war ebenfalls enorm wichtig, denn hiermit können sich Investoren gegen einen ganzen Sektor absichern und nicht nur gegen Einzelwerte. Um auf unser eingangs zitiertes Beispiel zurückzukommen. Eine Bank gibt einen Kredit an eine Autofirma, möchte sich aber gegen eine Rezession im Automobilsektor absichern. Sie kauft sich diesen Schutz mittels eines CDS auf einen Index.

Ein weiterer wichtiger Schritt wird im nächsten Unterkapitel beantwortet. Viele Investoren handeln nicht mit geradlinigen CDS, sondern mit noch komplizierteren Strukturen, in denen CDS enthalten sind. Diese Strukturen heißen im Deutschen besicherte Schuldverschreibungen und im Amerikanischen Collateralized Debt Obligations (CDOs). Die Variante, die auf den Credit Default Swaps aufbaut, nennt man synthetische CDOs. Wenn CDS die Massenvernichtungswaffen moderner Finanzmärkte sind, dann gibt es für synthetische CDOs kaum noch eine Bezeichnung, die ihre Gewalt und ihre Gefahr auch nur annähernd beschreibt. Sie gehören zu den gefährlichsten legalen Finanzinstrumenten, die jemals erfunden wurden. Diesen Instrumenten wenden wir uns jetzt zu. Sie alle basieren auf einem wichtigen Prinzip, das man auf jeden Fall verstanden haben muss, um die modernen Finanzmärkte zu verstehen: die Verbriefung.

3.1.5 Verbriefte Wertpapiere

Die Technik der Verbriefung

Wie zu Anfang erwähnt, gibt es zwei grundlegende Konzepte, die notwendig sind, die modernen Finanzmärkte zu verstehen. Neben dem Swap ist das zweite das Konzept der Verbriefung. Die Grundidee der Verbriefung besteht darin, aus einer Anzahl von Krediten Wertpapiere zu schaffen, die man dann auf dem Markt verkauft. Diese Wertpapiere haben unterschiedliche Risikoprofile. Selbst wenn alle Kredite als riskant eingestuft werden, ist es dennoch möglich, die Wertpapiere so zu gestalten, dass zumindest eines dieser Wertpapiere als relativ sicher gilt. Wie das funktioniert, wird in diesem Abschnitt erklärt.

Die Idee der Verbriefung kam aus dem Immobilienbereich mit der Privatisierung von Fannie Mae in den 60er-Jahren. In einer Textbox haben wir den amerikanischen Hypothekenmarkt diskutiert. Die Aufgabe von Fannie Mae und Freddie Mac ist es, ausreichende Liquidität für Hypotheken zur Verfügung zu stellen. Wie bewerkstelligen Fannie und Freddie dies? Sie kaufen die Hypotheken auf und emittieren sogenannte Mortgage-Backed Securities oder MBS. MBS sind Wertpapiere, die durch die Hypotheken abgesichert sind.

Mithilfe des MBS-Marktes wurde also ausreichende Liquidität für Hypotheken zur Verfügung gestellt. Selbst wenn das Bankensystem kriselte, konnte der Hypothekenmarkt boomen. Hier sehen wir einen der Vorteile des kapitalmarktbasierten Systems. Man ist von dem Wohlergehen der Banken unabhängiger.

Mit der Hypothek nahm dieser Markt seinen Anfang. Aber es spricht natürlich nichts dagegen, dass man auch andere Kredite verbrieft, etwa Kredite für Autos oder auch Kreditkartenzahlungen. Die Wertpapiere, die aus solchen Krediten stammen, haben dann den etwas allgemeineren Namen Asset-Backed Security oder ABS. Im Finanzwesen ist eine ABS kein Bremssystem, sondern steht für ein besichertes Wertpapier. Eine MBS ist somit ein Spezialfall einer ABS.

In den 80er-Jahren wurde dieser Markt groß, denn es war plötzlich möglich, aus Krediten Wertpapiere zu erzeugen und Liquidität für alles Mögliche bereitzustellen, nicht nur für Hypotheken und Autodarlehen, auch für Leasing.

Aber es gab noch einen weiteren Grund, warum dieser Markt in den 90er-Jahren und danach sich explosionsartig ausweitete. Dieser Grund ist das ursprüngliche Basel-Abkommen. Sie erinnern sich: Das Basel-Abkommen verlangte von den Banken ein Eigenkapital von mindest acht Prozent ihrer risikogewichteten Kredite. Damit wurde jeder Bank der Welt eine Kreditobergrenze vorgeschrieben, die vom Eigenkapital abhängig war. Was passiert nun, wenn eine Bank an diese Grenze stößt? Es gab logischerweise nur drei Möglichkeiten. Erstens, die Bank begnügt sich mit dieser Situation. Eine genügsame Bank ist allerdings ein Widerspruch in sich. Zweitens, die Bank erhöht ihr Eigenkapital, um sich somit weitere Freiräume für neue Kredite zu schaffen. Drittens, die Bank stößt existierende Kredite ab. Letzteres wurde zur Regel.

Die Käufer des Kredits sind die eingangs schon erwähnten Zweckgesellschaften, die im Englischen Special Purpose Vehicle (SPV) genannt werden. Ein SPV ist also eine eigens zu diesem Zweck kreierte Firma, die nichts anderes tut, als Kredite zu kaufen und selbst Bonds zu emittieren, die durch diese Kredite abgesichert sind.

Zu diesem Zweck zahlt das SPV der Bank eine vereinbarte Summe. Die Bank ist den Kredit los, kann also erneut Kredite vergeben. Der Kredit hängt jetzt bei dem SPV, das natürlich jetzt den Anspruch auf den regelmäßigen Zahlungsstrom der Kredite hat. Das Risiko ist damit jetzt ebenfalls nicht mehr bei der Bank, sondern bei dem SPV. Entscheidend ist, dass das SPV nicht auf der Bilanz der Bank erscheint. Ein SPV ist also eine Nichtbank.

Jetzt stellt sich die Frage: Wie kommt das SPV an das Kapital für eine solche Transaktion? Dazu emittiert das SPV seine eigenen Wertpapiere, die über den Kreditpool abgesichert sind. Die Kredite dienen also als Sicherheit. Der Witz bei dieser Geschichte besteht darin, dass das SPV Anleihen in verschiedenen Risikoklassen, auch Tranchen (Scheiben) genannt, herausgeben kann. Die unterste

Stufe, die mit dem höchsten Risiko, heißt Equity. Equity
ist im Grunde ein falscher Name, denn es handelt sich
nicht um Aktien im klassischen Sinn, wie man das Wort
Equity ins Deutsche übersetzen würde, sondern in der
Regel um Bonds, die lediglich derart riskant sind, dass sie
aktienähnliche Eigenschaften haben. Die mittlere Tranche heißt Mezzanine. Und dann gibt es auch eine obere
Klasse, die das geringste Risiko hat. Die trägt den Namen
Senior Debt. Wenn ein Zahlungsausfall eintritt, ist zunächst die Equity-Tranche betroffen, dann die Mezzanine-Tranche und schließlich die Senior-Tranche.

Bei den Zahlungsströmen verhält es sich genau umgekehrt. Was auch immer an Geld in den Kreditpool einfließt: Die Senior-Klasse bekommt ihr Geld zuerst, dann
Mezzanine und schließlich Equity. Man spricht hier auch
von einem Wasserfall. Bei dieser Metapher ist das Geld
das Wasser. Es sprudelt von den oberen Tranchen nach
unten. Die unteren Tranchen erhalten das gesamte Wasser, das von den oberen nicht aufgefangen wird.

Worin besteht die Attraktivität dieser Tranchen für Investoren? Im Gegensatz zu den Krediten selbst unterliegen
die Tranchen einer Bewertung durch Ratingagenturen.
Die oberste Tranche ist laut der Ratingagentur oft sehr
sicher, weil das gesamte Risiko in den unteren Tranchen
gebündelt ist. Die oberste Tranche hat oft ein Rating von
AAA – das höchste Rating überhaupt, das sonst den besseren Staatsanleihen vorbehalten ist. Gleichzeitig sind die
Renditen der obersten Tranchen höher als die der Staatsanleihen. Die Equity-Tranche ist dagegen weitaus gefähr-
deter, hat aber eine extreme hohe Rendite, und das macht
sie besonders attraktiv für einige Spekulanten.

Verbriefung ist also ein Prozess, mit dem Kredite in
Wertpapiere umgeformt werden. Diese tranchierten Wert-
papiere heißen ABS oder MBS, je nachdem, um was für
Kredite es sich handelt.

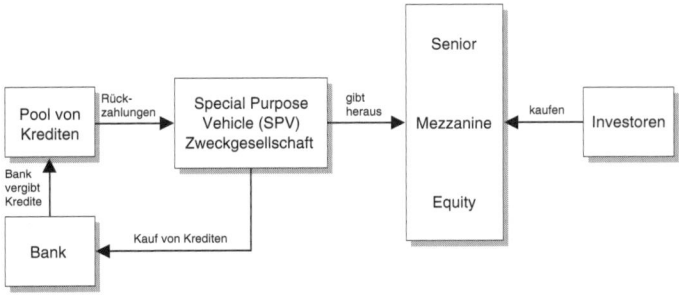

Asset Backed Security

ABS – ein Rechenbeispiel

Hier nun ein Beispiel, wie eine Asset-Backed Security konkret erstellt wird. Wir gehen von einer Automobilfirma aus, der Auto AG, die Autos im Wert von 200 Millionen Euro an Kunden gegen Finanzierung verkaufen will. Zu diesem Zweck muss sich die Auto AG die 200 Millionen Euro besorgen. Sie könnte natürlich die Kapitalmärkte anzapfen und einen Bond im Wert von 200 Millionen Euro emittieren. Es kann aber sein, dass die Bonität der Auto AG nicht gut genug ist oder dass der Kapitalmarkt zu diesem Zeitpunkt keine attraktiven Konditionen bietet. Die Auto AG beschließt daher, einen alternativen Weg zu gehen, den Weg über die Asset-Backed Security, das verbriefte Wertpapier.

Zu diesem Zweck gründet die Auto AG eine Zweckgesellschaft mit dem Namen Auto Finanz. Auto Finanz wird auf einer exotischen Insel in der Karibik etabliert. Es ist eine rechtlich von der Auto AG unabhängige Firma.

Der Prozess der Verbriefung verläuft wie folgt. Die Auto AG schließt Verträge ab für den Verkauf von Autos im Wert von 200 Millionen Euro, die über einen

Kredit finanziert werden. Die Auto AG verkauft die Autos an die Kunden, und die Kunden zahlen an die Auto AG einen Kredit. In diesem Moment steht der Kredit in der Bilanz der Auto AG unter Forderungen an Dritte. Die Auto AG verkauft jetzt den Kredit an Auto Finanz für eine vereinbarte Summe. Wo bekommt nun Auto Finanz das Geld her? Auto Trust emittiert eine ABS mit verschiedenen Tranchen.

Theoretisch könnte Auto Finanz eine ABS mit nur einer Tranche emittieren von insgesamt 200 Millionen Euro mit einem Nominalwert von 1.000 Euro pro Note. In diesem Fall hätte jeder Besitzer einer Note Anspruch auf ein 200.000stel auf die Gesamtheit aller Kreditzahlungen. In der Regel sind die Strukturen aber komplizierter, denn die Idee dieses Prozesses ist es, möglichst viele Investoren mit unterschiedlicher Risikostruktur anzulocken:

Nehmen wir an, Auto Finanz entscheidet sich für eine ABS mit zwei Klassen, eine obere Klasse für 90 Millionen Euro und eine untere Klasse für 110 Millionen Euro. Hierbei wird folgende Regel erstellt: Zunächst erhalten die Investoren der oberen Klasse alle Kreditzahlungen, und erst wenn die 90 Millionen zurückgezahlt sind, fließt der Rest an die Investoren der unteren Klasse.

Wie riskant die Papiere sind, entscheidet eine Ratingagentur. Man darf sich aber den Prozess nicht so vorstellen, dass die Geschichte ähnlich abläuft wie bei der Stiftung Warentest oder wie beim Michelin-Führer, der Restaurants beurteilt. Ob eine Tranche eines derartigen Wertpapiers ein AAA-Rating oder nur ein A-Rating bekommt, können die Manager der CDO selbst bestimmen.

Wie bitte? Wie kann man sich selbst ein AAA-Rating zulegen? Geht so etwas mit rechten Dingen zu? Die Antwort heißt „Überabsicherung". Hinter jeder dieser Tranchen steht schließlich eine bestimmte Menge an Krediten. Um das Risiko der Tranche zu reduzieren, könnte man also die Anzahl der Kredite erhöhen, also mehr Sicherheiten bieten, als das strikt notwendig wäre. Je nachdem, wie viele Sicherheiten man in die Tranche hineinsteckt, desto besser wird das Rating. Das heißt, man hat es durch die Sicherheiten selbst in der Hand, die Qualität der Ratings zu bestimmen. Im Amerikanischen spricht man von Overcollateralization.

Die Verbriefung hat sich als eine enorm wichtige Entwicklung in den globalen Finanzmärkten erwiesen. Vor der Verbriefung waren Kreditnehmer darauf angewiesen, dass es Kreditgeber gibt. Immer wieder trockneten Märkte aus. Von Zeit zu Zeit erhöhen Banken ihre Bereitschaft, Kredite zu geben. In anderen Zeiten reduzieren sie die Kredite. Wer also in einem System ohne Verbriefung eine Hypothek zur falschen Zeit beantragt, kann Pech haben. Die Verbriefung öffnete den Zugang zum Kapitalmarkt. Und das bedeutete, dass plötzlich die gesamte Liquidität des globalen Finanzmarktes zur Verfügung stand. Zwar ändern sich laufend die Finanzierungsbedingungen und die Zinsen, aber die Liquidität ist da. Auch wenn man dem Konzept der Finanzmarktinnovationen eher skeptisch gegenübersteht, so muss man dennoch zugeben, dass die Verbriefung zu den großen Innovationen in diesem Sektor gehört.

Die Ökonomie der Verbriefung

Nach all dieser Technik lohnt es sich, an dieser Stelle einmal über die ökonomischen Aspekte der Verbriefung nachzudenken. Als Laie hat man eventuell den Eindruck, dass hier lediglich nur Geld von einer Ecke des Marktes in die andere verschoben wird. Ökonomisch wird hier kein Wert geschaffen.

So sah es zumindest John Kenneth Galbraith, der behauptete, der Finanzmarkt eigne sich überhaupt nicht für Innovationen. Am Ende ist alles irgendwo ein Kredit. Wenn Galbraith jetzt noch lebte, dann würde er die Verbriefung als nicht anderes abtun als den Versuch, den guten alten Kredit mit neuen Tricks in neue Kleider zu stecken. Wenn Galbraith recht hat, dann ist die Kreditkrise extrem problematisch, angesichts des enormen Wachstums der Kreditderivate. Dann würde sich der gesamte Kreditmarkt irgendwann in Luft auflösen.

Gibt es auch eine ökonomische Rechtfertigung für die neuen Instrumente? Die gibt es auch. Die Befürworter der neuen Welt verbriefter Wertpapiere sagen, der moderne Kreditmarkt schafft eine effizientere Zuteilung von Krediten als der klassische Bankenmarkt, wo man oft nur Kredite bekam, wenn man Geld hatte. Insbesondere schafft er einen besseren Zugang zu Wagniskapital für junge Unternehmen. Selbst für den Subprime-Hypothekenmarkt gibt es eine Rechtfertigung. Auch wenn die Zahlungsausfälle drastisch gestiegen sind, die große Mehrzahl aller Hypothekenkunden, auch im Subprime-Bereich, zahlt ihre Hypotheken zurück. Das heißt, für diese Leute hat die Innovation in den Finanzmärkten ein Eigenheim überhaupt erst ermöglicht. Im alten System wären sie Mieter.

In volkswirtschaftlichen Modellen wird oft naiv angenommen, jeder hätte Zugang zu Kapital. Die Realität ist, wie wir alle wissen, natürlich anders. Somit besteht die ökonomische Rolle der Kreditmärkte darin, dem idealtypischen Zustand näher zu kommen, wo jeder, der Kredit braucht, ihn auch bekommt, wo es also tatsächlich einen richtigen liquiden Markt für Kredite gibt.

Banken hingegen verursachen eine Menge an Reibungsenergie in diesem System, und zwar dadurch, dass sie einigen guten Kreditnehmern den Kredit vorenthalten. Und somit erfüllt der Kreditmarkt die Rolle, diese Reibungsenergie zu reduzieren.

Ein weiteres ökonomisches Argument liegt in der feinen Risikoabstufung. Auch hier gilt das Prinzip, dass man mittels Verbriefung ökonomische Reibungsenergie reduziert. In der Theorie erlaubt eine Welt verbriefter Papiere die perfekte Risikoabstimmung. Während man früher die Wahl hatte zwischen hochriskanten Aktien mit hoher Rendite und sicheren Bonds mit geringerer Rendite, bietet der Kreditmarkt nicht alle Grautöne der Risikoabstufung. Ein gut funktionierender Kreditmarkt wäre in der Theorie etwas Großartiges, denn er würde uns einen erheblichen Schritt in diese Lehrbuchwelt perfekter Finanzmärkte bringen.

Die Frage, die sich aus dieser Darstellung ergibt, ist: Inwieweit stimmt diese Theorie mit der Praxis überein? In der Praxis wissen wir, dass Ratingagenturen selbst dann Geld verdienen, wenn ihre Ratings nichts taugen. Bei einem Swap verdient eine Investmentbank grundsätzlich, egal ob sich das Geschäft für die Beteiligten lohnt oder nicht. Wir haben in der Praxis also nicht nur Bewegung in Richtung perfekterer Märkte, sondern auch Bewegung in Richtung von eklatantem Marktversagen. Die Kreditkrise ist in erster Linie eine Krise des Systems der Verbriefung. Hier haben grundlegende Marktprozesse nicht funktioniert.

Egal wie man Galbraiths manchmal extremen Ansichten gegenübersteht: Seine These, dass Finanzmärkte sich nicht für Innovationen eignen, ist mit einigen Abstrichen richtig. Es handelt sich am Ende der Kette um Kredite, nicht mehr und nicht weniger. Deren Volumen dehnt sich mal aus, dann zieht es sich zusammen. Auch wenn die Blase nur zu 90 Prozent wieder zurückgehen würde, wäre es immer noch die wahrscheinlich größte Blase aller Zeiten.

3.1.6 Die besicherte Schuldverschreibung (Collateralized Debt Obligation)

Nach der Ökonomie jetzt wieder zur Technik. Wer die
Verbriefung im Prinzip versteht, hat mit dem Kerninstru-
ment der modernen Kreditmärkte keine Schwierigkeiten
mehr. Die „besicherte Schuldverschreibung" ist lediglich
eine Weiterentwicklung der Verbriefung. In den technischen Büchern liest man oft, die CDO sei etwas grundlegend anderes. Das stimmt nicht. Das Prinzip ist dasselbe.
Eine Investmentbank kreiert eine Zweckgesellschaft mit
dem Ziel, eine bestimmte Menge von Krediten in Wertpapiere umzuformen. Eine CDO ist ökonomisch ein Instrument und rechtlich eine Firma. Wie bei den Mortgage-
Backed Securities wird das Risiko in Tranchen aufgeteilt,
die dann durch Ratingagenturen bewertet und dann an
Endinvestoren weiterverkauft werden.

Was ist also der Unterschied zu einer normalen verbrieften Struktur? Der wesentliche Unterschied besteht darin,
dass eine CDO nicht direkt Hypotheken einkauft, sondern zum Beispiel die Mortgage-Backed Securities selbst.
Ein weiterer Riesenmarkt für CDOs sind die riskanten
Anleihen der Private-Equity-Gesellschaften. Die bekommen ihr Geld nicht von Banken direkt, sondern refinanzieren sich über diese CDOs. Im positiven Sinne sind
CDOs also nichts anderes als eine natürliche Weiterentwicklung von MBS.

CDOs sind darüber hinaus flexibler. Es gibt sehr unterschiedliche Formen von CDOs. Bei einigen CDOs geht
es darum, das Kreditportfolio aktiv zu managen, so wie
Manager eines Investmentfonds versuchen, die Investitionen zu optimieren. Andere CDOs verfolgen wieder
sehr spezielle Ziele. In einigen Fällen geht es Banken nur
darum, die Kredite aus ihrer Bilanz zu schieben, um den
Baseler Kapitalregeln zu genügen. Eine derartige CDO
trägt in der Regel ein geringes Risiko.

Wir wollen hier nicht alle Verzweigung des CDO-Marktes im Detail beschreiben.[26] Wir beschränken uns auf die CDO in ihrer einfachsten Form.

Wohingegen bei MBS Hypotheken als Sicherheit dienen, sind CDOs oft einen Schritt weiter vom ursprünglichen Kreditnehmer entfernt. Eine CDO im Hypothekensektor, auch CMO genannt, kauft nicht Hypotheken, sondern MBS. Es gibt CDOs, die sich auf andere Wertpapierklassen konzentrieren, Auto-CDOs kaufen ABS, die durch Autokredite abgesichert sind. Es gibt auch CDOs, die sich auf große Firmenanleihen spezialisieren.

Der Rest funktioniert ähnlich wie eine ABS oder MBS. CDOs emittieren ebenfalls Tranchen von Wertpapieren mit unterschiedlichem Risikoprofil. Wie wir im letzten Abschnitt gesehen haben, ist die Bonität so gut, wie man selbst entscheidet. Man kann also ein AAA-Rating erzwingen durch das Prinzip der Überabsicherung. Wir wissen bereits, dass die Kredite als Sicherheit für die emittierten Wertpapiere stehen. Im Falle einer Überabsicherung stellt man mehr Kredite als Sicherheit zur Verfügung als notwendig. Je mehr Kredite als Sicherheit ausgegeben werden, desto höher die Absicherung und desto höher das Rating. Und so kann es dann auch geschehen, dass man aus einer Gruppe riskanter Kredite – zum Beispiel zweifelhafter amerikanischer Hypothekenkredite – eine scheinbar sichere Tranche kreiert.

Der Handel mit CDO-Tranchen verläuft nicht über Börsen, sondern direkt zwischen Investor und Verkäufer. Eine AA-Tranche wird in diesem Markt zum Beispiel für eine Rendite von acht Prozent angeboten. Die riskante Junior-Tranche kann schon mal mit Renditen von 20 Prozent locken. Je nachdem, wie hoch Ihr Risikoappetit als Investor ist, je nachdem, ob Sie im Moment Ihr Portfolio in die eine oder andere Richtung umschichten müssen, im Markt für CDOs gibt es immer ein Produkt, das aufgrund seiner speziellen Risikostruktur und seiner Rendi-

ten den Bedürfnissen eines Anlegers genügt, zumindest
war das bis zum Ausbruch der Krise im August 2007 so.
Viele dieser Investoren brauchten nicht in die lästigen
Aktienmärkte zu investieren, wo die meisten von ihnen
selten mehr als zehn Prozent herausholen konnten. Im
Kreditmarkt war es üblich, Renditen von 20 Prozent für
riskante Wertpapiere zu handeln.

3.1.7 Besicherte Schuldverschreibung mit synthetischer Struktur (Synthetic Collateralized Debt Obligation)

Einer ABS liegt ein Pool an Krediten zugrunde. Einer CDO
liegt meistens ein Pool von ABS oder von Großkrediten
zugrunde. Man kann die Struktur noch weiter aufmotzen,
wenn man anstatt der Kredite die schon besprochenen
CDS benutzt. Ein weiteres Instrument, das dort einfließt,
sind die sogenannten Credit Linked Notes. Die sind ähnlich einem CDS mit der Ausnahme, dass der Verkäufer
schon von vornherein einen Teil der Versicherungsleistung aufbringt, die dann am Ende der Leistung unter entsprechenden Konditionen zurückbezahlt wird. Mit einer
synthetischen CDO wird der Weg vom Kreditnehmer zum
endgültigen Investor noch weiter und unüberschaubarer.
Es ist das risikoreichste und am wenigsten transparente
Finanzinstrument im Kreditmarkt. Wenn eines den Namen
einer Massenvernichtungswaffe verdient hat, dann dieses.

Hier eine kurze Notiz für den Leser. Dieses Instrument
ist sehr kompliziert. Die synthetische CDO wird in der
weiteren Narrative des Buches nicht mehr vorkommen.
Sie können diesen Unterabschnitt daher überspringen.
Sie sollten es aber nicht, denn dieser Abschnitt gibt einen
Vorgeschmack darauf, wie verrückt die Konstruktionen
im Kreditmarkt geworden sind. Man stellt sich an vielen
Punkten zu Recht die Frage: Wer hat sich nur so etwas
ausgedacht?

Die Technik einer synthetischen CDO

Wie funktioniert eine synthetische CDO und wozu ist
sie gut? Mit einer CDO wälzt man zum Beispiel einen
Pool an Krediten ab und erhält Geld dafür. Wie wir
bereits wissen, machen Banken so etwas, um sich Freiräume für ihr Kreditgeschäft zu schaffen. Mithilfe einer
synthetischen CDO kann die Bank sich diese Freiräume schaffen, ohne gleich dafür die Kredite „verkaufen"
zu müssen. Sie kann die Kredite weiterhin behalten,
indem sie sich durch CDS absichert. Dann fallen diese
Kredite nicht mehr unter die Baseler Regeln.

Wohingegen vorher die Bank die Kredite direkt an
die CDO verkauft, ist die Transaktion diesmal eine andere. Die Bank kauft sich Schutz mithilfe eines CDS.
Zu diesem Zweck wird eine synthetische CDO gegründet. Die Bank kauft den Versicherungsschutz und die
synthetische CDO verkauft ihn. Das heißt, die Bank
zahlt jedes Vierteljahr eine Versicherungsprämie an die
CDO.

Jetzt betrachten Sie sich einmal die Welt aus der Perspektive der synthetischen CDO. Sie erhält jedes Vierteljahr eine Prämie, für die sie im Versicherungsfall eine
bestimmte Leistung erbringen muss. Diese Zahlungsströme gehen wie im Fall einer normalen CDO an die
Investoren. Wie eine normale CDO emittiert also auch
eine synthetische CDO verschiedene Tranchen, also
auch wieder Senior-, Mezzanine- und Junior-Tranche.
Wodurch sind diese Tranchen abgesichert? Das ist jetzt
nicht mehr so klar. Die Kredite gehören weiterhin der
Bank. Das Kreditrisiko liegt bei der CDO. Die Sicherung besteht im vertraglichen Anspruch auf Zahlungsströme von der Bank.

Da die synthetische CDO keine Kredite kauft, stellt

sich die Frage: Was passiert mit dem Geld der Investoren, die die Tranchen kaufen? Das Geld wird in bom-
bensichere Staatsanleihen investiert, zum Beispiel Bundesanleihen.

Das ist das Grundgerüst einer synthetischen CDO.
Aber in Wirklichkeit ist das alles noch viel komplizierter. Meistens sind die schon erwähnten Credit Linked
Notes in der Struktur enthalten. In der Regel wird
nicht das gesamte Kreditrisiko über die CDO-Struktur
verteilt, sondern ein Teil des Risikos wird in einer separaten Transaktion zwischen Bank und zum Beispiel
einer Versicherungsfirma abgewickelt in einem separaten Swap, dem sogenannten Senior Credit Default
Swap. Man kreiert eine Super-Senior-Tranche ober-
halb der normalen Senior-Tranche. Des Weiteren sind
die Banken oft direkt an der Equity-Tranche beteiligt.

Es gibt unzählige Varianten dieser Struktur. Wir
wollen die weiteren Details der synthetischen CDO
nicht weiter besprechen. Dazu finden Sie in dem im
Anhang aufgeführten Lehrbuch mehr Material.

Die Frage, die sich allerdings stellt, ist: Wozu sind
diese Strukturen überhaupt noch nützlich? Schließlich
können die Banken auch mit einer einfachen CDO
ihr Kreditrisiko abwälzen. Auch mit einer normalen
CDO lassen sich Firmenübernahmen finanzieren. Die
Antwort ist, dass man versucht, mit einem erheblichen
Mehraufwand den Prozess noch weiter zu optimieren, indem den Banken, also den Kunden, attraktivere
Konditionen angeboten werden können. Das Problem
ist nur, dass synthetische CDOs so kompliziert sind,
dass man die Risiken nicht mehr wirklich berechnen
kann. Das eigentliche Problem mit Komplexität ist
nicht, dass man sich die Mühe machen muss, das Produkt zu verstehen. Die meisten Banken verstehen sehr

wohl, in was sie da investieren. Das Problem mit der Komplexität ist, dass sich die Risiken nicht mehr errechnen lassen.

Es gibt noch weitere verrückte Variationen von CDOs, zum Beispiel CDOs von CDOs. Das sind CDOs, die keine Kredite kaufen, sondern Tranchen von anderen CDOs. Man spricht hier auch von CDO^2, also eine CDO zum Quadrat. Dass irgendeiner der brillanten Mathematiker auch den Reiz der dritten Potenz irgendwann einmal entdeckte, ist nicht überraschend. So gibt es auch CDO^3. Es gibt so gut wie keine betriebswirtschaftliche Begründung für diese Produkte mit der Ausnahme, dass sie den Investmentbanken, die sie auf den Markt bringen, hohe Gebühren bescheren, im Falle einer CDO^3 wird gleich viermal eine Kommission verdient – für jede der einzelnen CDOs und für die neue künstliche Struktur. Der Verdienst bei ABS und CDO besteht in einem Servicevertrag zwischen der CDO und der Investmentbank. Die ersten Kreditzahlungen gehen nämlich nicht an die Investoren der Senior-Tranche, sondern zunächst an die Investmentbanken. Das erklärt, warum Investmentbanken auch während der Subprime-Krise noch relativ gut verdient haben.

Wenn man das Prinzip der Verbriefung einmal verstanden hat, dann kennt man die eigentlich wichtige Innovation in den Finanzmärkten. Alles andere sind Ableitungen. Die CDOs und CDS, die von vielen Experten als die wirklichen Innovationen gefeiert werden, sind lediglich Weiterentwicklungen, die nicht unbedingt einen Fortschritt signalisieren.

Wie Alan Greenspan in einem Interview mit der *Financial Times* sagte, nicht alle Finanzinnovation überleben im Markt. Er sagte voraus, dass CDOs nicht zu den Instrumenten gehören würden, die auch nach dieser Krise eine Überlebenschance hätten, im Gegensatz zu den CDS, die dazu dienen, Risiko effizienter zu verteilen. Greenspans Aussage ist unter Experten umstritten. Ob die synthetischen CDOs überleben, ist allerdings zweifelhaft.

3.2 Die Akteure

Bevor wir uns der Frage zuwenden, wie die Zockerei in diesen Märkten funktioniert, sollten wir uns die Frage stellen: Wer ist überhaupt in diesen Märkten tätig? *Follow the money*, oder *Folgen Sie dem Geldstrom*, war der wahrscheinliche beste Rat, der je einem Finanzjournalisten zuteilwurde. Gegeben wurde dieser Rat dem US-Journalisten Bob Woodward, der die Watergate-Affäre aufdeckte.

Um die Kreditmärkte zu verstehen, sollte man genauso vorgehen: Man verfolgt die Geldströme vom ursprünglichen Kredit bis hin zur Equity-Tranche einer synthetischen CDO. Auf diesem holprigen Weg entdeckt man eine Reihe von Akteuren. Diese stellen wir nun einzeln vor.

Unternehmer und Private Equity

Am Ende der langen Kette im Kreditmarkt stehen die Kreditnehmer. Einer der wichtigsten Kreditnehmer ist der Unternehmer, der sich in Zeiten ausreichender Liquidität verschuldet hat. Neben den Immobilienkrediten gab es ebenfalls einen Boom für Kredite für Firmenübernahmen, die von Private-Equity-Unternehmen organisiert und mittels CDOs finanziert wurden.

Es sind im privaten Unternehmenssektor durch diesen Boom extrem hohe Schulden entstanden. Das Interessan-

te dabei ist, dass in den Unternehmensbilanzen das aus-
gewiesene Fremdkapital in den letzten Jahren nicht gestiegen ist.[27] Aufgrund der Bilanzen können Sie also nicht
zur Behauptung gelangen, der Unternehmenssektor habe
sich zu hoch verschuldet.

In diesem Punkt unterscheiden sich aber die betriebs-
wirtschaftlichen und die volkswirtschaftlichen Daten. Letztere weisen in einigen Ländern, unter anderem in Großbritannien, eindeutig auf, dass der Unternehmenssektor
hohe Schulden gemacht hat. Er war im Gegensatz zu früher in der Lage, diese Schulden geschickt zu verstecken.
Das ist im Übrigen ein grundsätzliches Merkmal dieser
Kreditblase. Nirgendwo schrillten die Alarmglocken,
weil alle Beteiligten in der Lage waren, ihre Schulden zu
verstecken.

Woher kommt diese Diskrepanz? Zum einen von den
internationalen Buchhaltungsregeln, die im Zuge der Globalisierung vereinheitlicht und an einigen Stellen ent-
schärft wurden. Eine weitere Ursache liegt in der Struktur
des Kreditmarkts. Viele dieser Kreditinstrumente enthalten einen verdeckten Kredithebel. Enorm viel Hebelkraft
steckt in den Kreditprodukten selbst.

Die Private-Equity-Firmen sind der Kunde für Kon-
sortialkredite, im Englischen Syndicated Loans. Hierbei
handelt es sich um Kredite, die nicht von einer Bank, sondern gleich mehreren Banken verliehen werden, wobei
einer Bank die Koordination obliegt.

In Deutschland sind die Private-Equity-Firmen als Heuschrecken verschrien. Das ist sicherlich ungerecht, denn
ohne diese Firmen wäre die Restrukturierung des über-
alterten deutschen Mittelstands viel schwieriger. Was die
vielen Kritiker der Private-Equity-Branche wissen sollten: Das wirkliche Problem sind nicht die Fonds selbst,
sondern die Liquiditätskette, die derartige Summen überhaupt zur Verfügung stellt. Ohne Instrumente wie CDOs
wäre die Private-Equity-Branche viel kleiner als heute.

Die Private-Equity-Branche profitierte enorm von der Kreditblase, die mit dem Boom im Private Equity Hand in Hand ging. Als im August 2007 die Kreditblase knallte, da war plötzlich auch kein Geld mehr für die Finanzierung von Private-Equity-Projekten vorhanden. Private Equity ist ein klassischer Fall dafür, wie Geld und Kredit zu völlig neuen Strukturen führen.

Die klassischen Banken

Das Geschäft einer modernen Bank hat sich im Prinzip in den letzten Jahrhunderten nicht grundlegend geändert. Man zahlt auf Ersparnisse einen Zinssatz und verleiht das Geld mit einem etwas höheren Zinssatz. Die Differenz ist der Rohprofit. In diesem Geschäft muss man aufpassen, dass das Vertrauen weiter besteht, denn wenn alle Sparer ihr Geld gleichzeitig zurückziehen, geht die Bank pleite. Hierzu gibt es eine Reihe von Spielregeln, insbesondere die schon besprochenen Baseler Eigenkapitalregeln. Ein großer Teil des Kreditmarkts existiert nur deswegen, weil Banken einen (legalen) Weg suchen, um mit diesen Regeln besser zu leben. Dass dadurch die Regeln an sich ad absurdum geführt werden, ist klar. Die Idee der Baseler Regeln war schließlich nicht, dass die Banken ihre Kredite verstecken, sondern dass sie die Kreditvergabe begrenzen. Einige Akademiker, etwa in der Financial Market Group an der London School of Economics[28], haben daher argumentiert, die Baseler Regeln seien mit für diese Krise verantwortlich, weil sie Banken zu prozyklischem Verhalten animiert hätten. Durch die modernen Kreditmärkte war es den Banken möglich, ihr Kreditvolumen immer mehr auszuweiten.

SPV, SIV, SIV-light, Conduit

Die Strukturen, mit denen man im Kreditmarkt arbeitet, sind oft sehr kompliziert und basieren auf unterschiedlichen rechtlichen Grundlagen. Wir sprachen bislang von Zweckgesellschaften oder Special Purpose Vehicles. Das sind also die Wurstfabriken im Kreditmarkt.

Des Weiteren gibt es Conduits und Special Investment Vehicles (SIVs), ebenfalls Strukturen außerhalb der Bilanz, die sich kurzfristig an den Geldmärkten finanzieren und sich langfristig verschulden, indem sie in CDOs investieren und wie eine CDO ebenfalls Papiere auf den Markt werfen, in die Investoren investieren. Das Wort Conduit wird synonym mit dem Begriff SIV verwendet. Conduits werden von den Banken selbst gemanagt, wohingegen SIVs fremde Manager haben.

Dann gibt auch ein SIV-light. Ohne jetzt auf die technischen Einzelheiten einzugehen, lässt sich sagen, SIV-light sind kurzfristiger angelegt als SIVs. Sie finanzieren sich noch stärker über besicherte Geldmarktpapiere (ABCP). Die Kreditkrise brach aus, weil genau in diesem Markt die Kreditgeber den Sicherheiten nicht mehr trauten.

Hedgefonds

Hedgefonds sind im Grunde normale Investitionsfonds mit dem Unterschied, dass die Hedgefonds sich aller Arten moderner Finanzinstrumente bedienen, wohingegen klassische Fonds eher traditionelle Wertpapiere kaufen oder verkaufen. Ersteres ist in vielen Ländern überhaupt nicht erlaubt, sodass die meisten Hedgefonds sich dort ansiedeln, wo das regulative Umfeld günstig ist. Viele Hedgefonds sind daher ebenfalls auf tropischen Inseln angesiedelt. Die europäischen Hedgefonds-Zentren sind London, Zürich und Luxemburg, wo die Regulierung ebenfalls sehr locker ist, zumindest im Gegensatz zu Deutschland.

In den 80er-Jahren managten Hedgefonds hauptsächlich das Vermögen reicher Individuen. Die Mindestein-
lage war in der Regel eine Million Dollar. Seitdem sind
nicht nur die Mindesteinlagen heruntergegangen, mittlerweile investieren auch klassische Fonds, einschließlich
Pensionskassen, in Hedgefonds, weil viele Hedgefonds
höhere Renditen erwirtschaften.

Wie erreichen Hedgefonds die höheren Renditen? Ein
bekanntes Beispiel ist George Soros, der ungarische Fi-
nancier, dessen Quantum Fund im Jahre 1992 mit Erfolg gegen den Verbleib des britischen Pfundes im europäischen Währungsmechanismus gewettet hat und mit
dieser Wette eine Milliarde Dollar verdiente. Der Trick
bestand in Leerverkäufen des Pfundes. Ein Leerverkauf –
oder Short Sale im Englischen – ist ein Verkauf von Wertpapieren, die man nicht besitzt, die man zu einem späte-
ren Zeitpunkt allerdings kaufen muss, um den ursprünglichen Verkauf zu legitimieren. Mit einem Leerverkauf
spekuliert man also auf einen Verfall eines Preises.

Wie funktioniert ein Leerverkauf?

Nehmen Sie folgendes Beispiel an. An einer Börse gilt
die Regel, dass eine Transaktion innerhalb von zwei
Wochen geregelt werden muss. Wenn Sie heute verkaufen, dann liefern Sie das zu verkaufende Papier in
zwei Wochen ab. Mit einer solchen Regel können Sie
natürlich Wertpapiere verkaufen, die sie so noch gar
nicht besitzen. Sie müssen sie dann innerhalb von zwei
Wochen besorgen. Das lohnt sich natürlich nur, wenn
der Preis dieser Wertpapiere während dieser Zeit fällt.
Wenn der Preis steigt, dann erzielen Sie einen Verlust.

Mit Long Sale bezeichnet man einen normalen Kauf. Die Ausdrücke short und long werden uns im weiteren Verlauf des Textes noch oft begegnen. Mit short spekuliert man also auf den Fall eines Preises, mit long auf den Anstieg. Privatinvestoren sind fast immer long. Profis sind entweder long oder short, je nach Markteinschätzung. Soros war also „short englische Pfund" im Fachjargon. Was ihm half, war, dass es im europäischen Währungsmechanismus für das Pfund eine Untergrenze gab. Soros tätigte an dieser Grenze Leerverkäufe, also er verkaufte Pfund, die er später zurückkaufen musste. Zunächst gingen die Zentralbanken auf seine Wette ein und fungierten als Käufer der letzten Instanz. Um seine Leerverkäufe zu tätigen, musste Soros zunächst die Pfunde wieder zurückkaufen, womit er auch kleinere Verluste eingefahren hatte. Aber Soros hatte fast unbegrenzte Kreditlinien. Er spekulierte so lange, bis die Zentralbanken nicht mehr bereit waren, das britische Pfund durch Stützungskäufe zu sichern. Am Ende ging seine Wette auf. Das Pfund stürzte ab und Soros Leerverkaufwette ging auf.

Es gibt eine ganze Reihe von Hedgefonds-Strategien. Soros war ein sogenannter Makromanager, der darauf wettete, dass bestimmte volkswirtschaftliche Konstellationen eintreten. Diese Strategie ist bei Hedgefonds allerdings die Ausnahme. Die beliebteste Strategie ist die sogenannte Long-Short-Strategie. Zum Beispiel kauft man Aktien einer Firma (man ist also „long in Aktien") und tätigt Leerverkäufe von Bonds. Man ist also „short in Bonds", also man verkauft Firmenanleihen, die man später zurückkaufen muss, in der Hoffnung, dass ihr Preis fällt.

Die grundsätzliche Idee hinter Long-Short-Strategien besteht darin, dass man das Wertpapier mit den höheren Renditen kauft und das mit den geringeren Renditen leerverkauft und die Differenz einsteckt. Solche Long-Short-Strategien sind nicht risikofrei. Wir werden später ein Bei-

spiel kennenlernen, wo eine solche Strategie spektakulär
danebengegangen ist, und zwar im Falle von General-Mo-
tors-Aktien. An dieser Stelle sei nur vermerkt, die Long-
Short-Strategie ist eine Standardstrategie der Hedgefonds.
Die Hedgefonds-Manager sind nicht besonders gut darin, die besten Werte aus dem Dax oder Dow-Jones-Index
herauszupicken. Das ist Spiel der Privatinvestoren, die
auch nicht sehr gut darin sind.

Eine weitere Spezialität der Hedgefonds ist der Carry
Trade (was sprichwörtlich bedeutet, dass man das Geld
von einem Ort zu einem anderen Ort „trägt"). Man verschuldet sich in billigen Yen, tauscht sie in Euro oder Dollar um, legt das Geld dort zu einem höheren Tageszins-
satz an, tauscht wieder in Yen um, und erzielt damit einen Gewinn. Die Long-Short-Strategien spielen auch eine
zentrale Rolle bei der Spekulation in den Kreditmärkten.
Mit den verschiedenen Tranchen der CDOs kann man
sehr gut Long-Short-Strategien anwenden. Hedgefonds
kaufen gern die Equity-Tranche wegen der hohen Rendite. Um das Risiko zu reduzieren, tätigt man Leerverkäufe
in der Mezzanine-Tranche. Die dieser Strategie zugrunde
liegende Annahme ist, wenn es zu Problemen mit einer
CDO kommt, dann sind am Ende alle Tranchen betroffen. Die Verluste, die man dann mit der Equity-Tranche
hätte, würde man durch Gewinne mit den Leerverkäufen
der Mezzanine-Tranche auffangen, denn damit spekuliert man schließlich auf fallende Kurse.

Hedgefonds erzielen in guten Zeiten hohe Gewinne,
können aber extrem hohe Verluste erleiden. Ein Zusammenbruch eines großen Hedgefonds kann dabei andere
Finanzinstitutionen ebenfalls in Schwierigkeiten bringen.
Im Jahre 1998 verspekulierte sich der damals größte Hedgefonds, Long-Term Capital Management, mit russischen
Anleihen, als Russland plötzlich ein Zinsmoratorium aus-
gerufen hat. LTCM bediente sich modernster mathematischer Verfahren und hatte mit Robert Merton und Myron

Scholes zwei Nobelpreisträger in seinem Aufsichtsrat. In den guten Jahren erzielte LTCM Renditen von über 30 Prozent. Als LTCM in Schwierigkeiten geriet, war die Panik an der Wall Street derart, dass die New Yorker Zweigstelle der Federal Reserve eingreifen musste, damit der Untergang von LTCM nicht zu einer Bankenkrise ausartete. Denn mehrere Banken – unter anderem Bear Stearns – hatten LTCM hohe Kredite gewährt.

Hedgefonds spielen als Investoren auch in der gegenwärtigen Kreditblase eine zentrale Rolle. Sie sind die vorwiegenden Käufer der hoch dotierten und hochriskanten CDO-Tranchen. Sie sind also die Kunden. Hedgefonds müssen mindestens 20 Prozent Rendite pro Jahr erwirtschaften. Der Grund liegt darin, dass die meisten Investoren nicht direkt in Hedgefonds investieren, sondern in sogenannte Dachfonds – Fonds, die ihrerseits wiederum in Hedgefonds investieren. Die Idee ist, dass man somit eine höhere Risikostreuung erreicht. Wenn man aber die Gebühren der Hedgefonds-Manager und der Dachfonds-Manager abzieht, dann bleiben gerade mal um die zehn Prozent an Rendite übrig – das Minimum, was im Markt heutzutage akzeptiert wird – und das funktioniert nur, wenn alle Hedgefonds im Dachfonds im Durchschnitt 20 Prozent verdienen.

Leicht ist es in einem modernen Finanzmarkt nicht, jedes Jahr eine Rendite von 20 Prozent zu erzielen. Am Aktienmarkt ist dies kaum möglich. An den Rentenmärkten ist dies noch weniger möglich mit Renditen von unter fünf Prozent für zehnjährige US-Staatsanleihen oder Bundesanleihen. An dieser Stelle stellt sich natürlich eine wichtige Frage: Selbst wenn Long-Short-Strategien lukrativ sind, wie kommt es, dass man damit so viel Geld verdienen kann?

Die Antwort liegt im Kredithebel. Wenn alle Hedgefonds long in Equity und short in Mezzanine wären, dann würde der Preisunterschied über kurz oder lang fallen.

Solange der Preisunterschied eine Mindestgrenze nicht unterschreitet, kann man trotzdem seinen Verdienst sichern, und zwar durch die Hebelwirkung durch Kredite. Hedgefonds investieren nicht das Geld ihrer Investoren, sondern sie besorgen sich darüber hinaus einen Kredit über ein Vielfaches der Einlagen und investieren dann die Gesamtsumme. LTCM hatte zum Beispiel einen Kredithebel von 30 – das heißt, mit einem eingezahlten Kapital von einer Milliarde Dollar tätigte man Investitionen von 30 Milliarden Dollar. Die meisten Hedgefonds haben einen Hebel von fünf, aber die Varianz ist groß. Die Investoren erhalten den Gewinn aus der Gesamtinvestition minus Zinsen. Solange also die Zinsen geringer sind als die Renditen, funktioniert der Kredithebel.

Was ist eigentlich ein Kredithebel?

Wenn Sie die Antwort wissen, dann erübrigt sich dieses Beispiel für Sie. Aber diese Frage wird von vielen Investoren häufig gestellt. Viele Laien sind überrascht davon, dass mit dem fremden Geld mehr verdient wird als mit dem eigenen. Ich beantworte sie daher mit einem einfachen Beispiel.

Nehmen Sie an, Sie kaufen ein Haus für eine Million Euro in bar. Nach 15 Jahren ist das Haus 1,8 Millionen Euro wert. Die Wertsteigerung ist 80 Prozent.

Jetzt nehmen Sie an, Sie hätte das Haus durch eine Hypothek finanziert. Wir treffen jetzt eine vereinfachende unrealistische Annahme, nämlich die Hypothekenzinsen seien null Prozent. Nehmen wir weiter an, die Hypotheken würden 80 Prozent vom Wert des Hauses finanzieren. Sie müssen also lediglich 20 Prozent aufbringen. In diesem Beispiel wäre die Rechnung wie folgt. Ihr Eigenkapital ist 200.000 Euro, das

Fremdkapital, die Hypothek also, beträgt 800.000 Euro. Nach 15 Jahren ist der Wert des Hauses wie im obigen Beispiel auf 1,8 Millionen Euro gestiegen. Die Wertsteigerung ist 800 Prozent. Wie hoch ist die Wertsteigerung bei einer Hypothek, die 100 Prozent des Hauses finanziert. Da man hier durch null teilt, kommt eine Zahl von unendlich heraus. Sie haben ohne jeden Einsatz einen Gewinn verbucht. Derartige Spielchen sind im marktwirtschaftlichen System allerdings die Ausnahme. Sie funktionieren, wenn überhaupt, im Immobiliensektor, denn dort erhalten selbst einfache Bürger ohne große Sicherheiten hohe Krediten, da das erworbene Objekt selbst als Sicherheit dient.

Das Prinzip ist aber dasselbe. Je höher der Anteil des Fremdkapitals ist, desto höher Ihr Gewinn. Das Fremdkapital übt auf Ihre Investition eine Hebelwirkung aus. Je höher das Fremdkapital, desto höher der Hebel.

Das Spiel funktioniert allerdings nur unter einer Voraussetzung. Die Zinsen Ihres Kredits müssen geringer sein als die Wertsteigerung Ihrer Investition, natürlich auf die gleiche Periode berechnet. Wenn Sie also eine Hypothek aufnehmen zu 100 Prozent des Immobilienwertes, und wenn der Immobilienmarkt dann plötzlich einbricht, wenn also die Zinsen der Hypothek höher sind als die Gewinnsteigerung, dann wirkt Ihr Hebel in umgekehrter Richtung. Genau das ist nach dem Einbruch des Kreditmarktes passiert. Solange aber die Geldmarktzinsen geringer sind als die Wertsteigerung in den Märkten, so lange lässt sich allein mit der Hebelwirkung von kurzfristigen Krediten und relativ langweiligen Investitionen noch ordentliche Rendite erwirtschaften.

Das ist auch das Prinzip des schon beschriebenen Carry Trades. Ein Carry Trade zwischen Yen und Euro, der die Zinsdifferenzen beider Währungen ausnutzt, beinhaltet das Risiko eines plötzlichen Anstiegs des Yen, da man den ursprünglichen Kredit in Yen begleichen muss. Wenn also der Yen plötzlich ansteigt, kann es sein, dass trotz positiver Zinsdifferenz der Spekulant seine Yen-Schulden nicht mehr begleichen kann.

Die Geschäftsidee des Carry Trades ist also genau die gleiche wie die Geschäftsidee des privaten Grundstücksspekulanten. Solange man glaubt, dass man höhere Renditen erwirtschaften kann als die Zinsen, die man bezahlen muss, so lange funktioniert das Spiel. Je geringer die Zinsen sind, desto mehr Leute gibt es, die so etwas glauben. Carry-Trade-Spekulationen sind daher einer der Kanäle, über die die Geldpolitik Einfluss auf die Wirtschaft nimmt.

Prime Broker

Ein Ausdruck, den man in neuerer Zeit viel öfter hört als früher, ist der des Prime Brokers. Darunter versteht man eine Investmentbank, die für die Hedgefonds alle Transaktionen durchführt, einschließlich Wertpapierhandel, Vermittlung von Hebelkrediten bis zur Abwicklung.

Die Prime Broker sind die Katalysatoren im Prozess. Sie stellen die Liquidität zur Verfügung. Wohlgemerkt, es handelt sich hier nicht um klassische Liquidität – also um Liquidität, die im Bankensektor erzeugt wird und die maßgeblich von Zentralbanken bestimmt wird. Die Form von Liquidität, die wir heute in den Finanzmärkten erleben, ist Liquidität des Nichtbankensektors. Investmentbanken gehören dazu. Und unsere ganzen Zweckgesellschaften, SPV, SIV und so weiter. Marktplatz der Liquidität ist der Markt für Commercial Paper. Die Liquidität in diesem System kommt also nicht direkt über die Banken, sondern über den Nichtbanken-sektor.

Die Prime Broker sind die Fixer im System. Hedgefonds sind ihre besten Kunden. Hedgefonds zahlen die höchsten Kommissionen, und im Gegensatz zu klassischen Fonds sitzen Hedgefonds nicht auf ihren Investitionen, sondern sie gehen dauernd neue Transaktionen ein. Prime Broker haben also ein Interesse daran, dass Hedgefonds ihre Gewinne maximieren, solange sie glauben, dass man das Risiko unter Kontrolle hat.

Traditionelle Fonds

Auch traditionelle Fonds sind in diesem Geschäft tätig. Die *Financial Times* berichtete, dass laut einer internen Erhebung der Citibank festgestellt wurde, dass die vorwiegenden Käufer der Equity-Tranche von CDOs nicht wie erwartet die Hedgefonds waren, sondern die klassischen Publikumsfonds und sogar Pensionsfonds. Mit anderen Worten: Diejenigen, die früher risikoscheu waren, sind plötzlich bereit, hochriskante Wetten einzugehen. So etwas ist meistens ein Zeichen für einen bevorstehenden Knall (ähnlich wie die Beobachtung von Präsident Kennedys Vater, der im Jahre 1929 seine Aktien rechtzeitig verkaufte, nachdem ihm sein Schuhputzer einen Aktientipp gegeben hatte). Die klassischen Fonds sind mittlerweile genauso spekulativ wie einige der spekulativen Fonds mit dem großen Unterschied, dass viele der Fondsmanager die Produkte und das Risiko nicht so gut verstehen wie einige Hedgefonds-Profis. Man muss als Anleger daher sehr vorsichtig sein. Ein klassischer Fonds bietet heute keinen Schutz mehr vor Zockerei. Darüber sind klassische Fonds auch direkt an Hedgefonds beteiligt, sodass sie auch dadurch ein indirektes Kreditrisiko eingehen.

Die Ratingagenturen

Die drei berühmten Ratingagenturen, Moody's, Standard
& Poor's und Fitch Ratings, sind die Schiedsrichter des
Finanzsystems, aber in letzter Zeit werden sie immer mehr
selbst zu Akteuren. Ratingagenturen vergeben Bewertun-
gen für Bonds, einschließlich für Tranchen von CDOs.
Deutsche Staatsanleihen genießen die höchste Bewertung
AAA, das sogenannte *Triple-A*, was einer 3-Sterne-Be-
wertung von Michelin entspricht. Triple-A bedeutet ein
Ausfallrisiko, das so klein ist, dass man es eigentlich ig-
norieren sollte. Bei deutschen Staatsanleihen ist das in der
Tat so, aber das gilt leider nicht für alle AAA-gerateten
Papiere.

Ratingagenturen sind keine gemeinnützigen oder staatlichen Institutionen, sondern Unternehmen, die mit den
Ratings selbst Profite erzielen. Natürlich sind diese Firmen nicht bestechlich. Man kann sich also kein Triple-A
erkaufen. Dennoch gibt es erhebliche Zweifel an der Art
und Weise, wie Ratingagenturen arbeiten, und viel Kritik an der Rolle, die die Agenturen in dieser Kreditblase
spielten.

Ratingagenturen basieren ihre Ratings auf Modellen,
Marktinformationen und Erfahrung. Bei Kreditderivaten
und bei CDOs ist es unmöglich, aufgrund von Erfahrung
zu sagen, wann ein bestimmter Kreditnehmer pleitegeht.
Hier helfen also nur die mathematischen Modelle. So vergeben Ratingagenturen AAA-Bewertungen für die oberste Tranche riskanter CDOs aufgrund der mathematisch
errechneten Wahrscheinlichkeit, basierend auf einem Modell, dass diese Tranche ein Risiko darstellt. Mithilfe dieser Modelle ist nun dieses der Logik widersprechende
Phänomen möglich: aus einem Pool an schlechten Krediten
eine Triple-A-Tranche zu erzeugen. Wie hier im weiteren
Verlauf argumentiert wird, liegt das zum Teil daran, dass
die Modelle falsch sind, und zum Beispiel das Korrela-

tionsrisiko unterschätzt wird. Die Kritiker der Ratingagenturen behaupten, sie würden diese Blase durch ihre
unverantwortlich hohen Ratings überhaupt erst ermöglichen, denn erst dadurch können die Hedgefonds ihre
klassischen Long-Short-Strategien fahren.

Im Jahre 2007 gab es einen sehr typischen Vorfall, der
viel Licht auf das Verhalten der Ratingagenturen warf.
Moody's stufte die Bewertung der isländischen Banken
auf AAA mit dem Argument, im Falle einer Bankenkrise
würde die isländische Regierung auf jeden Fall eingreifen. Man warf Moody's vor, hier ganz bewusst Risiken
herunterzuspielen und ihre Kunden auf Kosten der Allgemeinheit zu bereichern. Mit solchen Manövern haben
die Ratingagenturen selbst dazu beigetragen, sich in das
Zentrum der Kritik zu rücken.

Nach dem Zusammenbruch der Kreditmärkte im Jahre 2007 begann die Suche nach den Schuldigen. Im Subprime-Bereich sind die Preise selbst von AAA-gerateten
CDOs dramatisch gefallen. Das Ratingsystem war völlig
diskreditiert, und die Ratingagenturen standen ganz oben
auf der Abschussliste.

Die Hedgefonds verteidigen ihre Rolle. Sie sagen, ihre
Bewertungsmaßstäbe seien transparent und für jeden er-
sichtlich. Trotzdem stellt sich die Frage, ob ein System
optimal ist, das auf den Bewertungen einer kleinen Gruppe von privatwirtschaftlich organisierten Agenturen besteht. Es gab zu diesem Zeitpunkt Bemühungen, unter anderem von der deutschen Ratspräsidentschaft der G 7,
die Ratingagenturen stärker zu regulieren.

Egal wie man zu dem Thema der Regulierung der
Agenturen auch stehen mag, es wäre falsch, die Ratingagenturen für die Kreditmarktkrise allein verantwortlich
zu machen, so wie Alan Greenspan dies im September
2007 tat. Die Ratingagenturen waren sicherlich einer der
Akteure, die vorzüglich an der Blase verdienten. Die Bewertungen spielten sicherlich eine Rolle, wenn es darum

ging, übermäßig komplexe Produkte an übermäßig dumme Investoren zu verkaufen, die außer dem Rating nichts von dem Produkt verstanden haben. Insofern trifft die Ratingagenturen einige Schuld.

Allerdings ist es fraglich, ob man hier neue Regeln braucht, um das Problem zu lösen. Kaum ein gescheiter Investor glaubt heute noch unkritisch einem AAA-Rating. Die Ratingagenturen haben sich im Laufe der Zeit immer mehr disqualifiziert. Ein guter Investor wird ein Rating immer mit einiger Distanz bewerten. Vor allem wird er seine eigenen Rechnungen anstellen und sich nicht auf die anderer verlassen. Das Problem ist nicht, dass sich die Ratingagenturen verrechnet haben oder bewusst die Kunden täuschen. Das Problem ist, dass sich die Ratingagenturen auf mathematische Modelle verlassen, die kaum einer versteht und deren Robustheit durch die Ereignisse vom August letzten Jahres sehr infrage gestellt wurde. Das Problem ist nicht Regulierung. Das Problem war eine Überzahl extrem risikofreudiger Investoren. Die beste Methode, dieses Problem zu lösen, ist nicht Regulierung, sondern ein Crash. Der Knall in den Kreditmärkten hat uns viele Probleme bereitet. Er hat aber auch Probleme gelöst.

Alan Greenspan und die Notenbanker

Wer nach einem Sündenbock sucht, wird auch bei den Notenbanken fündig. Der beliebteste Sündenbock aller Notenbanker ist Alan Greenspan, der legendäre Chef der US Federal Reserve, der bis zu seinem Abschied im Jahre 2006 als einer der größten Notenbanker aller Zeiten gefeiert wurde, und der dann kurze Zeit später von seinen einstigen Fans zum Hauptverantwortlichen dieser Krise hochstilisiert wurde.

Auch Greenspan selbst gehört zu denen, die übermäßig schnell einen Sündenbock suchten, und zwar in den

Ratingagenturen. Insofern sollte man nicht übermäßig
viel Mitleid für ihn aufbringen. Die Frage, inwieweit er
persönlich die Situation verschuldete, sollte man aber etwas kritischer diskutieren, als das bisweilen der Fall ist.

Das Argument der Greenspan-Kritiker ist folgendes.
Nach den Anschlägen vom 11. September hat die Wirt-
schaftspolitik genauso überreagiert wie die amerikanische
Politik. Die Zinsen wurden zu weit gesenkt, und zwar auf
ein Prozent, dann zu lange auf diesem Niveau belassen.
Diese extrem niedrigen Zinsen haben den Kreditboom
verursacht, indem sie lukrative Spekulationen wie den
Carry Trade ermöglichten.

Die Kritiker sprachen auch empört vom schon erwähnten Greenspan-Put. Mit dem Greenspan-Put meint man
also die Absicherung, die Spekulanten dadurch erhalten,
dass die US-Notenbank im Falle einer Krise den Investoren durch Zinssenkungen unter die Arme greift. Diese
vermeintliche Absicherung führt dann zu einer extrem
hohen Risikobereitschaft, die letztlich für die Kreditblase
verantwortlich war.

Das Gegenargument ist, dass die Fed lediglich auf eine
extreme Verlangsamung der Konjunktur reagierte und auf
Deflationsgefahren, die im Jahre 2002 drohten. Andere
Zentralbanken hätten nicht grundsätzlich anders reagiert.

Ob man Greenspan die Schuld persönlich geben sollte
oder einer weiteren Gruppe von Ökonomen, die in den
USA den Konsens erzeugen, ist jedoch nicht so klar. Dennoch hat die laxe Geldpolitik der Federal Reserve über
lange Zeiträume die Märkte zumindest nachhaltig beeinflusst und eine Risikofreudigkeit erzeugt, die diese Blase
unterfütterte.

Es gibt auch unter Akademikern sehr unterschiedliche
Positionen zu diesem Thema. So schrieb der irische Ökonom Alan Ahearne[29], der Schuldigen an der Hypothekenkrise sei nicht die Federal Reserve, sondern die Kreditgeber, die Kreditnehmer, die Ratingagenturen, die

Investmentbanken und die Investoren, die alle an dieser
Krise Geld verdienten, zumindest zeitweise. Andere wiederum behaupten, dass es für eine Marktblase tiefe Ursachen gibt, die fast immer in der Wirtschaftspolitik liegen.
Akteure und Profiteure gibt es natürlich in jeder Blase,
aber ursächlich sind selten die Akteure selbst. Man sollte Herrn Greenspan persönlich in Ruhe lassen, aber die
Frage, inwieweit die Geldpolitik diese Blase verursachte,
ist legitim, auch die Frage, ob die langfristige Ausrich-
tung der Geldpolitik verantwortlich war.

Eine kontroverse Frage innerhalb der geldpolitischen
Diskussion in den letzten 20 Jahren war: Sollte man nur
versuchen, einen konkreten Inflationsindex zu stabilisieren, oder sollte man Preisstabilität in einem weiteren
Sinne definieren? International durchgesetzt hat sich die
direkte Inflationssteuerung, der Versuch, einen ausge-
wählten Inflationsindex auf einem bestimmten Niveau
oder innerhalb einer bestimmten Bandbreite zu stabilisieren. Dies ist den Zentralbanken sehr gut gelungen, allerdings gab es Hilfe in Form billiger Importe aus Asien, die
einen weltweiten Druck auf die Produktpreise ausgeübt
haben.

Dadurch, dass die Inflation in den großen Industrieländern fast auf null gefallen ist, war es den Zentralbanken möglich, ihre nominalen Zinsen auf Niveaus zu reduzieren, von denen man in den Jahrzehnten zuvor nur
träumen konnte.

Diese Zinssenkungen haben zu einer erheblichen Nachfrage nach Vermögenswerten geführt, insbesondere Immobilien und Aktien. In den USA, in Großbritannien,
in Spanien und in Frankreich kam es zu einem großen
Immobilienboom, der durch einen Anstieg der Kredite
weiter angeheizt wurde. Auch die Geldmenge wuchs während dieser Zeit über alle Maßen, und einige skeptische
Zentralbanker und Ökonomen glaubten, dass die erhöhte Geldmenge zwar nicht die Inflation, so doch die

Vermögenspreise, insbesondere die Immobilien und Aktien, in die Höhe treibt. Nur sind eben diese Preise nicht im Inflationswarenkorb enthalten. Daraus ergibt sich die berechtigte Frage: Fokussieren die Zentralbanken nicht auf einen zu eng definierten Preisindex, und sollten sie nicht anstatt dessen eine etwas weitere Definition von Preisstabilität annehmen?

Diese Debatte hängt eng mit einer anderen zusammen, die in den 90er-Jahren schon längst beantwortet schien, nämlich die Frage, ob Zentralbanken anstatt der Inflation die Geldmenge kontrollieren sollten. So hatten nämlich früher die Monetaristen argumentiert, die einen kausalen und vor allem zeitlichen Zusammenhang zwischen Geldmengenwachstum und Inflation postulierten. Nur brach dieser Zusammenhang zwischen Geldmenge und Inflation spätestens in den 90er-Jahren in fast allen Ländern zusammen, sodass immer mehr Zentralbanken die direkte Inflationssteuerung übernahmen.

Die Debatte zwischen Monetaristen und Keynesianern tobte mehrere Jahrzehnte lang. In den 90er-Jahren schien diese Debatte entschieden: Die Monetaristen hatten verloren. Lediglich in Deutschland verfolgte die Bundesbank zu dieser Zeit noch eine auf Geldmengensteuerung basierende Geldpolitik, allerdings mit rapide sinkender Glaubwürdigkeit. Selbst Milton Friedman, der Taufpate des Monetarismus, gab einmal in einem schwachen Moment zu, dass die Geldmenge als Steuerungsinstrument nichts mehr taugt. (Kurz vor seinem Tod im Jahre 2006 änderte er seine Meinung allerdings erneut.)

Die Kreditkrise gab denen, die der Geldmenge eine wichtige Rolle zuweisen, wieder Aufwind. Auch wenn es keinen direkten zeitlichen Zusammenhang zwischen Geldmenge und veröffentlichen Inflationsstatistiken geben mag: Der rapide Anstieg der Geldmenge, verbunden mit einem ebenso rapiden Anstieg der Kredite, führte offensichtlich zu dramatischen Preiserhöhungen bei Immo-

bilien und in den Aktienmärkten. Das kausale Verhältnis zwischen Geldmenge und Inflation stimmt vielleicht
doch noch. Das Problem ist nur, dass wir die Inflation
nicht richtig messen.

Es kann also sein, dass die Billigimporte aus Asien uns
zu einer falschen, das heißt zu lockeren Geldpolitik über
einen sehr langen Zeitraum veranlasst haben. Und diese
zu lockere Geldpolitik führte sukzessive zu einem Immobilienboom, einem Aktienboom und einem Kreditmarkt-
boom.

Im Jahre 2007 änderte sich die globale Inflationsdy-
namik. Angetrieben durch stark ansteigende Preise für
Öl, Rohstoffe und Nahrungsmittel, die insbesondere
durch eine hohe Nachfrage vonseiten der Schwellenlän-
der herrühren, ist das Zeitalter niedriger Inflationsraten
zu Ende gegangen. Es ist vielleicht kein Zufall, dass es
zu einem synchronen Platzen gleich mehrerer Blasen gekommen ist zu einer Zeit, als die Zentralbanken weltweit
wieder anfingen, ihre Zinsen zu erhöhen. Und somit ist
die Rolle der Zentralbanken in dieser Krise ein legitimes
Thema.

Die Regulierungsbehörden

Ebenfalls unter Generalverdacht gefallen sind die Regulierungsbehörden. Ihnen wird vorgeworfen, geschlafen
zu haben und mit falscher Regulierung die Blase ermöglicht zu haben.

Dieser Vorwurf wurde besonders in Deutschland erho-
ben, nachdem bekannt wurde, dass die IKB Deutsche Industriebank und die Sachsen LB sich verspekuliert haben und dabei eventuell sogar Vorgaben der Regulierer
missachteten. Warum hat also die Bundesanstalt für Finanzdienstleistungsaufsicht, besser bekannt als Bafin, hier
nicht eher durchgegriffen? Diese Kritik kam zu einer Zeit
heftiger Diskussionen über die Neuordnung der Banken-

aufsicht in Deutschland. Unter Ökonomen ist die Frage
seit Langem umstritten, wem die Bankenaufsicht unterliegen soll, der Zentralbank oder einer von der Zentralbank
unabhängigen Institution. Das wichtigste Argument für
eine Trennung liegt in der Machtfülle der unabhängigen
Zentralbanken. Da die Zentralbanken keiner effektiven
politischen Kontrollen unterliegen, wäre es riskant, ihnen
die Oberaufsicht des Finanzmarktes zu übertragen. Sie
könnten Entscheidungen treffen mit großer politischer
Reichweite. Es gibt aber auch Argumente dafür, die Verantwortung für Geldpolitik und Finanzaufsicht in einer
Zentralbank zu bündeln. Die Funktion einer Zentralbank
besteht darin, Preisstabilität und Finanzmarktstabilität
zu erzeugen. Um Letzteres effektiv zu bewerkstelligen,
benötigt die Zentralbank daher die Aufsichtsfunktion.

So argumentiert der britische Ökonom Tim Congdon[30]
in der *Financial Times*, die Trennung zwischen Geldpolitik und Bankenaufsicht in Großbritannien im Jahre 1997
hätte dazu geführt, dass die Zentralbank heute mehr einem Wirtschaftsforschungsinstitut als einer Bank gleicht.
Die Bank of England ist heute überhaupt nicht mehr in
der Lage, ihre Funktion als Kreditgeber der letzten Instanz zur erfüllen. Sie hat nicht nur zu wenig Kapital. Sie
verfügt vor allem nicht mehr über das notwendige Know-
how.

In Deutschland wird die Verantwortung für die Bankenaufsicht geteilt. Die Bundesbank ist zuständig für die
operative Bankenaufsicht, die Bafin für die übergeord-
neten Fragen. Hier kommt es zu viel Duplikation und
auch zu Spannungen. In den deutschen Medien tobte im
Herbst 2007 eine Debatte darüber, ob die Aufsicht nicht
besser bei der Bundesbank angesiedelt wäre aus den oben
genannten Gründen.

Auch wenn diese Debatte nicht ganz illegitim ist, so
geht sie in einem wichtigen Punkt am Kern vorbei. Es
stellt sich nämlich die Frage, ob wir in Europa die Ban-

kenaufsicht überhaupt noch national oder auf europäischer Ebene organisieren sollen, denn es gibt mittlerweile über 20 europäische Banken, die grenzübergreifend tätig sind. Wie Generäle, die den letzten Krieg kämpfen, ist die Debatte über die Struktur der Bankenaufsicht in Deutschland rückwärtsgewandt. Wir bekämpfen die letzte Bankenkrise. Die nächste ist eine europäische. Und da fehlt es uns an verantwortlichen Institutionen.

3.3 Wie die Spekulation in den Kreditmärkten funktioniert

In Zeitungen liest man zum Beispiel, eine Bank habe sich bei Hypotheken verspekuliert. Meistens belässt man es mit diesen unpräzisen Beschreibungen. Wir sind jetzt aber in der Lage, bewaffnet mit den Grundkenntnissen der Produkte in den Kreditmärkten und unserer Übersicht der wichtigsten Akteure, die Mechanik dieser Blase etwas präziser zu beschreiben.

Wir erwähnten schon den Vergleich von Finanzinstrumenten mit modernen Massenvernichtungswaffen. Sie sind nicht nur beide enorm destruktiv, sondern auch kompliziert. Wir wollen hier diesen Versuch wagen. Da wir hier nicht ganz um den Fachjargon herumkommen, haben wir im Anhang ein umfangreiches Abkürzungsverzeichnis und Glossar zusammengestellt. Dort sind die meisten Fachausdrücke wie CDO, CDS und so weiter noch einmal erklärt.

Aufgrund der bislang gewonnenen Erkenntnisse könnte man meinen, die Hedgefonds würden sich einfach mit hochrentablen, aber hochriskanten Käufen von Wertpapieren der Equity-Tranche eindecken in der Hoffnung, die Kreditnehmer würden brav ihre Kredite zurückzahlen. In anderen Worten, Hedgefonds sind long in den Tranchen der CDOs. Das ist nicht der Fall[31], zumindest

nicht für die meisten Hedgefonds. Es war aber der Fall
für einige der Banken, die sich im vergangenen Jahr an
den Hypothekenmärkten verspekulierten. Die waren tatsächlich long in einigen der als sicher eingestuften Tranchen. Reine Long-Strategien, wie sie insbesondere von
unerfahrenen Investoren getätigt werden, sind sehr riskant, denn bei einem Absturz des Marktes verliert man
einen Großteil seines Vermögens. Die risikofreudigsten
Investoren saßen nicht in den Hedgefonds, sondern zum
Teil in den Banken. Für Hedgefonds sind Long-Strategien
zu riskant, ihr Spiel war gewiefter.

Sie wetteten mithilfe der schon erwähnten Long-Short-
Strategien innerhalb einer CDO. In einer einfachen CDO-
Struktur gibt es drei Tranchen – Equity, Mezzanine und
Senior. (Die Fachausdrücke sind alle im Abkürzungsver-
zeichnis noch einmal übersichtlich aufgelistet.) Das Spiel
der Hedgefonds heißt: long in Equity, short in Mezzanine.

Das ist sehr ähnlich wie bei den Long-Short-Strategien
im Aktien- und Bondmarkt. Man kauft die hochrentablen Aktien eines Unternehmens und tätigt Leerverkäufe
in den weniger rentablen Unternehmensanleihen. Somit
sichert man sich gegen einen Schock ab. Denn wenn eine
Firma in Schwierigkeiten gerät, geraten meistens sowohl
die Aktien als auch die Anleihen unter Druck. Mit einer
Long-Short-Strategie verliert man zwar bei den Aktien,
man gewinnt aber bei den Anleihen im Fall einer Krise.

Genau dasselbe Prinzip wenden die Hedgefonds in
den Kreditmärkten an. Sie kaufen die hochrentable Equity-Tranche und tätigen Leerverkäufe in Mezzanine.

Wie kann man damit Geld verdienen? Die Antwort
liegt in der Idee, dass die Bewertung der Tranchen untereinander korreliert, sie also in diesem Fall zusammen
hoch- beziehungsweise runtergehen. Das heißt, wenn die
eine Tranche den Bach runtergeht, dann tut es die andere
Tranche auch. Und umgekehrt gilt dasselbe. Wenn es einer Tranche gut geht, dann auch der anderen Tranche.

Und so wettete das Gros der Hedgefonds auf Korrelation. Die Wette funktioniert so: Wenn Kredite ausfallen, dann trägt die Equity-Tranche das höchste Risiko. Das bedeutet, dass der Long-Short-Investor zunächst verliert, denn er ist long in Equities. Gleichzeitig ist er aber short in Mezzanine. Da er vermutet, dass neben der Equity-Tranche die Mezzanine-Tranche ebenfalls verliert, gleicht er mit seinen Leerverkäufen diesen Verlust aus. Es ist also gehedgt, also abgesichert. Im Grunde keine schlechte Strategie. Der Investor motzt die Rendite durch den Hebeleffekt von Krediten noch weiter auf. Die Strategie geht überraschend oft auf. In diesem Fall erzielen Hedgefonds ihre angestrebte Rendite von 20 Prozent.

Die Annahme, die dieser Strategie zugrunde liegt, ist die Korrelation zwischen den Tranchen, dass sich die verschiedenen Tranchen immer in die gleiche Richtung bewegen. Das ist eine gefährliche Annahme, denn im Grunde steht sie im Widerspruch zu der grundlegenden Idee einer CDO – dass man nämlich eine undifferenzierbare Masse von Krediten ganz feinstufig in Wertpapiere mit unterschiedlichen Risikoprofilen aufteilt. Es sollte also schon möglich sein, dass es einer Tranche gut geht und einer Tranche schlecht. Wenn das nicht so ist, dann macht die ganze Geschichte keinen Sinn mehr.

Man darf sich also die Frage stellen, wieso eine solche Strategie über Dauer funktionieren kann. Würde man nicht erwarten, dass die Renditen der verschiedenen Tranchen über die Zeit konvergieren, gerade wenn so viele Investoren diese Strategie verfolgen?

In einem normalen Markt, etwa einem Aktienmarkt, wäre das in der Tat so. Durch Angebot und Nachfrage passen sich die Preise an, und irgendwann wäre das Spiel ausgereizt. Der Grund, warum das hier nicht passiert, hängt mit den Ratingagenturen zusammen und mit deren Modellen. Die Preise für die Tranchen werden durch ein mathematisches Modell bestimmt. Sie sind *Marked-to-Mo-*

del. Das Modell produziert einen theoretischen Preis. Solange es den Banken möglich ist, AAA-Tranchen zu erzeugen, ist eine Preisdifferenz zwischen den einzelnen Tranchen garantiert und vor allem fest, und zwar so lange, bis
sich die Ratingagentur erneut an die Bewertung macht.

Im Grunde genommen werden hier die Regeln der
Marktwirtschaft völlig ausgehebelt. In einer Marktwirtschaft werden Preise bekanntlich durch Nachfrage und
Angebot bestimmt, und nicht durch einen Preiskommis-
sar, ein Wirtschaftsministerium und auch nicht durch ein
mathematisches Modell. Wäre Letzteres möglich, dann
wäre der gesamte Preisbildungsmechanismus in einer
Marktwirtschaft deterministisch. Das ist aber nicht der
Fall. Ein volkswirtschaftliches Modell kann zwar unter
Umständen recht gut eine ganze Volkswirtschaft modellieren, aber nicht jede einzelne Komponente. In Kreditmarkt wurde allerdings genau dieser Versuch unternommen. Es handelte sich also um eine Art Planwirtschaft,
mit dem Unterschied, dass der Planer nicht ein Staat war,
sondern ein Computer.

Durch die zentrale Preisbestimmung werden die Preis-
spannen zwischen den verschiedenen Tranchen aufrecht-
erhalten, egal ob die Nachfrage stark oder schwach ist.
Das Spiel funktioniert so lange gut, bis die Ratingagenturen die Tranchen neu bewerten. Genau das geschah im
Zuge der amerikanischen Hypothekenkrise. Die Agenturen fingen an, die Bewertungen für die oberen Tranchen
von Subprime-CDOs herunterzusetzen. Als das geschah,
brach die ganze Konstruktion wie ein Kartenhaus zusammen. Der Kreditboom wäre in dieser Form ohne Ratingagenturen überhaupt nicht möglich gewesen. Sie sind
es, die die Preise der oberen, relativ sicheren Tranchen
auseinanderhielten, auch wenn der Markt im Normalfall
solche Preise nicht hergeben würde.

Die Long-Short-Spekulationen in den Kreditmärkten haben lange gut funktioniert. Durch die gute Welt-

konjunktur ist die Anzahl der Firmeninsolvenzen in den letzten Jahren auf einen historischen Tiefstand gefallen. Kredite wurden immer billiger. Die Zinsspanne – die Differenz zwischen dem Zinssatz für eine bestimmte Anleihe und einer „todsicheren" Anleihe, wie etwa Bundesobligationen – erzielte historische Tiefstwerte. Man glaubte, man habe durch die Innovation in den Finanzmärkten jegliches Risiko für alle Zeit besiegt.

Das ist natürlich ein Irrglaube, aber er zeigt ziemlich genau, was die Leute zu dieser Zeit so dachten. Der Boom im Kreditmarkt führte zu geringeren Credit Spreads, diese wiederum heizten den Kreditmarkt an. Durch die Ratingagenturen hielt sich die Preisspanne zwischen den oberen und den unteren Tranchen länger, als das in einem normalen Markt der Fall gewesen wäre. Wir haben also eine Art scheinbares Perpetuum mobile, das sehr lange funktionierte. Als es dann plötzlich aufhörte zu funktionieren, knallte es den Investoren um die Ohren.

Hierin liegen auch die wesentlichen Unterschiede zum Aktienmarkt. Einer der Gründe dafür liegt in dem Markt selbst. Aktien, zum Beispiel, kann man sehr effizient kaufen oder leerverkaufen. Die Institution der Börse sorgt dafür, dass es für Aktien einen Markt gibt, in dem Investoren jederzeit handeln können, unabhängig davon, ob ein Käufer einen Verkäufer findet oder umgekehrt.

Bei den CDOs ist das anders. Hier handelt es sich um einen Over-the-Counter-Markt. Wenn man also Leerverkäufe in der Mezzanine-Tranche tätigt, dann funktioniert das nur, solange man jemanden findet, der bereit ist, Mezzanine-Werte auch zu kaufen. (Die Preise sind ja schließlich keine Marktpreise, sondern sie sind „Marked-to-Model".) Die einzelnen Märkte sind allerdings häufig überhaupt nicht liquide. Gerade in Zeiten der Panik gelingt es Investoren häufig nicht, ihre Strategie auszuführen. Für einen Long-Short-Investor bedeutet das: Ihn trifft die volle Wucht der Verluste der Equity-Tranche,

ohne dass er diesen Verlust durch den vermeintlichen Gewinn bei der Mezzanine-Tranche ausgleichen kann. Der
Investor ist also nicht long-short, wie er denkt, sondern
auch einfach nur long. Im Jahre 2005 trat genau dieses
Szenario ein, als die Ratingagenturen die Wertpapiere für
die US-Autokonzerne herunterstuften. Zwei Jahre später,
im August 2007, knallte es auf breiter Front. Im nächsten
Unterabschnitt beschreiben wir diese beiden Beispiele im
Detail.

3.4 Zwei Fallbeispiele

3.4.1 Kerkorian und General Motors

Die Long-Short-Strategien der Investoren gingen in der
Tat lange und oft auf. Es gab allerdings auch spektakuläre Fehlspekulationen. Ein Paradebeispiel, wie eine solche
Spekulation danebenging, ergab sich im Sommer 2005,
als der amerikanische Großinvestor Kirk Kerkorian ein
Angebot für knapp zehn Prozent der Aktien von General Motors unterbreitete. Für viele Hedgefonds bedeutete
dieses Angebot eine Beinahe-Katastrophe. Es handelte sich
hierbei um ein ganz konkretes Beispiel des spektakulären
Versagens einer Long-Short-Strategie.

Die großen amerikanischen Automobilhersteller besorgen sich ihr Geld über den Kapitalmarkt, also durch
Firmenanleihen. Diese Anleihen sind dann in CDOs ein-
geflossen und wurden dort nach Belieben tranchiert. Wie
im vergangenen Abschnitt beschrieben, verfolgten die Investoren die bekannte Long-Short-Strategie für Auto-
mobilwerte. Die Hedgefonds waren long in Equity – das
heißt, sie kauften die Equity-Tranche – und sie waren
short in der Mezzanine-Tranche. Also eine typische Long-
Short-Wette innerhalb des Kreditmarktes selbst, wie aus
dem Hedgefonds-Lehrbuch. Dann kamen fast zeitgleich

zwei Ereignisse zusammen, die diese Wette kaputt machten.

Am 5. Mai 2005 stufte die Ratingagentur Standard & Poor's Fords Anleihen um eine Stufe auf BB+ herunter und General Motors gar um zwei Stufen auf BB. Die Reaktion der Märkte war chaotisch. Der Preis der festverzinslichen Wertepapiere von Ford und GM stürzte. Der Grund für die Herabstufung soll uns jetzt nicht im Einzelnen interessieren. Es reicht zu wissen: Die Ratingagenturen haben die finanzielle Sicherheit beider Unternehmen plötzlich schlechter bewertet als zuvor.

Damit wurden natürlich auch die CDO-Tranchen unattraktiver, aber die Hedgefonds dachten zunächst, sie seien durch ihre Long-Short-Strategie gehedgt. So ein Ereignis ist schließlich der Grund dafür, dass man sich überhaupt auf diese Long-Short-Wette einlässt. Die Hedgefonds erlitten Verluste in der Equity-Tranche als eine direkte Konsequenz der Herabstufung durch die Ratingagenturen, aber sie hofften, diese Verluste durch Leerverkäufe in der Mezzanine-Tranche auszugleichen. Das funktionierte allerdings nicht, weil der Markt in der Mezzanine-Tranche nicht so liquide war, wie sie dachten. Die Preise dort waren schließlich *Marked-to-Model*, also durch ein mathematisches Modell bestimmt, und nicht *Marked-to-Market*, also kein Marktpreis.

Die Hedgefonds stellten plötzlich fest, dass sie überhaupt nicht gehedgt waren. Um dann doch noch zu einem funktionierenden Hedge zu kommen, tätigten sie Leerverkäufe von normalen Aktien – sie gingen also eine Wette ein, dass die Aktienpreise fallen würden, was man bei einer Herabstufung der Bondpreise schließlich auch erwarten würde.

Genau zu diesem Zeitpunkt kam Kerkorian mit seinem Übernahmeangebot. Obwohl die Bondpreise gefallen waren, gingen die Aktienpreise dann plötzlich hoch, denn der Markt wettete auf weitere Übernahmeangebote. Für die Hedgefonds kam das einer Katastrophe gleich. Nachdem sie im CDO-Markt herbe Verluste erlitten hatten, ging die erneute Wette im Aktienmarkt ebenfalls nicht auf.

Des Weiteren hat die Herabstufung der Bonds in Verbindung mit dem Kerkorian-Angebot ebenfalls eine weitere beliebte Wette zunichtegemacht. Vor der Herabstufung waren viele Fonds long in den Anleihen selbst (direkt, nicht über den Kreditmarkt!) und short in Aktien, und zwar weil sie dachten, dass sie im Fall einer Insolvenz als Besitzer festverzinslicher Wertpapiere einen Anspruch auf einen Teil des Restvermögens hätten, wohingegen die Aktien wertlos wären. Um diesen vermeintlichen Profit noch weiter aufzumotzen, haben viele Hedgefonds nicht direkt die Anleihen gekauft, sondern sie verkauften Absicherung durch Credit Default Swaps auf diese Anleihen. Nach der Herabstufung stieg der Preis für eine derartige Absicherung, was für die Hedgefonds einen Verlust bedeutete. Wie in dem ersten Fall versuchten diese Hedgefonds sich abzusichern, indem sie short in den Aktien waren. Diese Strategie wurde durch Kerkorian durchkreuzt.

Die Lehre aus dieser Geschichte ist: Einen perfekten Hedge gibt es nicht. Das heißt nicht, dass man nicht hedgen sollte. Nein, die Möglichkeit des Hedgens hat enorm zur Stabilisierung der Finanzmärkte beigetragen. Man sollte sich nur in seiner Risikokalkulation darüber im Klaren sein, dass es mit keiner Strategie ein Nullrisiko gibt. Viele Investoren in den amerikanischen Auto-CDOs dachten wirklich, sie seien gehedgt. In Wirklichkeit waren sie genauso long wie die naiven Investoren einiger Banken, die hofften, im amerikanischen Hypothekenmarkt einen Reibach zu machen.

Warren Buffett sagte einmal, Derivate seien wie die Hölle: Man kommt leicht hinein und nur sehr schwer wieder heraus. Genau so war es.

3.4.2 Die „Subprime"-Hypothekenkrise und wie sie ihr Ende nahm

Das Kerkorian-Beispiel zeigt, dass es keine perfekte Absicherung in den Märkten gibt, und dass man sehr vorsichtig in der Beurteilung von Risiko sein sollte. Das Beispiel der Subprime-Hypothekenkrise zeigt uns die Achillesferse der Kreditmärkte in einer noch viel eindrucksvolleren Weise. Wie Friedrich Schiller einmal sagte: „Jeder, siehst du ihn einzeln, ist leidlich klug und verständig, sind sie in corpore, gleich wird dir ein Dummkopf draus." Genau das passierte im Subprime-Markt. Eine Katastrophe bahnte sich an, nicht aufgrund eines externen Unglücks, sondern einzig und allein deswegen, weil der Markt so funktionierte, wie er funktionieren sollte.

Um in Deutschland eine Hypothek zu bekommen, muss man in der Regel mindestens 20 Prozent der Bausumme vorstrecken. Es gibt natürlich auch riskantere Hypotheken, aber in jedem Fall machen sich die Banken zuvor ein Bild vom Antragsteller. Hat er in der Vergangenheit einen Kredit nicht zurückgezahlt? Wie viel verdient der Antragsteller? Wie hoch ist das sonstige Einkommen? Wie hoch sind die monatlichen Ausgaben? Ist das verfügbare Einkommen groß genug, um die Hypothek zu bezahlen? All das sind Fragen, die Banken beantwortet wissen wollen.

Das ist in den USA genauso. Der Unterschied ist, dass es in den USA mehrere Formen von Hypotheken gibt, vor allem, dass es dort viel leichter ist, Hypotheken umzufinanzieren. So kann man dort, wenn die Zinsen niedrig sind, seine alte Hypothek loswerden und sich eine neue zulegen, um von dem niedrigen Zinssatz zu profitieren. Das ist in Deutschland bislang nicht möglich. Die Möglichkeit der Umfinanzierung ist sicherlich eine begrüßenswerte Finanzinnovation.

Es gibt aber Innovationen, die schädlich sind, für das

Land, für den Finanzsektor und für die Betroffenen selbst.
Eine der schädlichsten aller Innovation war die Subprime-
Hypothek, also die Hypotheken an Kreditnehmer ohne
Kreditwürdigkeit.

Die Idee selbst war nicht schlecht. Denn mit der Subprime-Hypothek war es plötzlich für Menschen mit un-
regelmäßigem Einkommen möglich, zu einer Hypothek
zu kommen. Die große Mehrheit dieser Subprime-Hypotheken funktioniert sogar noch inmitten der Krise. Das
Problem war nicht das Prinzip der Subprime-Hypotheken, sondern der Exzess, der mit diesen Hypotheken be-
trieben wurde.

Dieser Exzess wurde durch eine zu laxe Regulierung
verursacht. Was daraus wurde, ist im Nachhinein kaum
noch vorstellbar. Banken haben Hypotheken verkauft ohne
jegliche Kontrolle. Man brauchte nur in eine Bank zu laufen, einen Zettel auszufüllen, ohne irgendein Dokument
vorzuweisen, und schon hatte man das Geld. In einigen
Fällen wurden noch andere Tricks mit der Subprime-Hypothek verknüpft. So erhielten Arbeitslose eine Hypothek
von über 30 Jahren, mit geringerer Rückzahlung in den
ersten Jahren (was die Rückzahlungen in den darauffolgenden Jahren umso mehr erhöhte). Das sind die Ninja
Loans (no income, no jobs, no assets). Es war völlig klar,
dass einige Antragsteller diese Kredite niemals bedienen
konnten, und es sollte ebenso nicht überraschen, dass es
auch Antragsteller gab, die diese Hypotheken auch gar
nicht zurückzahlen wollten.

Es stellt sich daher zunächst die Frage, warum haben
Banken überhaupt ein Interesse daran, derartige Kredite
zu verkaufen? Es gibt zwei Erklärungen. Die erste, weit
verbreitet, war, dass die Banken glaubten, die Häuserpreise würden immer weiter steigen. Entweder die Sub-
prime-Kreditnehmer zahlen ihre überhöhten Zinsen zurück, oder die Bank versteigert das Haus. In jedem Fall
gewinnt die Bank. Ich halte diese Erklärung nicht für

sehr glaubwürdig, zumindest nicht als Hauptgrund, denn selbst die Banken haben nicht daran geglaubt, dass der Immobilienboom ewig anhalten wird. So dumm waren die Banken nun schließlich doch nicht.

Es gab aber einen rationalen Grund, warum sie es trotzdem taten. Sie konnten die Hypotheken nämlich verbriefen und damit loswerden. Sie konnten sie also weiterverkaufen und das Risiko auf Dritte abwälzen. Als die Subprime-Blase auf vollen Touren lief, da konnte der Markt von diesen Produkten nicht genug bekommen. Der Grund dafür lag in der Struktur der CDOs oder CMOs, wie man CDOs im Hypothekenbereich auch manchmal nennt. Aufgrund der Ratingagenturen, die die Preisspanne zwischen den verschiedenen Tranchen künstlich hoch hielten und damit den Marktteilnehmern vorgaukelten, die theoretisch errechneten Preise seien auch tatsächlich im Markt zu erzielen. Hedgefonds und andere Investoren haben sich darum gerissen, in CDOs zu investieren, weil hier die höchsten Renditen erzielt wurden. Das führte zu einem strukturellen Nachfrageüberschuss für Kreditprodukte. Und das wiederum bedeutete, dass die Kreditgeber auf Teufel komm raus Kredite vergaben – je mehr, desto besser, denn für jeden verkauften Kredit erhielten sie einen Obolus. Das Subprime-Desaster konnte also nur aufgrund einer Imperfektion des Kreditmarkts passieren. Es war rational für eine Bank, diese faulen Hypotheken aufzugeben. Je mehr sie verliehen, desto höher war ihre Gewinnmarge. Die mathematisch so präzisen Modelle haben diese Tragödie natürlich nicht eingepreist. Die Preise für die obersten Tranchen wurden künstlich hoch gehalten durch AAA-Ratings. Mit anderen Worten: Die oberste Tranche eines CMO, der als Sicherheit hauptsächlich Ninja-Kredite bot, war offiziell so robust wie deutsche Staatsanleihen. In der Realität waren das Junk-Bonds, also reine Schrottpapiere.

Die Hypothekenkrise ist daher ein sehr gutes Beispiel

für die tiefe Pathologie dieser Märkte. Wie in Friedrich Schillers Zitat verhalten sich alle Beteiligten aus ihrer engen Perspektive rational, und trotzdem ist das Ergebnis für fast alle Beteiligten schlecht. Dass hier etwas nicht stimmt, ist selbst für orthodoxe Anhänger unregulierter Märkte offensichtlich. Marktversagen ist nichts Ungewöhnliches, aber hier liegt etwas vor, was nicht oft vorkommt: Dieses Marktversagen ist zutiefst pathologisch. Es ist daher auch einer der Gründe, warum die Krise in den Kreditmärkten schlimmer ist, als bislang angenommen.

4 Die unrühmliche Rolle der Mathematik

Ein grundlegendes Problem der Kreditmärkte ist es, dass man die dort enthaltenen Risiken nicht wirklich numerisch bewerten kann. Dass man es dennoch versucht, gehört zu der Tragik dieses Marktes. Zwischen einer CDO und dem zugrunde liegenden Kredit besteht ein weiter Weg: Die Kredite wurden zunächst gepoolt, dann verbrieft, dann erneut gepoolt, in eine CDO eingebracht, dann tranchiert, übersichert, geratet und verkauft. Der Käufer weiß nicht, was für ein Risiko am Ende der Kette steht. Die gute alte Bank kannte ihre Pappenheimer noch sehr genau. Der Banker wusste, wem er Geld leiht und wem nicht. Zwischen Bank und Kunden bestand ein Bond. Wer heute in den Kreditmarkt investiert, kann in der Regel nicht genau einschätzen, was für Kredite einer CDO zugrunde liegen. Damit lässt sich das Risiko noch viel weniger abschätzen, als das ohnehin schon der Fall war. Um die Preise für ein Kreditinstrument zu bestimmen, wie etwa für einen CDS oder eine CDO, ist es natürlich wichtig, Risiken numerisch einzuschätzen. Dazu bedarf es der höheren Mathematik.

Seit der Erfindung der Formel für den Preis von Optionen in den 70er-Jahren hat sich das moderne Finanzwesen immer mehr zu einer Disziplin der angewandten Mathematik entwickelt. Die Mathematik hat zu diesem Zweck sehr viele Modelle zur Verfügung gestellt, doch das Problem ist, dass man diese Modelle oft kritiklos übernimmt und nicht hinterfragt. Der Autor Satyajit Das schrieb in seinem Buch „Traders, Guns and Money" über das sogenannte Datenparadox wie folgt:

In den Kreditmärkten ist es nicht möglich, empirisch irgendetwas zu ermitteln. Wenn man sich die

Frage stellt: Wie hoch ist die Wahrscheinlichkeit, dass Firma X bankrottgeht, dann ist die Firma offensichtlich noch nicht bankrott. Man kann also nicht die Vergangenheit bemühen, um die Wahrscheinlichkeit zu ermitteln. Das Datenparadox hat die Experten allerdings nicht betrübt.

Mathematische Modelle funktionieren auf der Basis von Axiomen, grundlegenden Annahmen, die in der Wirklichkeit zutreffen können oder nicht. Mithilfe der mathematischen Theorie der stochastischen Prozesse war es möglich, den Wertpapierpreis annähernd zu modellieren. Es gibt viele Arten stochastischer Prozesse, stetige Prozesse und solche, die plötzlich springen. So gibt es auch stochastische Prozesse, mit denen man modellieren kann, wann ein Anruf in einer Telefonzentrale eintrifft. Diese stochastischen Prozesse sind mathematisch hochinteressant. Die Theorie, die dahinter steht, gehört zu den elegantesten Theorien der modernen Mathematik.

Um Wertpapierpreise zu modellieren, bedient man sich eines wichtigen stochastischen Prozesses, bekannt unter dem Namen geometrische brownsche Bewegung, benannt nach einem schottischen Botaniker, der im 19. Jahrhundert die Bewegung von Gasmolekülen modellierte.

Die brownsche Bewegung, fraktale Geometrie und der Aktienpreis

Diese Textbox ist geschrieben für Leser mit etwas mathematischem Interesse. Man muss sich die brownsche Bewegung auf der zweidimensionalen Ebene wie folgt vorstellen: Die x-Achse des Prozesses ist die Zeit, die y-Achse der zu modellierende Prozess, also zum Beispiel der Wertpapierpreis. Der Prozess nimmt irgendwo seinen Anfang, sagen wir bei einem Wert null. Im nächsten Moment kann er höher oder tiefer sein, die Fluktuation von einem Punkt zum nächsten ist aber nicht beliebig. Wie stark sich der Prozess pro Zeiteinheit verändern kann, wird durch einen vorgegebenen Wahrscheinlichkeitsprozess beeinflusst, und zwar auf der Basis der gaußschen Normalverteilung. Über lange Perioden kann es sein, dass der Prozess um den Nullpunkt oszilliert und dann in den positiven oder den negativen Bereich abdriftet. Mathematisch handelt es hierbei um eine stetige Funktion, also eine Funktion ohne Unterbrechung und plötzliche Sprünge. Und trotzdem ist diese Kurve alles andere als normal. Zum Beispiel ist die Kurve trotz ihrer scheinbaren Glätte an keinem ihrer Punkte differenzierbar.

Der brownsche Prozess in seiner ursprünglichen Form ist im Grunde genommen nicht sehr gut geeignet, um zu beschreiben, wie Wertpapiere über die Zeit ihren Preis ändern. Aktienpreise können zum Beispiel nicht negativ werden. Ein Prozess, der die Aktien beschreibt, braucht also eine untere Schranke von null. Um das zu bewerkstelligen, wurde die geometrische brownsche Bewegung geschaffen, die wirklich diese wichtige Eigenschaft beinhaltet.

Aber auch dieser Prozess bietet letztlich keine solide Grundlage für eine Beschreibung der Wertpapierpreise. Extremsituationen wie der Crash von 1987 dürften danach so gut wie nie auftreten, und die Wahrscheinlichkeit, dass zwei Crashs wie 1929 und 1987 in einem Jahrhundert stattfinden, wäre danach so gering, dass es als fast unmöglich gilt. Statistische Untersuchungen haben ebenfalls ergeben, dass die Normalverteilung eine schlechte Vorlage liefert.

Die Finanzmathematik gehört mittlerweile zu einem der wichtigsten und lebhaftesten Teilgebiete der angewandten Mathematik. Forscher versuchen schon seit einiger Zeit, die Modelle zu verbessern. In neuerer Zeit wurden die Prozesse noch um viele Aspekte verfeinert. Zum Beispiel wissen wir aus Erfahrung, dass die Preise von Wertpapieren manchmal stark springen. Wenn man die Wertpapierpreise als Kurve auf einem Papier oder einem Bildschirm darstellt, dann sieht man eine Kurve, die alles andere als glatt ist. Auch hierfür gibt es stochastische Prozesse, die diese Eigenschaften berücksichtigen. Ein wichtiger moderner Prozess ist der sogenannte Lévy-Prozess, bekannt nach dem französischen Mathematiker Paul Lévy.

Es gibt aber auch Forscher, die ganz andere Wege gehen. Einer von ihnen ist der berühmte Mathematiker Benoît Mandelbrot, einer der Begründer einer heute populären mathematischen Disziplin, der Fraktalgeometrie. Fraktale sind eng verbunden mit der Chaostheorie. Ein Fraktal ist ein „selbst-ähnliches" geometrisches Objekt. Wenn man einen Ausschnitt vergrößert, erscheint das vergrößerte Objekt genauso wie das Original. Man kann diesen Prozess beliebig fortsetzen. Man kann noch so dicht herantreten, das Objekt wird nie glatt.

Auch in der Natur gibt es Beispiele, wie zum Beispiel Küstenlinien, die einen rauen Verlauf vorweisen, und zwar unabhängig davon, wie dicht man die Linie herangeht. In der Mathematik gibt es eine berühmte Menge, die Cantor-Menge, definiert auf dem Intervall von null bis eins, die bei jeder Vergrößerung ihre Struktur perfekt repliziert. Wenn man diese Menge unendlich oft vergrößert, erhält man ein Objekt, das fast nur aus Löchern besteht. Fraktale sind also raue geometrische Objekte, und Ziel der Fraktalgeometrie ist es, diese Objekte irgendwann mathematisch in den Griff zu bekommen, sie zum Beispiel zu vermessen.

Mandelbrot hat enorm zur Entwicklung der Fraktalgeometrie beigetragen, und mit seinem berühmten Buch „Die Fraktale Geometrie der Natur"[32] hat er stark zur Popularität dieser Disziplin beigetragen. Seit den 90er-Jahren beschäftigt sich Mandelbrot immer mehr mit der Anwendung der Fraktalgeometrie auf den Finanzsektor. Hierzu erweitert er die bestehenden Modelle um „fraktale" Komponenten. So wird der Preisprozess, der einem Wertpapier zugrunde liegt, nicht durch eine normale geometrische brownsche Bewegung bestimmt, sondern durch eine fraktale brownsche Bewegung. Hier wird also der Versuch unternommen, bestimmte Phänomene, die wir aus der Realität der Finanzmärkte kennen, in die Modelle zu integrieren. Wir wissen natürlich, dass Extremsituationen häufiger auftreten, als die Modelle suggerieren. Wir wissen ebenfalls, dass in Finanzmärkten Extremsituationen oft auf andere Extremsituationen folgen. Mit anderen Worten: Dieser Prozess hat ein Erinnerungsvermögen. Mithilfe der fraktalen brownschen Bewegung ist es möglich, diese wichtigen Aspekte zu berücksichtigen.

Ob aus dieser Forschungsrichtung am Ende gebrauchsfähige Modelle für die Finanzmärkte entstehen, ist nicht abzusehen. Was man aber jetzt schon sagen kann, ist, dass die Kreditmarktkrise diese Diskussion um alternative mathematische Modelle erneut angeheizt hat.

Ein stochastischer Prozess ist die Grundlage aller Modelle. Auf dieser Basis funktioniert das vom Nobel-Komitee ausgezeichnete Optionspreismodell, das in den 70er-Jahren entwickelt wurde. Mithilfe dieser Prozesse lassen sich auch Modelle für die Optimierung von Wertpapierportfolios bilden. In den 90er-Jahren entwickelten Finanzmathematiker Modelle zur Berechnung von Kreditrisiken. Es sind genau diese Modelle, die im Kreditmarkt zu den kontroversen Ratings geführt haben.

Der Grund, warum diese Modelle zum Teil schlecht funktionieren, ist nicht, dass hier ein logischer mathematischer Fehler vorliegt oder gar ein Rechenfehler. Die Modelle sind in sich kohärent, zum Teil genial. Das Problem besteht in den grundlegenden Annahmen, den Axiomen. Um ein brauchbares Modell für den Finanzmarkt zu entwickeln, müssen Mathematiker eine ganze Reihe von Annahmen treffen. Sie müssen zum Beispiel einen gewissen Grad an Rationalität voraussetzen, die, wie wir alle wissen, zwar manchmal, aber nicht immer gegeben ist. Das heißt auch, diese Modelle funktionieren nicht zu allen Zeiten. Mit einem mathematischen Standardmodell eines Finanzmarktes ist es zum Beispiel fast unmöglich, eine Blase zu kreieren.

Bei der Bewertung von Aktienoptionen bestand die Schwierigkeit darin, einen Preis zu bestimmen für ein Wertpapier, das dem Anleger das Recht, aber nicht die Pflicht gibt, eine zugrunde liegende Aktie zu kaufen oder zu verkaufen. Das von den Mathematikern Myron Scholes und Fischer Black entwickelte Optionsmodell funktioniert zum Beispiel noch relativ gut für klassische Optionen, auch europäische Optionen genannt. Bei anderen Optionen wurde es überproportional schwierig. Ähnlich ging es der Mathematik bei der Portfolio-Optimierung. Dort konnte man zwar noch sehr gut den optimalen Anteil eines Portfolios bestimmen, das aus einer Aktie und einem Bond bestand, allerdings nur ohne Berücksichtigung von Transaktionskosten. In dem Moment, wo man die Maklergebühren hinzuzählt, werden diese Modelle derart kompliziert, dass sie in der Praxis keine Verwendung mehr finden. Jeder Versuch, diese Modelle der Realität anzupassen, führt zu einem exponentiellen Anstieg in der mathematischen Komplexität.

Ein Kernpunkt der finanzmathematischen Forschung in den 90er-Jahren waren die Kreditmärkte. Wie bei Aktienpreisen musste man sich die Frage stellen, wie sind Kreditrisiken verteilt? Die wichtigste Verteilung in der Mathematik – und in der Natur – ist die gaußsche Normalverteilung, benannt nach dem deutschen Mathematiker Carl Friedrich Gauß, die für eine überraschend große Anzahl natürlicher Phänomen zutrifft. So sind zum Beispiel die Intelligenzquotienten der Menschen und viele zufällige Prozesse in der Natur normalverteilt.

Das Schöne an der Normalverteilung ist, dass sie nur durch zwei Werte beschrieben wird – den Durchschnitt und die Varianz. In einer zweidimensionalen Grafik drückt sich die Normalverteilung in der Form einer Glockenkurve aus.

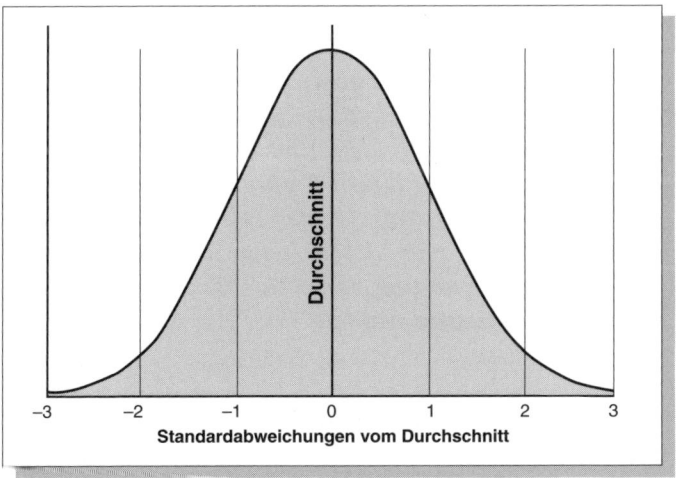

Technisch ausgedrückt: In der Normalverteilung liegen 95 Prozent innerhalb von zwei Standardabweichungen vom Durchschnitt. Übersetzt in die Sprachen des mathematischen Laien heißt das: Extremfälle existieren zwar, sind aber selten.

Die Normalverteilung ist deswegen beliebt, da sich mit ihr gut rechnen lässt. Sie besitzt eine Reihe von schönen mathematischen Eigenschaften, auch wenn die mathematische Formel dieser Verteilung zunächst abschrecken mag.

Das Problem mit der Normalverteilung ist jedoch, dass sie die Preise für die meisten Wertpapiere nur schlecht wiedergibt. Extremfälle sind häufiger, als die Normalverteilung es vermuten lassen würde. Danach hätten Extremsituationen wie 1929 und 1987 unmöglich in demselben Jahrhundert stattfinden können.

In einem Artikel in der *Financial Times* beginnt der Autor Nassim Nicholas Taleb mit folgender Anekdote (meine Übersetzung):

> *Letzten August veröffentlichte das* Wall Street Journal *eine Bemerkung eines gewissen Matthew Rothman, Finanzökonom, der sich über die Ereignisse in den Finanzmärkten überrascht zeigte, indem er sagte, ein solches Ereignis würde in nur einem von 10.000 Jahren stattfinden. Eine dem Artikel beigefügte Biografie von Herrn Rothman bestätigt, dass er selbst jünger ist als 10.000 Jahre. Es ist daher erlaubt anzunehmen, dass er seine Schätzung nicht aus eigener Erfahrung herleitet, sondern aufgrund eines theoretischen Modells über das Risiko seltener Ereignisse.*

Taleb ist ein bekannter und scharfer Kritiker des Missbrauchs mathematischer Modelle im Finanzsektor. Dem Modell, von dem Taleb hier spricht, liegt die Normalverteilung zugrunde. Unsere Erfahrung zeigt allerdings, dass Wertpapierpreise nicht normalverteilt sind, sondern anderen Verteilungen unterliegen. So hat Mandelbrot herausgefunden, dass bestimmte Wertpapierpreise einer anderen Verteilung unterliegen, der sogenannte Cauchy-

Verteilung, benannte nach dem französischen Mathematiker Augustin-Louis Cauchy. Die Cauchy-Verteilung ist mathematisch weitaus schwieriger zu handhaben als die Normalverteilung.

Das Problem mit der Normalverteilung taucht in vielen Bereichen auf. So verlassen sich Banken auf eine beliebte Methode, um Risiken zu bewerten, das schon besprochene Value at Risk oder auch VaR. VaR wird von den meisten Banken der Welt als die Wunderwaffe im Risikomanagement gesehen. VaR versucht zum Beispiel folgende Frage zu beantworten: Wie hoch ist der größte Verlust, den ich mit 95-prozentiger Wahrscheinlichkeit innerhalb eines Tages erleiden kann? In diesem Fall wird VaR angegeben als Geldsumme, die man im schlimmsten Fall zu verlieren glaubt.

Da man auch hier oft die mathematisch sehr einfach zu handhabende Normalverteilung zugrunde legt, lässt sich diese Frage überraschend präzise beantworten. Risikomanager in den großen Banken antworten auf diese Frage mit einer präzisen Zahl. Sie glauben, das Risiko zu kennen und es vollständig kontrollieren zu können.

Das Problem mit VaR ist, dass wir in Wirklichkeit keine Ahnung haben, wie Gewinne, Verluste oder Kreditrisiken verteilt sind. Unter der Annahme, dass sie normalverteilt sind, können wir allerdings mutige Aussagen treffen. Aber wir haben gute Gründe, anzunehmen, dass diese Annahme falsch ist.

Der französische Statistiker René Carmona schrieb in seinem Buch über die Finessen statistischer Analysen im Finanzbereich, dass die Wahl einer anderen Verteilung zum Teil dramatische Effekte auf das Ergebnis hat. In einem konkreten Fall wurde die Frage nach dem VaR mit 1,96 beantwortet (vergessen Sie für dieses Beispiel die Einheiten). Wenn man aber eine andere Verteilung zugrunde legt – in diesem Fall die Cauchy-Verteilung – dann springt der VaR auf über zwölf. Carmona schreibt:

Dieses schockierende Beispiel illustriert die ent-
scheidende Bedeutung der Wahl des richtigen Mo-
dells für eine Verlustverteilung. Wie wir gerade ge-
sehen haben, lädt die Wahl zu Missbrauch ein.

Dieses Beispiel zeigt auch, wie schwierig es ist, das komplexe Phänomen des Risikos mit einer einzigen Zahl zu
beschreiben. Aber genau das geschieht überall, zum Teil
auch wegen der Basler Regeln, die dem modernen VaR-
basierten Risikomanagement erheblichen Aufwind ver-
schafften. Dass man es trotzdem so macht, hat zur Folge,
dass sich die Marktteilnehmer in einer falschen Sicherheit
wiegen. Ihre Risikoeinschätzungen sind nicht annähernd
so präzise, wie sie glauben. Wie einer der Gründer der
modernen Finanzmathematik, Robert Merton, sagte, der
Versuch, Risiko zu quantifizieren, hat dazu geführt, dass
insgesamt mehr Risiko im System existiert, da jeder sich
sicherer fühlt als vorher und daher höhere Risiken eingeht.[33] Dieser wichtige Rückkopplungsmechanismus ist
in vielen Risikomodellen überhaupt nicht berücksichtigt.
Er führt dazu, dass Risiko permanent unterschätzt wird.
Das bedeutet, dass der Kreditboom weiter angefacht
wird.

Die Kopula

In der Finanzmathematik trifft man die Normalverteilung an allen Ecken. Ein wichtiger Bereich ist die Mo-
dellierung von Kreditrisiken von Gruppen von Wertpapieren, wie man sie zum Beispiel in einem Index findet.
Dazu benutzt man ein modernes Konzept aus der Statistik, die Kopula, ein Konzept, das vor wenigen Jahren kaum bekannt war und das sich heute immer grö-
ßerer Beliebtheit erfreut.

Wir wissen, dass Zufallsereignisse bestimmten Verteilungen unterliegen. Beim Lottospiel ist es die Gleichverteilung. Wenn wir den Intelligenzquotienten eines Menschen erraten wollen, dann tun wir gut daran, eine Normalverteilung anzunehmen. Was machen wir, wenn wir gleich mehrere Ereignisse zusammen bestimmen wollen, zum Beispiel das Risiko, dass in einem Index von 30 Firmenaktien genau drei Firmen innerhalb eines bestimmten Zeitraumes pleitegehen?

Hierzu zunächst etwas Wahrscheinlichkeitstheorie. Wir spielen ein einfaches Würfelspiel, zunächst mit einem Würfel, danach mit zwei Würfeln, deren Summe wir addieren wollen. Um ein solches Spiel in ein mathematisches Modell zu bekommen, bedient man sich des Konzepts einer Zufallsvariablen. Diese Variable hat also die möglichen Werte von eins bis sechs, wenn wir einen Würfel werfen. Diese Zufallsvariable unterliegt in diesem Fall der Gleichverteilung. Bei einem Würfelspiel ist die Wahrscheinlichkeit jeder geworfenen Zahl gleich.

Nehmen wir einmal an, wir werfen zwei Würfel. Dazu brauchen wir eine zweidimensionale Zufallsvariable. So wie eine eindimensionale Zufallsvariable einer Verteilung unterliegt, so gilt das auch für eine mehrdimensionale Zufallsvariable. Hier spricht man von einer gemeinsamen Verteilung. Bei einem Spiel „Summe aus zwei Würfeln" ist die Zufallsvariable allerdings nicht mehr gleichverteilt. Wenn man zwei Würfel wirft, kann die Summe natürlich niemals eins ergeben. Es gibt nur eine Konstellation, die die Zahl Zwei ergibt, und zwar jeweils eine Eins. Es gibt ebenfalls nur eine Konstellation, die die Zahl Zwölf ergibt, und zwar eine Sechs und eine Sechs. Es gibt jeweils zwei Konstellationen, die die Zahlen Drei und Elf ergeben, und zwar die Eins und

Zwei beziehungsweise die Zwei und Eins sowie die Fünf und Sechs beziehungsweise die Sechs und Fünf. Die Zahl Sieben lässt sich auf sechs verschiedene Arten darstellen. Man sieht also, die Extremwerte auf beiden Seiten werden nur selten erreicht, wohingegen die Mittelwerte wie Fünf, Sechs und Sieben häufiger auftreten. Die gemeinsame Verteilung ist der gaußschen Glockenkurve sehr ähnlich.

Mithilfe der Konzepte der Verteilung und der gemeinsamen Verteilung lässt sich nun eine Kopula definieren. Die Kopula ist eine gemeinsame Verteilung von gleichmäßig verteilten Zufallsvariablen. Gemeinsame Verteilung kennt man schon seit Langem. Eine Kopula ist aber eine gemeinsame Verteilung mit einer wichtigen Zusatzeigenschaft. Man konstruiert sie so, dass ihre jeweiligen Verteilungen jeder Komponente normalverteilt sind, und zwar in einem Intervall von null bis eins. Die Kopula ist also eine gemeinsame Verteilung mit einem Twist.

Sehr beliebt im Kreditmarkt ist die gaußsche Kopula, eine Art Äquivalent der gaußschen Normalverteilung.

Diese Modelle sind integraler Bestandteil von Softwarepaketen, die heute in der gesamten Industrie gang und gäbe sind. Kopulas werden heute überall in der Finanzwelt als eine Wunderwaffe eingesetzt.

Das Konzept ist allerdings auch unter Mathematikern umstritten. Der Mathematiker Thomas Mikosch hat zu dem Missbrauch der Kopula durch die Finanzmathematik eine scharfe Attacke verfasst und das Instrument selbst mit des Kaisers neuen Kleidern aus Hans Christian Andersens berühmtem Märchen verglichen.[34] So schreibt Mikosch, dass es keine intellektuelle Rechtfertigung für die Annahme gibt, dass die einzelnen Komponenten auf dem Intervall null bis eins gleichverteilt sein müssen. Mikosch kritisiert ebenfalls, dass es keine robusten statistischen Tests gibt, die die Stabilität dieses Verfahrens demonstrieren.

Laut Mikosch ist der Grund der Beliebtheit der gaußschen Kopula ihre relativ einfache Handhabung. Mit Normalverteilungen lässt sich einfacher rechnen. Das Problem ist nur, dass am Ende ein völlig irreführendes Ergebnis herauskommt. Es gibt des Weiteren auch noch technische Probleme, auf die Mikosch in seiner Kritik im Detail eingeht.

Auch an diesem Beispiel zeigt sich, dass die Finanzmathematiker hier wieder Annahmen treffen, die in der Realität nicht unbedingt zutreffen. Das Problem ist nicht die Mathematik selbst. Die Modelle sind in sich schlüssig. Das Problem ist, wie die Mathematik im konkreten Fall angewandt wird. Da viele der Anwender die grundlegende Mathematik nicht verstehen, und viele Mathematiker eine oft sehr vereinfachte Vorstellung davon haben, wie Finanzmärkte in der Realität funktionieren, kommt es gelegentlich zu äußerst gefährlichen Missverständnissen. Die Mathematiker produzieren unrealistische Modelle. Die Praktiker, im Besitz dieser mächtigen mathematischen Methoden, wenden diese Modelle an, ohne die Gebrauchsanweisung gelesen oder verstanden zu haben.

Das Platzen der Kreditblase wirft für die Mathematiker ein großes Problem auf. Denn rein mathematisch hätte diese Blase nicht platzen dürfen.

5 Die globalen Ungleichgewichte

An diesem Punkt verlassen wir die Kreditmärkte und wenden uns einer parallelen Krise zu, der Krise der globalen Ungleichgewichte. Der Grund liegt darin, dass beide Krisen gleichzeitig aufgetreten sind und einander verstärkten. Die Kreditkrise ist geplatzt und mit Konsequenzen, die noch mehrere Jahre in den Märkten nachhallen werden. Die globalen Ungleichgewichte haben sich lange gehalten. Ihr Abbau begann in der zweiten Hälfte des Jahres 2007. Auch hier besteht die Möglichkeit, dass es zu abrupten Anpassungsprozessen kommt, die die Kreditkrise wiederum verstärken würden. Es lohnt sich daher, dieses makroökonomische Thema in diesem Buch zumindest anzusprechen.

Unter internationalen Ökonomen war die Debatte über globale Ungleichgewichte eines der wichtigsten Themen in den Jahren von 2003 bis 2006. Danach wurde es etwas stiller, und das Interesse richtete sich verstärkt auf die Kreditmärkte. Die einkehrende Ruhe heißt allerdings nicht, dass das Problem gelöst war. Im Gegenteil.

Was sind globale Ungleichgewichte? Ein Ungleichgewicht tritt zum Beispiel dann auf, wenn sich in bestimmten Staaten Handelsdefizite beziehungsweise -überschüsse auf einem sehr hohen Niveau verfestigen, und wenn es keine Anpassung durch Wechselkurse gibt. Seit Antritt der Regierung von George W. Bush hat sich das Leistungsbilanzdefizit der USA auf sechs Prozent des Bruttoinlandsproduktes erhöht. Eine Leistungsbilanz besteht aus drei Teilen, der Handelsbilanz, der Dienstleistungsbilanz und der Übertragungsbilanz. Die ersten beiden sind in den meisten Industrieländern die wichtigsten Komponenten. In der Übertragungsbilanz werden zum Beispiel Überweisungen von im Inland lebenden Ausländern zurück in ihre Heimatländer berücksichtigt.

In einigen Schwellenländern sind diese Leistungsbilanzdefizite sogar noch höher, zum Beispiel in der Türkei, wo sie mittlerweile neun Prozent ausmachen. Jetzt gibt es keine Regel, die besagt, dass ein Leistungsbilanzdefizit nicht eine bestimmte Größe überschreiten darf. Wie nachhaltig ein derartiges Defizit ist, hängt von verschiedenen Faktoren ab. In der Türkei und anderen Schwellenländern ist der Grund für dieses Defizit ein hohes Maß an Direktinvestitionen von Ausländern. Insofern ist das Defizit eher ein Zeichen der Stärke eines Landes. In den USA ist das Defizit hauptsächlich auf den Konsum von ausländischen, vorwiegend asiatischen Importen zurückzuführen. Auch das muss nichts Unmoralisches sein. Es gibt sogar Leute, die sagen, die Amerikaner wären Konsumenten der letzten Instanz. Ohne den hungrigen amerikanischen Konsumenten hätten die Asiaten niemals ihr Wirtschaftswunder erlebt.

Wir sollten daher Leistungsbilanzdefizite nicht als moralisches, sondern rein als ökonomisches Fakt betrachten. Und hier gilt im Falle der USA: Ein Ungleichgewicht in der Größenordnung von sechs Prozent vom BIP, wie wir es bis zuletzt in den USA hatten, ist nicht nachhaltig. Irgendwann passen sich die Ungleichgewichte an, zum Beispiel durch einen Verfall der Währung. Der starke Absturz des Dollars im letzten Jahr war ein Zeichen dafür, dass sich die Ungleichgewichte reduzierten.

Es gibt noch eine andere Art, das Leistungsbilanzdefizit zu betrachten. Wenn China Waren an die USA liefert, müssen die Amerikaner diese Waren mit Dollars bezahlen. Diese Dollars fließen von den USA nach China. China hat durch seine massiven Exportüberschüsse riesige Währungsreserven aufgebaut. Im Jahre 2007 hatte China Währungsreserven von 1,3 Billionen Dollar, das sind 1.300 Milliarden Dollar, ein Betrag, den man sich nur schwer vorstellen kann. Was macht China mit dem ganzen Geld?

Die Chinesen haben ein Großteil des Geldes wieder in den USA angelegt, zumeist in amerikanischen Staatsanleihen, zusehends auch in riskanteren Anlageformen. Wie andere Überschussländer auch hat China staatseigene Fonds gegründet, mit dem Ziel, in ausländische Wertpapiere zu investieren. Eine spektakuläre Investition der Chinesen im Jahre 2007 war der Kauf eines achtprozentigen Anteils an der amerikanischen Private-Equity-Firma Blackstone für schlappe drei Milliarden Dollar. Auch die Ölstaaten sammeln große Mengen an Währungsreserven an, die sie vorwiegend im Dollar-Raum investieren, da der Preis von Öl in Dollar ausgewiesen und bezahlt wird.

Leistungsbilanzdefizite sind in der Regel kein Problem, solange sich die Währungen frei bewegen. Leistungsbilanzkrisen treten zumeist dann auf, wenn Währungen in festen Wechselkursbeziehungen eingebunden sind. Der klassische Reaktionsmechanismus eines überhöhten US-Leistungsbilanzdefizits würde über den Wechselkurs führen. Der Dollar würde fallen. Das würde die Importe in die USA verteuern, und US-Exporte in den Rest der Welt wären dann dementsprechend billiger. Dieser Prozess geht in der Theorie so weit, bis das Ungleichgewicht wieder ausgeglichen ist.

Das Problem ist allerdings, dass sich die Währungen in der Realität nicht so verhalten. Die Chinesen und viele andere Staaten haben ihre Währungen entweder offiziell oder inoffiziell an den Dollar gekoppelt. Hierbei handelt es sich insbesondere um Länder, mit denen das Handelsdefizit der USA besonders groß ist.

Der Dollar wird ebenfalls durch die Investitionen von Zentralbanken gestützt. Da die Chinesen ihre Dollar-Überschüsse vorwiegend wieder in den USA investiert haben, stützen sie damit sowohl den Dollar als auch den Preis von US-Staatsanleihen. Der Effekt dieser ausländischen Transaktionen wird bei den US-Staatsanleihen auf

bis zu einem halben Prozentpunkt geschätzt. Das heißt,
wenn die Zinsrate auf eine zehnjährige Anleihe fünf Prozent beträgt, dann wäre sie 5,5 Prozent ohne die Massen-
käufer in den Dollar-reichen Schwellenländern.

Mit welchen Methoden kommt das globale Ungleichgewicht wieder ins Lot? Die Ökonomen Maurice Obstfeld
und Kenneth Rogoff, zwei der bekanntesten Forscher auf
dem Gebiet der internationalen Ökonomie, untersuchten
die Anpassungsprozesse und stellten folgendes Szenario
als das wahrscheinlichste auf. Es wird nicht so kommen,
dass der Dollar fällt und damit das Leistungsbilanzdefizit
senkt. Es wird eher umgekehrt sein. Eine Anpassung des
Defizits wird den Wechselkurs des Dollars senken. Was
löst die Anpassung des Defizits aus? Genau das, was wir im
Sommer und Herbst 2007 erlebten: ein externer Schock,
und zwar in Form fallender US-Immobilienpreise. Das
hatten die beiden schon im Jahre 2005 vorausgesagt!

Dieses Szenario führt zu einer Verlangsamung des
amerikanischen Wachstums, eventuell sogar zu einer Rezession. Der Anstieg der Arbeitslosigkeit veranlasst die
Amerikaner, wieder zu sparen und weniger für den Konsum auszugeben. Die Nachfrage nach Importgütern sinkt
plötzlich. Ebenso sinkt die Nachfrage nach amerikanischen Wertpapieren. Die Konsequenz dieser Verschie-
bungen ist ein Verfall des Dollars. Über die Zeit werden
damit die amerikanischen Produkte wieder auf den Welt-
märkten wettbewerbsfähig, und der alte Mechanismus
der neoklassischen Ökonomie setzt wieder ein. Das Leistungsbilanzdefizit wird sich dann wieder normalisieren.

Die Debatte über die Ursachen der globalen Ungleichgewichte ist für uns von entscheidender Bedeutung, und
zwar aus zwei Gründen. Wenn die globale Finanzkrise
mit den globalen Ungleichgewichten kollidiert und die
Weltwirtschaft gleich zwei große Anpassungsprozesse
durchmachen muss, dann steht uns möglicherweise eine
große Krise bevor. Es gibt aber noch einen weiteren

Grund. Es besteht ein direkter Zusammenhang zwischen den Ungleichgewichten und der Liquidität. Es gibt eine große Anzahl von Theorien über die Ursache der Liquiditätsblasen, die im Grunde genommen nichts anderes sind als die Diskussion um die Ursachen der globalen Ungleichgewichte. Denn die Ungleichgewichte, hervorgerufen durch das amerikanische Leistungsbilanzdefizit und die Leistungsbilanzüberschüsse der Asiaten und Ölstaaten in Verbindung mit einer massiven Akkumulierung von Dollar-Reserven, führen zu enormen internationalen Finanzströmen. Und es sind genau diese Finanzströme, die uns die Illusion reichhaltiger Liquidität bereiten.

Wenn die Blase zerplatzt, funktioniert der gesamte Prozess in entgegengesetzter Richtung. Die Märkte trocknen aus, der Dollar wertet ab, und plötzlich ist die Liquidität verschwunden. Daher sind die Themen Liquiditätsblase und globale Ungleichgewichte eng miteinander verbunden. Unter internationalen Ökonomen wird dieses Thema heftig diskutiert, bislang allerdings ohne Konsens.

Die berühmteste Theorie über globale Ungleichgewichte ist die Bretton-Woods-II-Theorie. Sie stammt von den Ökonomen Michael Dooley, David Folkerts-Landau und Peter Garber[35], die die globalen Ungleichgewichte damit erklärten, dass viele der neu industrialisierten Länder ihren Wechselkurs an den Dollar angebunden haben, so wie einst Europa und Japan bis zum Zusammenbruch des alten Bretton-Woods-Systems Anfang der 70er-Jahre.

Die Autoren argumentieren, dass das, was viele als globale Ungleichgewichte verdammen, im Grunde etwas Positives ist. Ohne Bretton Woods II hätten China und Indien ihrer Auffassung nach nie ihre phänomenalen Wachstumsraten erzielt. Diese Theorie wird von vielen eminenten Ökonomen in Abstufungen geteilt, unter anderem auch von Robert Mundell[36], der den Nobelpreis für seine bahnbrechenden Arbeiten über optimale Währungsräume erhalten hat.

Es gibt heute kaum ein Thema, über das Makroöko-
nomen so kräftig streiten wie über die Ursachen der globalen Ungleichgewichte. Der US-Ökonom Nouriel Roubini[37] listet neben der Bretton-Woods-II-Theorie zehn
alternative Erklärungsansätze:

- US-Haushalts- und -Leistungsbilanzdefizite,
- ein globaler Überschuss an Ersparnissen,
- eine Dürre von Investitionsmöglichkeiten,
- Chinas schwache Inlandsnachfrage,
- Demografie,
- das Verhalten von OPEC-Ländern,
- durch laxe Geldpolitik verursachte Immobilienbooms,
- fallendes Angebot von US-Wertpapieren,
- monetäres Missmanagement,
- ein Scheinproblem als Resultat von Messfehlern.

Suchen Sie sich Ihre Lieblingstheorie aus der Liste heraus.
Beweisen können wir zu diesem Zeitpunkt noch keine.
Wir können lediglich Plausibilitätsbetrachtungen anstel-
len, und vielleicht etwas reklassifizieren.

Ich würde zunächst versuchen, diese große Masse an
Erklärungsversuchen in zwei große Kategorien aufzutei-
len: realwirtschaftliche Argumente (Punkte eins bis sechs)
und monetäre Argumente (sieben bis neun). Es ist gewis-
sermaßen eine Reinkarnation des alten klassischen Kon-
flikts zwischen Keynesianern und Monetaristen, wobei
es sich hier in erster Linie nicht um einen ideologischen
Konflikt handelt, sondern um eine Debatte über die
Funktionsweise unserer globalisierten Welt, die wir noch
nicht so richtig verstehen.

Die Befürworter der realwirtschaftlichen Theorien sehen die Ursache entweder in wirtschaftlichen Fehlent-
wicklungen in den USA (Defizite) oder im spektakulären
Wachstum in Asien. Die Asiaten wachsen zwar, legen ihre
Profite aber nicht daheim an, sondern in den USA.

Dieses Verhalten der Asiaten bedeutet, dass Mechanismen, welche die Ungleichgewichte normalerweise reduzieren, diesmal nicht greifen. Vereinfacht gesagt: Die Chinesen und die Amerikaner haben einen Teufelspakt geschlossen. Die Chinesen setzen wie einst die Deutschen auf Exportwachstum als ihr Modell für die Industrialisierung. Wie einst Deutschland in den 50er-Jahren erzielen die Chinesen ihre Überschüsse durch eine unterbewertete Währung. Dadurch dass sie die Dollars wieder in die USA zurückinvestieren, erlauben sie den Amerikanern, weiter über ihre Verhältnisse zu leben. Die Amerikaner kaufen dafür chinesische Produkte, die Chinesen ihrerseits investieren ihre Überschüsse in den USA und finanzieren damit das Leistungsbilanzdefizit der Amerikaner. Die Logik ist ähnlich der Logik eines Perpetuum mobile oder einer synthetischen CDO. Sie ist zu schön, um wahr zu sein. Aus amerikanischer Sicht heißt das konkret: Man hilft dem Rest der Welt dadurch, indem man möglichst viel Geld ausgibt.

Die Bretton-Woods-II-Theorie ist letztlich der Versuch, dieses Perpetuum mobile intellektuell zu rechtfertigen. Im ursprünglichen Bretton-Woods-System spielte Deutschland die Rolle, die China heute spielt. Alle Mitgliedstaaten im System hatten einen festen Wechselkurs zueinander. In Deutschland waren aber Lohnsteigerung und Inflation geringer als in anderen Ländern. Deutschland verbesserte also stetig seine Wettbewerbssituation. Wie die Ökonomen sagen: Deutschland erlebte eine reale Abwertung. Natürlich keine nominale Abwertung, denn im Bretton-Woods-System war der Außenwert der D-Mark fest an den Dollar gebunden.

Bretton Woods hielt lange, brach am Ende zusammen, eben weil die globalen Ungleichgewichte zu groß wurden. Am Ende wertete Deutschland auf, der Wert des Dollars ging nach unten. Genau diesen Prozess erleben wir jetzt erneut. Die Anzahl der Länder, die in den letzten zehn

Jahren ihre Währung an den Dollar gebunden haben, hat abgenommen. Der Dollar wertet langsam ab. Chinas Währung, der Renminbi, ist zwar nicht offiziell an den Dollar gekoppelt, doch der Wechselkurs des Renminbi bewegt sich nur in sehr engen Bandbreiten zum Dollar.

Ein weiteres Ungleichgewicht besteht in der Beziehung von Japan zum Rest der Welt. Nach über einem Jahrzehnt stagnierender Wirtschaft und fallender Preise hat sich Japans Notenbank auf eine Geldpolitik eingelassen mit einem Zinsniveau bei nahe null. Im Rest der Welt ist das Zinsniveau höher. Im November 2007 betrugen die Leitzinsen in Europa vier Prozent, in den USA 4,5 Prozent. Durch diese starke Differenz zwischen Europa und den USA auf der einen Seite und Japan auf der anderen kam es zu enormen Geldflüssen.

Es waren nicht nur Hedgefonds, die hier einen Carry Trade ausübten, indem sie sich in Japan billiges Geld geliehen haben und es in Europa und in den USA investierten. Es waren auch japanische Hausfrauen, die ihr überschüssiges Haushaltsgeld in japanische Fonds investierten, die dann genau dasselbe Spiel spielten, nur aus japanischer Perspektive. Die Fonds nahmen das Geld, stockten es mit noch weiteren billigen Krediten auf und investierten die Summe in Ländern mit höherem Zinsniveau.

Die Ungleichgewichte führten also schon zu abnormalen Geldströmungen: Käufe von US-Wertpapieren aus China, die Investitionen der Japaner im Ausland, der weltweite Carry Trade und natürlich auch große Mengen an Ölgeldern aus Russland und dem Nahen Osten, die ebenfalls den globalen Finanzmarkt aufblähten. Durch die Globalisierung in Verbindung mit den Ungleichgewichten floss viel Geld durch die finanziellen Kanäle der Weltwirtschaft.

Der US-Wirtschaftsnobelpreisträger Robert Mundell[38] geht sogar so weit, zu behaupten, die globalen Ungleichgewichte seien eine Art Kraftstoff für die Weltwirtschaft. Oder wenn man sich das Bild einer alten mechanischen

Uhr vor Augen hält. Eine Welt mit Ungleichgewichten ist wie eine aufgezogene mechanische Uhr. Sie tickt. Ohne Ungleichgewichte gibt es keine Finanzflüsse und somit auch weniger Wirtschaftsaktivität. Wie eine Uhr, die nicht aufgezogen ist. Laut Mundell wäre es fatal, wenn wir jetzt versuchen würden, die Ungleichgewichte abzubauen.

Ob wir es nun wollen oder nicht: Der Abbau der Ungleichgewichte hat angefangen. Wir sehen einen Teil dieses Prozesses im Wertverlust des Dollars.

Die verschiedenen Theorien über globale Ungleichgewichte können nicht alle gleichzeitig richtig sein. Sie schließen aber auch nicht alle einander aus. Die Globalisierung in Verbindung mit einem steigenden Ölpreis hat für enorme Geldflüsse in der Weltwirtschaft gesorgt. Der Prozess wurde durch die amerikanische und später auch die europäische Geldpolitik weiter unterstützt. Der Verfall der amerikanischen Zinsen auf beinahe japanisches Niveau hat den globalen Geldfluss weiter angeheizt. Es ist daher auch kein Zufall, dass die Blase der Jahre 2005 bis 2007 auch nicht in den klassischen Aktienmärkten stattfand, sondern im Kreditmarkt. Überall auf der Welt erlebten wir einen rapiden Anstieg in der Geldmenge.

Jetzt ist die Aussagefähigkeit einer solchen Statistik sicherlich begrenzt. Wenn die Geldmenge wächst, weil Investoren von langfristigen in kurzfristige Anlagen umschichten, wie zu Anfang des Jahrzehnts, dann ist eine Erweiterung der Geldmenge relativ unbedenklich. Wenn aber Geld und Kredit gleichzeitig mit zweistelligen Raten wachsen, wie im Jahre 2007, dann hat man ein Problem. Die Geldpolitik kann zwar nicht alles erklären, spielt aber sicher eine Rolle. Die Zentralbanken tragen im Übrigen auch noch in einem anderen Punkt die Verantwortung. In vielen Ländern ist die Zentralbank für die Bankenaufsicht zuständig. So trägt die Federal Reserve in den USA eine Mitschuld an der Hypothekenkrise.

Mit dem Platzen der Kreditblase kann man erwarten,

dass sowohl Geldmenge als auch die Anzahl der vergebenen Kredite nach unten gehen. Die globale Abwertung
des Dollars setzt auch die Chinesen unter Druck, politisch wie ökonomisch. Die Chinesen werden irgendwann
einmal freiwillig aufwerten, nicht auf Druck der Amerikaner und Europäer, sondern durch innere Zwänge.
Denn die chinesische Wirtschaftspolitik, vor allem der
künstlich zu tief gehaltene Renminbi, treibt die heimische
Inflation. China braucht die Aufwertung, um die Überhitzung zu kontrollieren.

Die Blase war mit großer Wahrscheinlichkeit die Folge der Kombination globaler Ungleichgewichte, verstärkt
durch eine zu lockere Geldpolitik und den in dem letzten
Kapitel beschriebenen technischen Defiziten im Kreditmarkt. Vielleicht überwiegt einer der drei Faktoren. Entscheidend ist, dass im Jahre 2007 der eine Faktor, eine zu
lockere Geldpolitik, nicht mehr bestand, und der andere
Faktor langsam zurückging. Es kann natürlich sein, dass
die Geldpolitik die Fehler vergangener Zeiten wiederholt
und erneut zu viel Liquidität zur Verfügung stellt und damit eine neue Blase verursacht. Ausschließen kann man
das nicht.

In den USA gibt es genügend Ökonomen, die von der
Fed eine aggressive Haltung fordern. In den USA ist die
Geldpolitik, anders als bei uns, kein Zankapfel zwischen
den Rechten und den Linken, die beide in alten Ideo-
logien verfangen sind. In den USA gibt es auch rechte
Ökonomen, die von der Fed aggressive Zinssenkungen
verlangten. Zu ihnen gehört Martin Feldstein, einst Wirtschaftsberater von Ronald Reagan. Zum Zeitpunkt des
Redaktionsschlusses des Buches hatte die Fed die Zinsen
auf 4,5 Prozent gesenkt. Es war zu diesem Zeitpunkt un-
gewiss, ob noch weitere Zinssenkungen folgen würden.
Die meisten Marktteilnehmer gingen allerdings davon
aus.

6 Wie es weitergeht – einige Szenarien

Das letzte Kapitel gab schon einen Vorgeschmack darauf, wie sich die Kreditblase weiterentwickeln kann. Es kann natürlich sein, dass die makroökonomischen Ungleichgewichte sowie die Kreditmarkt-Fehlentwicklungen bis zum Ende des Jahrzehnts behoben sind. Das würde zwar eine unangenehme Anpassung bedeuten mit wahrscheinlicher Rezession in den USA oder erheblichen Rückgängen an den Finanzmärkten. Aber am Ende des Jahrzehnts wären wir dann spätestens über den Berg. Das ist nicht das wahrscheinlichste Szenario.

Ein anderes Szenario ist, dass die Krise, die im August 2007 ihren Anfang nahm, zunächst durch aggressive Zinssenkungen in den USA und anderswo scheinbar unter Kontrolle gebracht wird. Irgendwann wird es dann erneut krachen, nicht erneut im Hypothekenmarkt, dann aber womöglich an einer anderen Stelle des Kreditmarktes.

Zukunftsszenarien sind gerade in einem Buch sehr riskant. Es geht bei der Darstellung der Szenarien daher auch nicht um Prognosen, sondern lediglich darum, eine Reihe von denkbaren Möglichkeiten auszuloten und sich darauf vorzubereiten. Keines dieser Szenarien ist wahrscheinlich in einem strikten mathematischen Sinn – das heißt, wir können ihnen keine Wahrscheinlichkeit zuordnen. Diese Szenarien sind dafür aber sowohl denkbar als auch plausibel. Die Idee dieser hier vorgestellten Szenarien ist es, die realistischen Grauzonen abzudecken.

6.1 Unser Basisszenario

Bei diesem Szenario handelt es sich um ein Szenario mit-
telschweren Ausmaßes. Die Grundannahme ist, dass ein
Kreditcrash, anders als ein Aktiencrash, nicht sofort vorbei ist, sondern mehrere Jahre braucht, bis er voll verdaut
ist. In diesem Szenario wird ebenfalls angenommen, dass
es keine extremen makroökonomischen Turbulenzen gibt,
und auch keine Terrorangriffe in der Größenordnung des
11. September.

Nach der ersten Phase des Crashs kehrt langsam wieder etwas Ruhe in den Markt. Die Käufer und Verkäufer
kommen langsam wieder zurück. Nach dieser Anpassung
gibt es auch weiter CDOs und CDS, aber das Wachstum
in diesen Marktsegmenten wird sich deutlich verlangsa-
men, wahrscheinlich sogar rückläufig werden. Selbst Anfang November 2007, also drei Monate nach Anfang der
Krise, sind die Kreditmärkte noch nicht zur Normalität
zurückgekehrt. Vor allem fängt es an, an anderen Stellen
des Marktes zu krachen, etwa bei spezialisierten Finanz-
dienstlern wie den Monoline-Versicherungen, die sich darauf spezialisieren, die Herausgabe von festverzinslichen
Wertpapieren zu versichern.

In dieser Phase ist der Schaden für einige Individu-
en und Banken groß, für die Volkswirtschaft zunächst
noch begrenzt. Es sind ein paar waghalsige Investoren,
die schon früh in Schwierigkeit geraten. Die Banken sind
angeschlagen, aber das Bankensystem ist in dieser Phase
noch in Ordnung.

Die Liquidität an den Märkten insgesamt bleibt aber
schwach. Private-Equity-Finanzierungen sind schwieriger
geworden, und selbst einige klassische hypothekenfinan-
zierte Immobiliengroßprojekte in den USA können aus
Mangel an Finanzmitteln nicht mehr verfolgt werden. Die
steigenden Weltzinsen vergangener Jahre sind nicht spurlos an den Märkten vorbeigezogen.

Auf der Suche nach den Sündenböcken ist man schnell
fündig. Die Ratingagenturen haben nach Ansicht der meisten Experten mehr als alle andere Akteure zu dieser Krise beigetragen. Sie werden durch harte Regulierung sehr
stark getroffen. Das heißt natürlich dann auch, dass das
künstliche Long-Short-Geschäft, die Basis für die wilde
Spekulation in den Kreditmärkten, dann nicht mehr so
gut funktioniert. Gerade im Mezzanine-Bereich werden
sich Käufer zurückziehen, wenn die Risiken ansteigen.
Denn dort sind die Risiken zum Ertrag relativ groß.

Die Krise wird ebenfalls nicht spurlos an der Realwirtschaft vorbeiziehen. Auch hier gibt es schon die ersten
Anzeichen für Probleme in den USA. Kein Prognosemo-
dell berücksichtigt die Ereignisse in den Kreditmärkten,
und daher wird der bevorstehende Abschwung auch von
niemandem prognostiziert, schon gar nicht von den Kon-
junkturinstituten. Im Oktober 2007 hält man die Rezessionswahrscheinlichkeit immer noch für gering, aber das
ist eher eine Aussage über die Prognosemodelle als über
die Wirtschaft selbst. Das Austrocknen von Liquidität bedeutet, dass es weniger Hypotheken gibt, was die Hauspreise global unter Druck setzt. Konsumentenkredite werden teurer und sind schwerer erhältlich, der Konsum,
der zwischen zwei Drittel und drei Viertel der gesamten
Wirtschaftsleistung eines Landes ausmacht, geht zurück.
Mit den Geld- und Kreditkanälen in der Volkswirtschaft
verhält es sich ähnlich wie mit Wasser- und Abflusslei-
tungen in einem Haus. Man bemerkt sie fast nie, und nur
dann, wenn etwas nicht in Ordnung ist. Dies ist einer
der Gründe, warum Ökonomen diese Kanäle nicht berücksichtigen. In Krisenzeiten werden diese Kanäle unterschätzt, weil sie in Normalzeiten für die Prognosen
unwichtig sind.

In einer der nächsten Stufen werden wir öfters Ge-
schichten hören wie die von der IKB oder von Merrill
Lynch oder der Citibank. Viele Banken, in Deutschland

und anderswo, stecken bis zum Hals im Dreck. Wir werden in dieser Phase eine ganze Menge von Ausfällen erleben und Rücktritte von Bankchefs. Viele Banken werden Verluste melden, und hie und da wird es zu staatlichen Eingriffen kommen. Die spektakuläre Rettungsaktion der Bausparkasse Northern Rock durch die britische Regierung wird kein Einzelfall bleiben.

Da der Kreditzyklus sich wendet, und da die Liquidität der Banken abnimmt, sollte man sich darauf einstellen, dass sich die Anzahl der Firmeninsolvenzen wieder auf ein normales Niveau einpendelt. Die Ratingagentur Moody's prognostizierte einen Anstieg der Insolvenzen von 1,4 Prozent aller Unternehmen im Jahre 2006 auf 4,1 Prozent im Jahre 2008 und 5,1 Prozent im Jahre 2009.[39] Jetzt unterliegt selbst dieser enorme Anstieg einer optimistischen Konjunkturprognose. Sollten die USA in eine Rezession geraten, dann würde die Insolvenzrate auf zwölf Prozent ansteigen, ein Wert, den sie zuletzt in den Jahren 2001 und 1990 erreichte. Ein realistisches zentrales Szenario sollte daher von einem Anstieg irgendwo zwischen vier und zwölf Prozent ausgehen, je nach Konjunkturlage.

Um einige Marktakteure gerade im Bereich der Credit Default Swaps (CDS) in Schwierigkeiten zu bringen, bedarf es keines katastrophalen Maßes an Insolvenzen, sondern lediglich eine Rückkehr zu der von Moody's prognostizierten Normalität. In diesem Fall werden diejenigen Investoren, die CDS verkauft haben, zur Kasse gebeten. Sie werden merken, dass sie das Risiko, das diesen Instrumenten zugrunde liegt, unterschätzt haben. Diese Erkenntnis wird zu Verwerfungen im CDS-Bereich führen mit Rückkopplungen auf den Rest des Finanzsektors und die Realwirtschaft. Aus der Irrationalität, die durch extrem hohe Liquidität begünstigt wurde, wird die Irrationalität, die unweigerlich folgen wird, wenn die Liquidität austrocknet.

Wir erleben mehrere Rückkopplungsprozesse. Die Blase an den Hypothekenmärkten führte zur Krise bei den Subprime-Hypotheken. Diese wiederum erschwert die Situation für neue Kreditnehmer, und damit wurde der Markt weiter beschädigt. Der Verfall der Hauspreise verstärkt den wirtschaftlichen Abschwung. Dieser wiederum führt zu mehr Insolvenzen, was wiederum den CDS-Markt unter Druck setzt. Einige Investoren werden ihren Verpflichtungen nicht nachkommen können. So kommt es nicht nur zum Hauen und Stechen im Markt, sondern möglicherweise zu einer weiteren Kreditkrise, wenn sich Investoren dann völlig aus diesem unregulierten Markt zurückziehen.

Gleichzeitig sollte man damit rechnen, dass die Rache der Politiker grausam sein wird. Die Debatte, die wir im Jahre 2007 über die Regulierung von Hedgefonds hatten, wird wieder aufflackern, auch wenn diese Krise nicht von den Hedgefonds selbst verursacht wurde. Man sollte zumindest damit rechnen, dass man versuchen wird, Hedgefonds an die kurze Leine zu nehmen.

Bei einem Wahlsieg der Demokraten im Herbst 2008, sowohl bei der Präsidentschaftswahl als auch bei den Kongresswahlen, sollte man mit weitreichenden Finanzmarktregulierungen rechnen. Das wird erhebliche Konsequenzen haben für die Wall Street. Die Gegenreaktion wird genauso brutal und irrational wie die Blase, die sie auslösen wird.

Die Realwirtschaft wird runtergezogen, aber nicht in die Rezession. Die USA erleben einen starken zyklischen Abschwung. Die Weltwirtschaft erlebt ebenfalls einen Rückgang, allerdings weniger stark. Auch die europäische Wirtschaft flaut ab, aber ohne Drama.

Dies ist unser Basisszenario, ein ernstes Szenario, kein Katastrophenfilm. Es ist keine Prognose. Dieses Szenario ist wahrscheinlich zu optimistisch, denn noch nie in der Geschichte musste die Weltwirtschaft einen derartigen

Kreditüberhang abbauen. In diesem Kreditboom sind Investoren nicht nur unverantwortliche Risiken eingegangen, auch die Endkunden haben sich durch den Boom verleiten lassen, zu viele Kredite aufzunehmen. Dieses Wachstum an Krediten ist nicht vollständig in den Bilanzen reflektiert, und daher haben auch die üblichen Alarmglocken nicht geläutet. Wie der Autor Satyajit Das korrekt anmerkte: Die meisten Kreditnehmer wissen überhaupt nicht, wie hoch die Hebelwirkung in diesen Krediten ist. Es gibt hier keine zuverlässigen numerischen Kenngrößen. Doch es scheint, dass der Kredithebel eine bislang nie da gewesene Größenordnung erreicht.

Dieses Szenario ist ein Basisszenario nur deswegen, weil es von allen Szenarien am wenigsten extrem ist. Damit ist keine Aussage über seine Wahrscheinlichkeit getroffen. Im nächsten Unterabschnitt betrachten wir ein optimistisches Szenario, bevor wir uns dann an verschiedene Negativszenarios heranwagen.

6.2 Das Szenario für Optimisten

Es gibt wie immer auch optimistische Sichtweisen. Das britische Nachrichtenmagazin *The Economist* argumentiert, die Krise im Kreditmarkt sei das Beste, was den globalen Finanzmärkten passieren kann, denn somit würden Exzesse korrigiert, sodass der Markt sich danach gesünder weiterentwickeln kann.

Die Auswirkungen auf die Weltwirtschaft schätzt der *Economist* moderat ein. Viele der größten Firmen wären sehr liquide, und ein Crash im Kreditmarkt hätte auf diese Firmen keine Auswirkungen. Auch die neuen Industrieländer seien ökonomisch stark genug, um eine solche Krise auszuhalten. Wenn es überhaupt einen globalen Krisenmechanismus gäbe, dann wäre es der hoch verschuldete US-Konsument, der im Fall einer Kreditklemme selbst in der Klemme ist. Auch Banken könnten ein Risiko darstellen wegen ihrer Abhängigkeit von Hedgefonds, aber die Bilanzen der Banken sind weltweit in sehr gutem Zustand, so schreibt der *Economist*.

Der *Times*-Kolumnist Anatole Kaletsky[40] argumentiert, dass der Kreditcrash zwar zu herben Verwerfungen führen wird, aber der Aktienmarkt wird eher gestärkt daraus hervorgehen. Gerade gesunde Firmen könnten von dieser Situation profitieren, denn Investoren würden dann ihre Portfolios umschichten. Seine Schlussfolgerung: Der alte Boom ist tot, es lebe der neue Boom.

Sowohl Kaletsky als auch der *Economist* sind während der Krise pessimistischer geworden. Das Argument der Optimisten basiert auf der Prämisse, dass der Crash im Kreditmarkt unter Kontrolle bleibt, sowohl was die Ereignisse im Kreditmarkt selbst angeht als auch ihre Auswirkungen auf die Realwirtschaft. Weiterhin gehen die Optimisten davon aus, dass die Investitionen, die dort getätigt wurden, in die Aktienmärkte fließen. Somit sei die Kreditkrise gut für die Aktienmärkte, wenn auch nicht für jede einzelne Aktie. Vielleicht geht hie und da ein Hedgefonds pleite, oder eine Bank, aber dieses Szenario erfordert zwingend, dass ein Crash in den Kreditmärkten ohne Schäden für das Finanzsystem und die Volkswirtschaft insgesamt stattfindet.

Ich halte diese Prämisse für unwahrscheinlich, denn wie in diesem Buch bislang beschrieben, ist das Problem nicht der normale Kreditzyklus, sondern eine bislang nie da gewesene Blase im Kreditmarkt, die die Liquidität in allen Finanzmärkten einschließlich in den Aktienmärkten austrocknet. In einem Punkt jedoch ist dieses Szenario zumindest nicht ganz abwegig. Wenn die Zentralbanken tatsächlich in Panik geraten und die Zinsen erneut in Richtung null herunterschrauben, dann kann es tatsächlich zu einem erneuten Miniboom kommen, ähnlich wie im letzten Kapitel beschrieben. Dieser wird mit Sicherheit

noch stärker sein als der letzte. Dann kann der Dax kurzfristig auf die 10.000 steigen, vielleicht sogar noch höher.
Knallen wird es so oder so. Im letzteren Fall kommt der
Knall später und ist größer. Ein Austrocknen der Liquidität ist nicht nur für den Kreditmarkt schlecht, sondern
für viele andere Märkte ebenso.

Und somit kommen nur die anderen Szenarien in die
engere Wahl, zumindest mittelfristig. Für den Kreditmarkt
ist dieses Jahrzehnt vergleichbar mit den 20er-Jahren des
letzten Jahrhunderts für den Aktienmarkt. Wie ein derar-
tig überreizter Markt ordnungsgemäß auf Normalniveau
zurückkehrt, ist nicht ganz klar, zumal fast alle Kreditin-
stitute und Investmentbanken der Welt an diesem Boom
beteiligt waren. Die wirkliche Frage, die man hier stellen
sollte, ist, ob nicht selbst unser Basisszenario viel zu optimistisch ist. Denn in unserem Basisszenario gibt es keine
systemische Krise und keine Rezession. Die Bankkrisen,
die auftreten, bekommen die Zentralbanken mühelos in
den Griff. Schon im November 2007 war klar, dass dieses eine viel größere Krise für das internationale Bankensystem sein würde als vorher angenommen.

6.3 Das Szenario für Pessimisten

Dieses ist unser zentrales pessimistisches Szenario, keineswegs unsere Prognose, aber ebenfalls nicht die größte
annehmbare Katastrophe, sondern ein Szenario, das tatsächlich mit der momentan gegebenen Situation in den
Märkten, in der Wirtschaft und in der Politik kompatibel
ist.

In den Märkten schwelt die Krise weiter. Der Rettungsfonds, mit dem einige Banken versuchten, Stützungskäufe für bestimmte CDOs zu tätigen, kommt nicht
in die Gänge, und die Zustände am Markt für CDS und
für Monoline-Versicherer verschlechtern sich. Auch

die Banken erleiden höhere Abschreibungsverluste und reduzieren ihr Kreditgeschäft. Bislang sind die Unterschiede zum vorherigen Szenario allerdings eher graduell.

Der wirklich materielle Unterschied der beiden Szenarien erfolgt im nächsten Schritt. Die Konjunktur in den USA verlangsamt sich stärker als angenommen, und die Prognosen deuten auf eine stark erhöhte Rezessionswahrscheinlichkeit hin. Die Federal Reserve reagiert auf diese Prognosen mit aggressiven Zinssenkungen, und zwar ähnlich aggressiv wie in den Jahren 2003 und 2004, als die Nominalzinsen einen Tiefpunkt von einem Prozent erreichten. Diesmal liegt der Tiefpunkt etwas höher, bei 1,5 Prozent.

Bei diesem Zinssatz sind die sogenannten Realzinsen negativ. Realzinsen sind die Zinsen unter Berücksichtigung der Inflationserwartungen. Sie lassen sich nicht so ohne Weiteres ausrechnen. Aber wenn man annimmt, dass die zukünftigen Inflationsraten ungefähr den heutigen Raten entsprechen, dann gilt die Pi-mal-Daumen-Formel:

Nominalzins – Inflationsrate = Realzins.

In diesem Fall wäre also der Realzins genau dann negativ, wenn die Notenbankzinsen unterhalb der Inflationsrate sind.

Und wenn Realzinsen negativ sind, dann haben Firmen und Konsumenten einen Anreiz, so viele Kredite aufzunehmen wie nur möglich.

Die Niedrigzinspolitik verhindert zwar nicht, dass die USA kurzfristig in eine Rezession fallen, aber sie hilft dem Land, die Rezession schnell zu überwinden. Im Zuge der fallenden Zinsen fällt auch der Wechselkurs des Dollars auf 1,80 Dollar pro Euro – ungeachtet der vielen Proteste aus Europa. Auch die Europäer, deren Wirtschaft besser läuft, sind daher effektiv gezwungen, die Leitzinssenkungen mitzumachen. Die europäischen Zinsen gehen auf zwei Prozent zurück, die britischen auf 2,5 Prozent.

Aufgrund dieser geringen Zinsen und des schwachen Dollars beginnt sich zunächst die amerikanische Wirtschaft zu erholen. Auch die Finanzwelt atmet wieder auf. Das lockere Geld hat einen phänomenalen Anstieg der Aktienpreise und der Kredite zur Folge. Die Belebung dieses Geschäftes kompensiert die Verluste aus dem Kreditcrash vom Vorjahr. Die Profite der Banken gehen hoch und erreichen innerhalb kurzer Zeit wieder das Niveau von vor dem Crash 2007.

Zum Glück für die Banken ist die befürchtete Überregulierung aus Washington ausgeblieben. Präsident George W. Bush droht jedes Mal mit einem Veto, wenn der Kongress den Versuch unternimmt, härtere Finanzregeln durchzusetzen. Auch der Nachfolger will nichts von härterer Regulierung wissen. Der Aufschwung ist da. Man hat andere Sorgen.

Auch die Ratingagenturen sind wieder dick im Geschäft, die Kritik an der Methode ihrer Bewertungen und den vermeintlichen Interessenkonflikten ist wie verflogen. Die Weltöffentlichkeit ist ebenfalls froh, dass die Krise endgültig vorbei ist. Im Jahre 2009 laufen die Kreditmärkte langsam wieder zur vollen Form auf. Zwar ist man mit Subprime-Hypotheken etwas vorsichtiger geworden, aber jetzt erleben wir Ähnliches im Automobilsektor und vor allem bei Firmenkrediten. Der Cov-light-Kredit, eine Art zweitklassiger Kredit für Unternehmen mit schlechter Kreditwürdigkeit, wo man bei Vertragsabschluss nicht so genau hinschaut, wird immer beliebter. Diese Kredite sind gerade unter CDO-Investoren sehr beliebt, denn die Tranchen erzielen Renditen, die man sonst am Finanzmarkt kaum erhalten kann.

Der Immobilienmarkt hat sich nach den Turbulenzen im Jahre 2007 im darauffolgenden Jahr zunächst wieder stabilisiert und beginnt, im Jahr 2009 kräftig zu wachsen.

Fast jeder amerikanische Bürger kauft sich auf Pump ein neues Auto, was der weltweiten Automobilindustrie

neue Impulse verschafft. Somit kommt auch die Weltwirtschaft wieder langsam in Gang. Die Reaktionsmechanis-
men sind ähnlich wie nach der New-Economy-Krise.
Mithilfe einer aggressiven Geldpolitik wird kurzfristiges
starkes Wachstum erzeugt.

Es gibt aber einen entscheidenden Unterschied, auf
den Kritiker während der Zeit zwar hinweisen, die aber
in der Diskussion kein Gehör finden, zumindest nicht in
den USA. Die Inflation im Jahr 2008 ist deutlich höher als
in den Jahren 2001 und 2002. Da sich die Weltwirtschaft
schnell wieder erholt, bleibt auch die globale Nachfrage
nach Energie und anderen Rohstoffen sehr hoch. Der Ölpreis steigt im Jahre 2008 auf über 130 Dollar, auch die
Lebensmittelpreise gehen weiter hoch.

Die amerikanische Inflationsrate steigt weiter an, bleibt
aber aus einer Reihe von technischen Gründen unter Kontrolle. Die Federal Reserve interessiert sich vorwiegend für
die Kerninflationsrate, die Öl und andere volatile Preise
wie Lebensmittel nicht beinhaltet. Während man früher
diese Kerninflationsrate in einem Korridor zwischen einem und zwei Prozent sehen wollte, ist die Fed mittlerweile mit einer etwas lockeren Definition von Preisstabilität zufrieden, und zwar zwischen zwei und drei Prozent.
So wird die „Komfortzone" der Fed von den Märkten
zumindest eingeschätzt. Offiziell ist das nie bestätigt worden. Während des Jahres 2008 steigt die Kerninflation
langsam, bleibt aber noch innerhalb dieses Rahmens. Die
Inflation einschließlich Öl und Lebensmittel steigt allerdings auf über fünf Prozent. Für die Märkte ist die Zahl
aber nicht relevant, da sie sich an der Fed orientieren.
Im Jahre 2008 erreichen die amerikanischen Zinsen ihr
niedrigstes Niveau von 1,5 Prozent, auf dem sie bis Mitte
2009 bleiben.

Während dieser Phase des leichten Inflationsanstiegs
machen sich einige Investoren allerdings Sorgen. Insbesondere der internationale Bondmarkt reagiert sehr emp-

findlich. Die Preise für US-Staatsanleihen tendieren nach
unten, und die Rendite steigt auf sechs Prozent. Asiati-
sche Zentralbanken stocken ihre Euro-Reserven auf, was
den Euro-Dollar-Wechselkurs weiter unter Druck setzt.
In Europa steigt die Inflation auch an, aber durch den
starken Euro gibt es zumindest etwas Schutz. Durch die
Umschichtungen in der Reservepolitik der Zentralbanken
und vieler Privatinvestoren steigt der Euro auf einen Wert
von 1,70 Dollar im Verlauf des Jahres 2008.

Das Jahr 2009 beginnt mit weiterhin niedrigen US-
Zinsen, 1,5 Prozent am kurzen Ende. Die Fed will si-
cherstellen, dass der Aufschwung von Dauer ist, und will
daher nicht zu früh mit den Zinserhöhungen anfangen.
Die Kerninflationsrate steigt langsam an und erreicht im
Frühjahr 2009 ein Niveau von 2,8 Prozent. Er scheint
zunächst so auszusehen, als ob die starken offiziellen
Preissteigerungen die Kerninflation nicht sehr stark beeinflussen.

Zu diesem Zeitpunkt ist die Krise an den Kreditmärkten eigentlich schon längst vergessen. Die Krise ebbt nach
den aggressiven Zinssenkungen ab, die verschwundene
Liquidität kehrt mit voller Wucht zurück. Die Kreditkrise wird zu diesem Zeitpunkt daher auch eher als ein
kurzes Intermezzo in der Revolution der verbrieften Finanzmärkte gesehen. Die Skeptiker scheinen zu diesem
Zeitpunkt widerlegt. Die Wachstumsraten bei den CDS
und den CDOs erreichen wieder dreistellige Prozentsätze
pro Jahr, die Gehälter im Finanzsektor schnellen erneut
in die Höhe, und auch die Ratingagenturen sind wieder
im Geschäft. Die G 7 hören im Jahre 2008 auf, sich für
die Finanzmarktstabilität zu interessieren, und machen
den Umweltschutz zu ihrem Hauptthema.

Die hohe Nachfrage nach Öl, Lebensmitteln und
Transportdienstleistungen erzeugt weiterer Inflations-
druck. Wir sind jetzt im Sommer des Jahres 2009.

Im August kommt es zur ersten Bondpanik. Aus Angst

vor Inflation kommt es zur kurzfristigen Massenflucht der Investoren, und die Bondpreise stürzen. Die Fed erhöht daraufhin die Zinsen, zunächst auf zwei Prozent, dann bis zum Ende des Jahres auf 2,5 Prozent. Die Kerninflationsrate liegt aber jetzt bei knapp drei Prozent, sodass die Realzinsen immer noch negativ sind. Denn die Notenbankzinsen sind weiterhin unterhalb der Inflationsrate.

Im Frühjahr 2010 erlebt die Weltwirtschaft einen Inflationsschock, hervorgerufen durch eine Reihe von Ereignissen. Aufgrund einer geopolitischen Krise im Nahen Osten, verbunden mit einer weiter ansteigenden Nachfrage nach Öl, steigt der Ölpreis auf 160 Dollar pro Barrel. Der amerikanische Arbeitsmarkt erzeugt mittlerweile eine Knappheit, die sich in immer höheren Löhnen ausdrückt. Es kommt zu einer erneuten Krise in den Bondmärkten.

Mittlerweile ist selbst die Kerninflationsrate auf vier Prozent gestiegen und der allgemeine Inflationsindex auf sechs Prozent. Die Märkte trauen den Statistiken nicht mehr. Die Bondrenditen steigen nun auf acht Prozent, der Dollar bewegt sich langsam in Richtung von zwei Dollar pro Euro, was die heimische Inflation weiter anheizt.

Bis zum Frühjahr 2010 steigen die US-Zinsen auf zehn Prozent. Die US-Wirtschaft kommt zum Stillstand. Aktienpreise gehen in den Keller, und mittlerweile spitzt sich die Flucht der ausländischen Anleger zu. Durch die hohen Zinsen kommt es im Frühjahr zur Insolvenz einer großen US-Investmentbank. Die Fed versucht, mit erneuter Liquidität den Banken unter die Arme zu greifen, aber jede geldpolitische Lockerung wird von den Märkten mit weiteren Dollar-Verkäufen quittiert. Im April 2010 stürzt der Dollar weiter ab. Das internationale Finanzsystem übersteht diese Krise, allerdings stark angeschlagen.

Wir können jetzt dieses Szenario weiterspinnen. Entscheidend sind drei Faktoren. Zum Ersten reagieren die

Zentralbanken auf die sich abschwächende Konjunktur erneut mit extremen Zinssenkungen, die ihre Wirkung zeigen und die Kreditmärkte erneut anheizen. Zweitens hält die Hausse an den Rohstoffmärkten an, insbesondere beim Öl. Und drittens treten Kreditkrise und Krise der globalen Ungleichgewichte zeitgleich auf. Diese Gemengelage ist aus heutiger Sicht nicht völlig an den Haaren herbeigezogen.

Die Fed hat bislang den Eindruck erweckt, dass sie bereit ist, alles zu tun, um einen Absturz der US-Wirtschaft zu vermeiden, und dass sie bereit ist, höhere Inflationsraten hinzunehmen. Die Lage an den Rohstoffmärkten war im Jahre 2007 angespannt. Eine politische oder gar militärische Krise im Iran ist nicht auszuschließen. Ein militärisches Eingreifen hätte unweigerlich einen weiteren Anstieg des Ölpreises zur Folge.

Drittens ist es sehr wahrscheinlich, dass sich die globalen Ungleichgewichte während der nächsten Jahre reduzieren werden. Eine genaue Prognose zu machen, wann das passiert, ist unmöglich. Aber der Dollar ist angesichts des US-Leistungsbilanzdefizits trotz seiner Schwäche gegenüber dem Euro immer noch überbewertet – eine Aussage, die gerade bei Europäern auf Unverständnis stößt. Dieses Szenario ist nur insofern extrem, als dass hier eine Reihe von wahrscheinlichen Faktoren zeitgleich zusammentreffen. Keine der Komponenten ist unrealistisch an sich.

Dieses Szenario ist aber keineswegs die größte annehmbare Katastrophe. Hier gibt es keinen plötzlichen Ausbruch des Protektionismus, keinen Zusammenbruch des internationalen Finanzsystems und auch keine neuen Terrorangriffe. Man kann dieses Szenario daher noch erheblich verschärfen, was wir jetzt tun werden.

6.4 Der systemische Schock – Pleite eines großen Hedgefonds

Eine mögliche Eskalationsstufe wäre eine systematische Krise des Finanzsystems. In Deutschland hatten wir eine solche Krise zuletzt in den frühen 30er-Jahren. Eine solche Krise bedeutet, dass Banken nicht mehr solvent sind, dass Bankkunden ihre Ersparnisse zurückziehen, dass das Finanzsystem, die Grundlage unserer Volkswirtschaft, nicht mehr funktioniert. Ein systematischer Schock für das Finanzsystem hätte erhebliche wirtschaftliche Folgen. Hier würden wir nicht mehr von Rezessionen sprechen, sondern von einer Depression, die so lange dauert, bis der Anpassungsprozess vorüber ist. Somit stellen sich zwei Fragen: Welche Umstände können zu einer derartigen systemischen Krise führen, und wie wahrscheinlich sind diese Umstände? Eines der Ereignisse, die eine große systemische Krise auslösen könnten, wäre eine Fehlspekulation eines großen Hedgefonds, ähnlich wie bei Long-Term Capital Management im Jahre 1998.

Long-Term Capital Management

Zu Zeiten seines Kollapses im Jahre 1998 war LTCM der größte Hedgefonds der Welt. Gegründet wurde LTCM von dem legendären Salomon-Brothers-Banker John Meriwether. Im Aufsichtsrat von LTCM saßen Robert Merton und Myron Scholes, die im Jahre 1997 den Wirtschaftsnobelpreis erhielten für ihre bahnbrechende Forschung zur Bestimmung eines mathematischen Modells für Optionspreise.

LTCM begann im Jahre 1994 mit einem Startkapital von etwas über einer Milliarde Dollar. Der Fonds spezialisierte sich auf Arbitrage bei internationalen

Bonds – das heißt, der Fonds wettete darauf, dass bestimmte Preisunterschiede in den Märkten mit der Zeit reduziert würden. Die Beobachtung, die der Handelsstrategie von LTCM zugrunde lag, war, dass die Preise von festverzinslichen Wertpapieren, die ungefähr zur gleichen Zeit emittiert wurden, langfristig konvergieren. Die darauf basierende Handelsstrategie war folgende: Man kauft den langsam konvergierenden Bond und tätigt Leerverkäufe in den schnell konvergierenden Bonds. Wenn die Beobachtung richtig ist, würde man langfristig gewinnen. Um diese Gewinne noch weiter aufzumotzen, behalf sich LTCM der Hebelwirkung durch externe Kredite.

Innerhalb der nächsten vier Jahre erreichte LTCM enormes Wachstum und sehr hohe Gewinne. Der Kapitalstock wuchs mittlerweile auf knapp fünf Milliarden Dollar, denen Kredite von 125 Milliarden Dollar gegenüberstanden. Des Weiteren hatte LTCM Positionen in Derivaten von 1,25 Billionen Dollar (deutsche Billionen sind gemeint, nicht Englische „billions", die wir im Deutschen als Milliarden bezeichnen), zumeist Zinsderivate und Swaps.

Die Krise begann im Frühjahr 1998, nachdem LTCM zwei Monate Verluste von sechs und dann zehn Prozent seines Kapitals verbuchte. Als im Sommer Russland ein Moratorium auf seine Zinszahlung erklärte, war die Krise für LTCM perfekt. Wie schon eingangs erwähnt: Die Handelsstrategie von LTCM war ein sogenannter Convergence Trade. Man wettete auf die Konvergenz von langjährigen Bonds. Nach der Russlandkrise – und zuvor der Asienkrise – gab es weltweit eine Flucht in die Sicherheit, was bedeutet: eine Flucht zurück in den Dollar-Raum, insbesondere in die US Treasuries. Da LTCM eine Wette gegen US

Treasuries abgeschlossen hatte (Käufe von weniger liquiden Titeln und Leerverkäufe von US Treasuries), verlor LTCM ernorm in dieser Zeit. Bis Ende August verlor LTCM fast zwei Milliarden Dollar an Kapital. Im September brach der Kapitalstock von LTCM ein. Er ging von 2,3 Milliarden auf 600 Million Dollar herunter. Kurz danach sprang die Federal Reserve Bank von New York, die New Yorker Landeszentralbank, ein und organisierte eine Kapitalspritze für LTCM von fast vier Milliarden Dollar. Die großen Finanzinstitute, darunter auch die Deutsche Bank, zahlten jeweils 300 Millionen Dollar.

Dieses Beispiel zeigt, dass selbst die intelligentesten Handelsstrategien unkalkulierbaren Risiken ausgesetzt sind. LTCM passierte im Endeffekt genau dasselbe, was sieben Jahre später den Hedgefonds passierte, die eine ähnliche Long-Short-Wette im US-Autosektor eingegangen sind, die dadurch torpediert worden ist, dass ein exzentrischer Investor plötzlich ein unerwartetes Übernahmeangebot unterbreitete und dass die Bonds fast zeitgleich von den Ratingagenturen heruntergestuft wurden. Man denkt, man ist gehedgt, also geschützt, aber es existiert kein Hedge, der einen gegen alle Risiken absichert. LTCM ist ein Fall, in dem Mathematiker die Total-Ausfall-Wahrscheinlichkeit viel zu gering einschätzten. Es ist auch ein Zeichen für die Krise der Mathematik im Finanzsektor, zumal an dieser Pleite indirekt zwei Nobelpreisträger beteiligt waren.

Heute würde sich die LTCM-Krise natürlich nicht wieder so abspielen. Wir lernen aus unseren Fehlern und den Fehlern der anderen. Doch auch heute benutzen Hedgefonds im Grunde dieselben Strategien, nämlich Long-Short-Strategien, mit der sie auf Konvergenz oder Divergenz von bestimmten Wertpapieren spekulieren. Da derartige Transaktionen gerade im Kreditmarkt üblich sind, und da gerade Hedgefonds hier eifrig dabei sind, sollte man auf jeden Fall damit rechnen, dass mehrere große Hedgefonds in Schwierigkeiten geraten.

Auch das wäre an sich nichts Schlimmes. Es gibt ungefähr 9.000 Hedgefonds auf der Welt. Jedes Jahr fahren sehr viele Hedgefonds an die Wand. Die Frage ist: Werden wir noch mal eine Krise in der Größenordnung von LTCM bekommen?

LTCM war für die Finanzmärkte am Ende keine Katastrophe, weil die amerikanische Zentralbank in der Lage war, ein Rettungskonsortium zu organisieren. Die Pleite eines großen Hedgefonds in den USA oder in Europa hätte eine ähnliche Reaktion zur Folge. Die Pleite eines großen Hedgefonds würde allerdings nicht zum Totalausfall des Finanzsystems führen.

Aber wie steht es mit einer zeitgleichen Pleite zweier oder mehrerer Hedgefonds? Oder einem zeitgleichen Kollaps vieler mittelgroßer Hedgefonds, die sich alle im Kreditmarkt verspekuliert haben? Wenn die Firmeninsolvenzen wieder zunehmen, werden viele CDS-Investoren und die, die in synthetische CDOs investiert haben, erhebliche Verluste erleiden, da sie jetzt das Ausfallrisiko tragen.

Solange es ums Abkassieren ging, da waren Hedgefonds gleich vorne dabei, möglichst ohne Kontrolle durch den Staat. Wenn es aber um die Gegenleistung geht – nämlich für den Zahlungsausfall geradezustehen –, dann werden viele Hedgefonds ruiniert oder sie machen von sich aus dicht. Ein Massensterben von Hedgefonds hätte erhebliche systemische Risiken für das Bankensystem. Die Kredite, mit denen Hedgefonds ihre zum Teil banalen Anlagestrategien aufmotzen, werden plötzlich zurückgefordert. Den Hedgefonds drohen Nachschussaufforderungen, die sie nicht leisten können und die deren

Insolvenz zur Folge haben. Im Sommer 2007 waren zwei Bear-Stearns-Hedgefonds effektiv am Ende, und ein dritter stand auf der Kippe.

Wahrscheinlich wird die Federal Reserve oder andere Zentralbanken versuchen zu verhindern, dass eine Krise systemisch wird, indem sie den betroffenen Banken großzügige Kreditlinien zur Verfügung stellt. Man muss sich dann allerdings fragen, inwieweit es moralisch zu rechtfertigen ist, dass Banker ihre millionenschwere Gehälter mit nach Hause tragen, wenn die Öffentlichkeit im Fall einer Krise einstehen muss.

Solange es sich um eine überschaubare Größe von Fällen handelt, so lange werden Regierungen und Zentralbanken den Bail-out versuchen. Aber ab einer bestimmten Größenordnung wird es faktisch und politisch schwerer. Selbst Zentralbanken mit ihrer Fähigkeit, unendlich viel Geld zu drucken, sind zu klein angesichts des globalen Finanzmarkts.

1907 rettete ein einziger Mann, der Banker J. P. Morgan, das gesamte Bankensystem. Im Jahre 1998 war es die Federal Reserve, der es gelang, die LTCM-Krise mit einer Kombination von freundlichem Druck und der Bereitstellung von Liquidität zu bereinigen. Aber angesichts des Wachstums der globalen Finanzmärkte ist es fraglich, ob Zentralbanken heute noch in der Lage sind, derartige Krisen alleine zu bewältigen. Dieses Szenario und unser pessimistisches Basisszenario unterscheiden sich in einem wesentlichen Punkt. In diesem Szenario kommt es zu einer systematischen globalen Finanzkrise. Das bedeutet, dass der globale Finanzmarkt zeitweise nicht mehr funktioniert und dass die Weltwirtschaft allein schon deswegen weiteren Schaden nimmt.

6.5 Protektionismus

Eine weitere Eskalation unseres pessimistischen Szenarios wäre ein Ausbruch globalen Protektionismus. Gehen wir noch einmal zurück zu unserem pessimistischen Basisszenario. Hier handelte es sich nicht um eine lupenreine Krise in den Kreditmärkten, sondern um ein Zusammenstoßen zweier Krisen, einer Kreditkrise und einer globalen Makrokrise, ausgelöst durch den Ausgleich globaler Ungleichgewichte. Nehmen wir einmal an, es käme noch eine politische Krise hinzu, etwa ein Handelskrieg zwischen den USA und China oder eine konzertierte Aktion gegen die staatseigenen Fonds, die in mehreren Ländern, unter anderem Deutschland, kontroverse Reaktionen hervorruft.

Es ist dabei gar nicht einmal so unplausibel, dass es unter einer von Demokraten geführten US-Administration und einem demokratischen Kongress zu einer Verschärfung der US-Handelspolitik kommen kann. Eine Verschärfung des internationalen Handelsklimas führt nicht sofort zu einer globalen Rezession, aber es geht eine Menge Luft aus dem Boom.

Zunächst die direkten Verluste: Weniger Handel bedeutet weniger Konsum. Dann kommen die vielen indirekten Konsequenzen. Weniger Handel bedeutet weniger Investitionen, insbesondere weniger Direktinvestitionen. Ein Handelskrieg hätte kurzfristig verheerende wirtschaftliche Folgen für China. Die längst überfällige Aufwertung des Renminbi würde weiter hinausgezögert, da man jetzt mit einer billigen Währung die Exporte umso mehr unterstützen will. Auch aus Stolz wird man sich nicht auf US-Forderungen einlassen, die Währung stark aufzuwerten. Weniger Konsum in Verbindung mit gedämpften Zukunftserwartungen würde das Wachstum der Weltkonjunktur verringern. Wir brauchen zu diesem Zeitpunkt noch keine Rezession, um eine Krise zu erzeugen.

Mit dem zyklischen Rückgang der Wachstumsdyna-
mik erhöht sich die Anzahl der Firmeninsolvenzen. Die
Krise am Kreditmarkt erreicht Stufe zwei. Nach der Nor-
malisierung der Kreditspannen in der Stufe eins geht es
jetzt an das nächste Spekulationsobjekt der Kreditmärkte
– die Credit Default Swaps. Die Krise wird die USA und
China besonders betreffen. Die USA, weil ein großer Teil
der Spekulation eben dort stattgefunden hat, und China,
weil China einer der größten Investoren in diesem Bereich ist. Ein Experte mit guten Verbindungen zu China
schätzte[41], die Chinesen hätten insgesamt über 100 Milliarden Dollar allein an Subprime-Hypotheken gekauft.
Viele von den anderen Kreditprodukten sind ebenfalls in
chinesischer Hand.

Diese Gemengelage ist schlecht für China und die USA
und damit auch für die Weltwirtschaft insgesamt. Ökonomen, die sich mit Fragen der Globalisierung beschäftigen, stellen das Thema „Protektionismus" ganz oben auf
die Liste krisenauslösender Szenarien, denn das Goldene
Zeitalter der Weltwirtschaft, wie EZB-Chef Jean-Claude
Trichet die letzten beiden Jahrzehnte titulierte, waren in
ihrer Essenz Jahrzehnte des globalen Freihandels. Überall
tritt jetzt die Bedrohung von Protektionismus auf. In den
USA rücken die protektionistischen Hinterbänkler auf
die Vorderbänke im US-Kongress. Der neue französische
Staatspräsident Nicolas Sarkozy hat sich ebenfalls mit
protektionistischen Äußerungen hervorgetan. Die Aufgabe des Staates sowie der Europäischen Union sei es, die
Menschen zu beschützen, so sagte er mehrmals im Wahl-
kampf und später noch als Präsident. Nur so würden sie
die Globalisierung akzeptieren. Zu diesem Zweck lehnt
Sarkozy das Wettbewerbsprinzip ab, das der Europäischen
Union seit Jahrzehnten ihre Raison d'être verlieh.

In diesem Klima wird es sehr schwer werden, zu einer Einigung in der Doha-Runde zu kommen. Frankreich
lehnt weitere europäische Eingeständnisse im Agrarhan-

del ab. Auch die USA haben sich in Bereichen wie dem Baumwollhandel, den sie zulasten der Dritten Welt subventionieren, kaum bewegt. Zwar bedeutet das Scheitern eines Handelsabkommens nicht das Ende des freien Welthandels, aber es symbolisiert, dass sich die Politik in den großen Ländern geändert hat. Freier Handel genießt unter Politikern wie Sarkozy und Merkel nicht mehr die gleiche Priorität wie unter Clinton und Blair.

Das Goldene Zeitalter der freien Marktwirtschaft, sowohl im Handel selbst als auch in den internationalen Finanzmärkten, geht somit langsam seinem Ende entgegen. Unsere Bereitschaft, den freien Warenverkehr zu liberalisieren, ihn auf Dienstleistung und den Agrarsektor auszuweiten, was das Ziel der Doha-Runde war, ist leider nicht sehr groß. Die Welt hat andere, vermeintlich wichtigere Ziele entdeckt, die sie jetzt verfolgt, den Klimaschutz oder die Sicherung knapper Energieressourcen. Das mag durchaus gerechtfertigt sein. Aber der Preis dafür ist ein Anstieg des Protektionismus, sowohl in Europa als auch in den USA.

6.6 George Soros – 2.0

Im Jahre 1992 spekulierte ein einzelner Investor gegen die Gesamtheit der Zentralbanken Europas und gewann. Als George Soros das Pfund aus dem europäischen Wechselkursmechanismus jagte, verbuchte er einen Reingewinn von einer Milliarde Dollar. Das war zu diesem Zeitpunkt ein unvorstellbares Ereignis und ein Rekord. Als das Pfund am unteren Ende der Bandbreite der erlaubten Schwankungen gegenüber der Mark angelangt war, spekulierte Soros durch Leerverkäufe auf einen weiteren Verfall des Pfundes. Die Zentralbanken schalteten sich ein, denn sie mussten den Wert des Pfundes garantieren. Soros spekulierte weiter.

Er hatte einen beinahe unendlich großen Liquiditäts-
rahmen, mit dem er spekulieren konnte. Das Risiko war
für Soros asymmetrisch. Er konnte im Fall eines Raus-
wurfs des Pfundes aus dem Währungsmechanismus eine
sehr hohe Summe an Geld verdienen. Er konnte aber
nicht viel verlieren, denn das Pfund konnte nicht wirklich
steigen. Die britische Wirtschaft war in einer Rezession,
und diese Rezession war eindeutig durch zu hohe Zinsen
verursacht. Letztere wiederum waren die Konsequenz der
Mitgliedschaft im Währungssystem. Die Briten mussten
die Hochzinspolitik der Bundesbank damals kurz nach
der Wiedervereinigung mittragen. Selbst die Zinserhöhungen, mit denen die Treasury und die Bank of England
verzweifelt versuchten, das Pfund zu stabilisieren, hatten
nicht den Effekt, den Handel zu stabilisieren.

Könnte es auch jetzt einen George Soros geben? Die
Antwort auf die Frage ist sicher spekulativ. Im schon
geknallten Kreditmarkt ist es nicht leicht, durch bloße
Spekulation Schaden anzurichten. Aber es ist durchaus
vorstellbar, dass ein Investor mit den Nerven eines jun-
gen George Soros eventuell die Bereitschaft der Schwel-
lenländer testen könnte, die immer absurderen Wechselkurse zum Dollar zu stabilisieren. Da viele erwarten, dass
das Bretton-Woods-II-System irgendwann einmal zusam-
menbrechen wird, wäre es nicht ganz überraschend, wenn
es einen Spekulanten gäbe, der hier etwas nachhelfen
würde.

Man sollte aber vorsichtig sein mit den Parallelen zu
1992. Die Ressourcen der Chinesen sind extrem groß. Sie
könnten selbst den absurdesten Wechselkurs des Renminbi über lange Zeiten verteidigen. Nur wenige Investoren
würden sich hier auf eine Kraftprobe mit den Chinesen
einlassen. Aber mit dem fallenden Dollar wird der Druck
einer Aufwertung immer stärker. Da die Wahrscheinlichkeit einer Abwertung der chinesischen Währung bei nahezu null liegt, besteht hier durchaus die Art von Asym-

metrie, die clevere Investoren für sich auszunutzen wissen.

Wie damals im Jahre 1992 wäre ein durch Investoren erzwungener Zusammenbruch des Bretton-Woods-II-Systems vielleicht eine Blamage für Parteifunktionäre in China. Es wäre aber keine Katastrophe für die chinesische Wirtschaft, die schon seit einiger Zeit an Überhitzung leidet. Die Frage ist nur, ob die Anpassung langsam und kontrolliert stattfindet oder eben unkontrolliert wie damals im Jahre 1992. Man würde eher vermuten, dass das Bretton-Woods-II-System ebenfalls mit Pauken und Trompeten zerbrechen wird, und dass es dann ebenfalls einen Investor geben wird, der sich an dieser tektonischen Veränderung eine goldene Nase verdient.

Wie steht es mit der Kreditmarktkrise selbst? Die Krise ist für Spekulanten vom Kaliber eines George Soros gefährlich, weil das Problem nicht allein darin besteht, Gewinne zu verbuchen. Darin waren die Banker der IKB oder Sachsen LB ebenso versiert. Der Trick liegt darin, die Gewinne auch tatsächlich zu realisieren. Auch wenn man bei der Bewertung einer Mezzanine-Tranche einer CDO richtigliegt, kann es durchaus passieren, dass man keinen Gegenpart für seine Handelsstrategien findet. Schließlich braucht man in diesen Märkten einen Käufer, wenn man verkauft, und umgekehrt.

Für clevere Spekulanten, die jetzt auf Wellen reiten, über die sie keine Kontrolle haben, bieten sich trotzdem interessante Möglichkeiten, aus dieser Krise Profit zu schlagen. Ein Typus eines derartigen Spekulanten ist der Geierfonds, im Englischen auch als Vulture Fund bekannt. Diese Fonds versuchen, die in Schwierigkeiten geratenen SIVs aufzukaufen oder die Panik in den Kreditmärkten auszunutzen, um so zu Spottpreisen in Panik geratene Investoren von ihren Mezzanine-Tranchen zu erleichtern.

Es stimmt sicherlich, dass die Marked-to-Model-Bewertungen zu optimistisch sind. Nur sind die Tranchen damit nicht gleich wertlos. Der Optimismus hinter diesen Produkten war sicherlich verfehlt. Der Pessimismus, der seitdem aufkam, allerdings auch. Hinter all diesen Tranchen stecken schon immerhin Kredite, von denen die meisten auch zurückbezahlt werden. Das gilt im Übrigen selbst für den Subprime-Markt. Man denkt häufig, hier sei ein ganzer Markt zusammengebrochen. Das stimmt nicht. Die Ausfallraten im Subprime-Bereich lagen im Herbst 2007 unter fünf Prozent. Das wirklich Schockierende an dieser Zahl ist, das eine so geringe Ausfallrate einen so hohen Schaden anrichten kann. Was wird erst passieren, wenn die Unternehmensinsolvenzen wieder auf ein normales Maß steigen?

Was wir jetzt erleben, sind Profiteure, die wie Geier auf den Markt herabfallen, und sich die besten Stücke angeln. Es sind opportunistische Investoren, die alles aufkaufen, was nicht niet- und nagelfest ist, und die eventuell einen neuen Kreditboom anheizen.

Im nächsten Kapitel geht es um ein Risiko ganz anderer Art.

6.7 Wenn Osama bin Laden einen Hedgefonds gegründet hätte ...

Wenn wir an Sicherheitsrisiken denken, dann meistens an Kriege, Bombenterrorismus, Schmuggel von Nuklearwaffen. An den Finanzmarkt denkt zunächst niemand. Auch der Finanzmarkt hat seine Massenvernichtungswaffen, die in den falschen Händen enormen Schaden anrichten können.

Wenn moderne Terroristen keine Bomben legen würden, sondern mithilfe eines Hedgefonds dem Bankensystem schaden wollten, so hätten sie ein ziemlich leichtes Spiel. Die Verwundbarkeit des Kreditmarktes lädt förmlich dazu ein, einen großen Hedgefonds zu gründen, und ihn dann in einen kriminellen Bankrott zu führen zulasten der kreditgebenden Bank und des Steuerzahlers.

Bislang sind solche Terroristen nicht bekannt. Osama bin Laden und seine Truppe arbeiten nicht in den Finanzmärkten. Dazu müssten sie andere Leute rekrutieren, vor allem Mathematiker.

Das Finanzsystem wäre auf eine solche Attacke nicht vorbereitet, genauso wenig wie die nationalen Flugsicherungen in den USA auf die Anschläge vom 11. September 2001 vorbereitet waren. Unsere Regulierungsbehörden beschäftigen sich mit Fragen wie der Kapitalausstattung der Banken und mit Risiken, die im normalen Bankengeschäft auftreten. Auch wenn in einem Finanzmarkt nicht alle Akteure rational handeln, gerade während eines verrückten Booms, so unterstellt eine Regulierungsbehörde zumindest, dass alle Akteure profitieren wollen. Genauso wie die Flugsicherung unterstellt, dass alle Passagiere, einschließlich der Terroristen selbst, lebendig am Zielort ankommen wollen.

Wenn wir diese Annahme fallen lassen, dann wird die Aufgabe der Regulierung erheblich komplexer, so wie die Flugsicherung seit dem 11. September 2001 komplexer wurde. Keiner hat Erfahrung damit, was passiert, wenn wir mit Selbstmordattentätern im Finanzsektor umzugehen haben, die nicht ihren Profit maximieren wollen, sondern mit dem einzigen Ziel in den Markt treten, das Finanzsystem von innen heraus zu zerstören. Inwieweit so etwas durch Spionage oder Computer-Hacking möglich ist, ist schwer abzuschätzen, aber man kann sich durchaus vorstellen, dass das klassische Hacking sicher nicht der beste Weg ist, das System von innen auszuhöhlen.

Es wäre viel destruktiver, einen Hedgefonds in die Pleite zu managen. Das Finanzsystem würde derartiges Verhalten erlauben. Die Kreditrisiken sind gut versteckt. Hedgefonds leben von einer Abwesenheit von Transpa-

renz. Die Finanzterroristen bräuchten natürlich Geldgeber, evtl. Kollaborateure in Zentralbanken und vor allem
Kollaborateure bei den Großbanken. So etwas schafft kein
Einzelner, sondern nur eine gut vernetzte Truppe. Wenn
ein paar übereifrige Händler und ein paar Mathematiker
in der Lage waren, durch die strikte Anwendung einer (relativ plausiblen Handelsstrategie), das US-Finanzsystem
in die Knie zu zwingen wie bei LTCM, dann stellen Sie
sich einmal vor, was passiert wäre, wenn LTCM mit Ab-
sicht gehandelt hätte. Der Bankrott wäre früher erfolgt,
plötzlicher, und hätte enormen Schaden angerichtet.

Wir werden an dieser Stelle keine genauen Handlungs-
anweisungen für Möchtegernterroristen geben. Aber es
ist anzunehmen, dass es unter potenziellen Terroristen
auch solche gibt, die in den globalen Finanzmärkten arbeiten. Es ist ebenfalls damit zu rechnen, dass eine solche
Gruppe schon in der Lage ist, einen Hedgefonds zu gründen und dort eine Menge an vorwiegend arabischem Öl-
geld zu sammeln, um dann, versehen mit entsprechenden
Kredithebeln, entsprechend zu spekulieren. Ein derarti-
ger Hedgefonds wird sogar in den westlichen Ländern
Furore machen, und westliche Banken wären mit Sicherheit bereit, diesen Fonds wie auch tausend andere kräftig
mit Liquidität zu versorgen.

Die Idee, Finanzmärkte stärker in unser sicherheits-
politisches Denken einzubinden, ist nicht neu. Roger
Kubarych, US-Chefvolkswirt von UniCredit/HVB, war
zu Anfang dieses Jahrzehnts an einer Simulation[42] des
Council for Foreign Relations beteiligt, wonach verschiedene Extremereignisse in den Finanzmärkten simuliert
wurden. Mithilfe von verschiedenen Expertengruppen
wurde festgelegt, wie man mit solchen Situationen umgehen sollte – ein Zusammenbruch des argentinischen
Währungsregimes (was ja später auch geschah), eine Dis-
kriminierung amerikanischer Unternehmen in Brasilien
oder wirtschaftliches Chaos in der Türkei oder Mexiko.

Das war im Jahre 2000. Bill Clinton war noch Präsident der USA, und der 11. September war noch über ein
Jahr entfernt. Mit der Wahl von George W. Bush zu Clin-
tons Nachfolger und den Terroranschlägen änderten sich
die sicherheitspolitischen Interessen der USA. Planspiele
wie diese standen nicht mehr im Vordergrund. Außenpolitik war wieder Außenpolitik, und Wirtschaftspolitik
wieder Wirtschaftspolitik, mit einem eisernen Vorhang
dazwischen.

Ich würde wetten, dass diese Trennung nicht von Dauer
sein wird. Terroristen nutzen die Schwachstelle ihrer Geg-
ner. Das Finanzsystem ist eine unserer größten Schwach-
stellen heutzutage, mehr noch als die Flugsicherung. Wer
würde heute noch wagen, eine Bombe oder eine Waffe in
ein Flugzeug zu nehmen? Die Märkte in die Luft zu jagen
ist dagegen viel einfacher.

Es versteht sich auch hier, dass es sich hierbei nicht
um eine Prognose handelt, sondern um ein Szenario, ein
weiteres, auf das wir nicht vorbereitet sind – genauso wenig, wie wir vor dem 11. September auf Osama bin Laden vorbereitet waren. Der entscheidende Punkt ist nicht,
dass Terroristen kurz davor stehen, ihr Betätigungsfeld
zu wechseln. Dazu sind mir keine Informationen bekannt.
Entscheidend vielmehr ist die Tatsache, dass wir mit unseren Kreditmärkten und globalen Ungleichgewichten ein
System kreiert haben, das derartiges Verhalten möglich
macht.

7 Caveat emptor – oder was die Krise für Privatanleger bedeutet

Viele von Ihnen werden sich die Frage stellen, wie Sie sich gegen den Kollaps der Kreditmärkte und seine Auswirkungen als Investor schützen können. Das ist eine berechtigte Frage. Dieser Abschnitt wird diese Frage zu beantworten versuchen. Es sei aber darauf hingewiesen, dass hier keine todsicheren Tipps verhökert werden. Was geliefert wird, sind eine Reihe von Prinzipien, die Investoren helfen können, angesichts ihrer spezifischen Situation die richtige Entscheidung für sich alleine zu treffen.

Anstatt zweifelhafter Tipps erhalten Sie etwas Besseres, nämlich eine Analyse, wie die Kreditkrise auf die anderen Märkte wirkt und welche Anlagestrategien sich daraus ergeben. Die Umsetzung dieser Anlagestrategien kann Ihnen kein Buch abnehmen. Das hängt stark von Ihrer eigenen Situation ab, Ihrem Vermögen, Ihrem Alter, dem Grad Ihrer Risikoaversion und natürlich auch von Ihrem Verständnis moderner Märkte.

Der Reichskanzler Otto von Bismarck sagt einmal, nur ein Dummkopf lerne von seinen eigenen Fehlern. Er, Bismarck, ziehe es vor, aus den Fehlern anderer zu lernen. Tun Sie das auch. Die Blase am Kreditmarkt ist ein perfektes Fallbeispiel dafür, wie man aus Fehlern anderer lernt.

Wie schon eingangs geschrieben, hatte der legendäre US-Investor Warren Buffett kein Interesse an komplizierten Derivaten. Er verstand sie nicht. Und das ist auch völlig in Ordnung so. Sokrates' berühmter Ausspruch „Scio nescio" (ich weiß, dass ich nichts weiß) ist der Anfang jeder Weisheit. Ein weiser Investor kennt seine Grenzen. Buffett ist einer der erfolgreichsten Investoren aller Zeiten unter anderem auch deswegen, weil er einen Rat immer eisern befolgte: Investiere nur in Wertpapiere, die du komplett verstehst.

Einer der Gründe, warum der Kreditmarkt aufgeblasen war und dann platzte, war der, dass Investoren diesen Rat nicht beherzigten. Sie investierten in Tranchen von Kreditprodukten, die sie nicht verstanden, und die man im Grunde auch mit den besten analytischen Mitteln nicht verstehen kann. Man verließ sich blind auf den Stempel einer Ratingagentur.

Andere Investoren tummelten sich in den Märkten für Credit Default Swaps, indem sie großzügig anderen Investoren Sicherheit anboten. Nicht alle diese Investoren sind dumm, aber eine genügend große Anzahl hat sich unkalkulierbaren Risiken ausgesetzt, ein Kardinalfehler, den Warren Buffett niemals begangen hätte.

Wenn eine Bank aufgrund von Immobilienspekulationen an den Rand des Abgrunds gedrückt wird, dann liegt das daran, dass die Investoren in dieser Bank diesen Kardinalfehler begangen haben und dass die Bank selbst derartiges Verhalten mit Bonuszahlungen und Beförderungen belohnte. In diesen Institutionen schaffen es die waghalsigen Dummköpfe oft an die Spitze. Sie haben Produkte gekauft, die sie nicht verstanden. Sie sind Risiken eingegangen, die sie falsch bewerteten. Und die Chefs waren hoffnungslos mit dem Risikomanagement überfordert.

Lernen Sie aus diesen Fehlern und überprüfen Sie Ihr Portfolio dementsprechend. Verstehen Sie jedes Produkt völlig? Wenn Sie Währungsrisiken haben, etwa Investitionen in den USA, fragen Sie sich, wie Sie sich gegen einen Absturz in dieser Währung abgesichert haben. Wenn Sie zu der Überzeugung gelangen, dass hier ein Währungsrisiko herrscht, reduzieren Sie Ihre Positionen, oder wenn genügend Kapital vorhanden ist, dann hedgen Sie.

Der Kreditmarkt selbst ist ein Profimarkt. Da können Sie selbst als wohlhabender Investor nicht wirklich mitmachen. Aber auch Privatanleger sind häufig mit abenteuerlich konstruierten Produkten konfrontiert, die ihnen unter bestimmten Umständen Gewinne oder Verluste bescheren. Versuchen Sie, diese Produkte voll und ganz zu verstehen. Verkaufen Sie, wenn Sie auch nur den geringsten Zweifel haben.

Buffett hatte die Kreditderivate mit Massenvernichtungswaffen verglichen, sowohl in ihrer zerstörerischen Wirkung als auch in ihrer Komplexität. Die Investmentbanken, die diese Produkte herausgeben, verstehen deren Komplexität zu 100 Prozent. Dazu bedarf es Stäbe promovierter Mathematiker und Finanziers. Vielleicht sind Sie, lieber Leser, Ingenieur oder Arzt oder Architekt. Sie würden keine Brücke bauen, deren Statik Sie nur ungefähr verstehen, oder einen Motor, von dem sie nicht genau wissen, ob und wie er funktioniert. Was immer wieder aufs Neue überrascht, ist, wie Menschen, die in ihren Berufen mit größter Sorgfalt und Professionalität agieren, beim Thema Investitionen alle Sorgfalt über Bord schmeißen und einem hastigen Aktientipp eines Journalisten folgen.

Es ist nicht unbedingt notwendig, dass Sie alle technischen Feinheiten der Kreditmärkte studieren sollten, die in diesem Buch nur im Ansatz angesprochen wurden. Auch die Aktienmärkte sind nicht gerade für viele Privatanleger geeignet, da man im Aktienhandel gegenüber den dort tätigen Profis immer an einem Informationsnachteil leidet. Nur wenn Sie den Aktienmarkt wirklich so gut verstehen wie der Ingenieur seine Brücke oder der Physiker seine Massenvernichtungswaffe, dann nur zu!

Ein weiterer guter Rat von einem Journalisten: Trauen Sie vor allem keinen Anlagetipps in Zeitungen oder Magazinen. Ich habe selbst einmal eine Untersuchung der Qualität dieser Tipps angestellt und bin zu dem Schluss gekommen, dass diese Tipps fast immer schlechter abschneiden als der Aktienindex selbst. Auch viele Investmentfonds schneiden schlechter ab als der Index. In der Tat ist es gar nicht so leicht, besser zu sein als der Index. Es gibt Investoren, denen das regelmäßig gelingt. Wenn

Sie jemanden kennen, dem das mit seriösen Mitteln gelingt, dann haben Sie Glück.

Den anderen Lesern ist der Rest dieses Abschnitts gewidmet.

7.1 Defensive Strategien

Eine Kreditkrise bedeutet, dass über einen bestimmten Zeitraum, wahrscheinlich ein paar Jahre, der Finanzsektor eine Reihe herber Verluste ertragen wird, die ihn insgesamt belasten. Die nächsten Jahre werden also voraussichtlich nicht Jahre überschwänglichen Wachstums an den Finanzmärkten sein. Das bedeutet vor allem, dass man mit Investitionen vorsichtig sein sollte.

Das heißt nicht, dass es unbedingt zu einem Knall an den Aktienmärkten kommen wird. Aber da die Bewertungen ohnehin sehr großzügig sind (Stand: November 2007), sind die mittelfristigen Gewinnaussichten in vielen Anlagekategorien nicht sehr gut.

Die Aussage gilt allerdings nicht im Fall einer Doppelblase. Wenn die Zentralbanken auf das Gaspedal treten und ihre Politik der Preisstabilisierung aufgeben, dann ist es durchaus möglich, dass sich demnächst wieder eine neue Blase bilden könnte. Dagegen spricht, dass die Inflation in den Industrieländern aufgrund gestiegener Öl- und Rohstoffpreise relativ hoch ist, was die Zentralbanken zu Vorsicht animieren könnte. Das heißt, die Manövriermasse für Zinssenkungen ist diesmal geringer als bei der letzten Rezession im Jahre 2001.

Den Notenbanken sind darüber hinaus ebenfalls durch den Bondmarkt die Hände gebunden. Wenn sie jetzt rücksichtslos den Kurzfristzinssatz runterschrauben, dann riskieren sie einen Käuferstreik für langjährige Staatsanleihen, da sich Investoren dann zu Recht über das Aufkommen von Inflationsrisiken Sorgen machen. Das heißt, die

Zentralbanken kontrollieren nicht wirklich die Zinsen, wie es oft den Anschein hat. Sie sind im Grunde genommen der Schwanz, der versucht, mit dem Hund zu wackeln. Das funktioniert überraschend oft gut, muss aber nicht immer funktionieren. Als Investor sollte man sich darauf einstellen, dass diese Krise jetzt ihre Kreise zieht. Trichets Goldenes Zeitalter ist zumindest für ein paar Jahre ausgesetzt, so lange jedenfalls, bis der globale Finanzsektor die Verluste dieses Spekulationswahnsinns verdaut hat.

Hier nun ein paar allgemeine Anmerkungen zu den einzelnen Märkten selbst. Wie sind die Bewertungen an den Aktienmärkten zu beurteilen? In diesem Buch haben wir uns bemüht, die Anzahl der Grafiken zu minimieren und nur dann eine Grafik zu wählen, wenn hier der Vorteil der bildlichen Darstellung offensichtlich ist. Schauen Sie sich mal folgende Grafik an. Sie stammt von dem bekannten US-Finanzökonomen Robert Shiller:

(Quelle: Robert Shiller)

Die Grafik zeigt eindeutig, dass die amerikanischen Aktien jetzt höher bewertet sind als zu jedem Zeitpunkt in der Vergangenheit mit der Ausnahme von 1929 und den späten 90er-Jahren. Im letzten Jahr war die Performance der Aktienmärkte besonders stark, was auch mit dem Boom

in den Kreditmärkten zusammenhing. Unternehmen erhielten billige Kredite in großen Mengen. Die Weltwirtschaft boomte. Wir erleben jetzt einen zyklischen Abschwung, besonders stark ausgeprägt in den USA. Zwei
Faktoren beeinflussen das Wachstum eines Aktienmark-
tes, das reale Produktivitätswachstum und der Anteil der
Profite am Wachstum. Das reale Produktivitätswachstum
ist für die meisten Industrieländer um die zwei Prozent.
Ein bisschen mehr für die Amerikaner, ein bisschen weniger für uns. Produktivitätsstatistiken sind sehr problematisch. Wir sollten daher nicht über Dezimalzahlen streiten. Bei zwei Prozent realem Produktivitätswachstum und
zwei Prozent Inflation ergibt sich ein nominales Wirtschaftswachstum von vier Prozent.

Da aber die Aktionäre nicht das gesamte Produktivitätswachstum für sich beanspruchen können, sondern
einen Teil für Lohn- und Gehaltssteigerungen ausgeben
müssen, ist der den Aktionären verbleibende Mehrwert
geringer. Der Preis einer Aktie ist der abgezinste Strom
aller zukünftigen Gewinnerwartungen. Und somit stellt
sich die Frage: Wie können Aktien jährlich um 15 Prozent wachsen, wenn das Wirtschaftswachstum nominal
nur vier oder selbst sechs Prozent beträgt. Dazu bedarf es
einer ganzen Reihe von Theorien, die oft jeglicher öko-
nomischer Logik entbehren.

Eine dieser Theorien besagt, dass sich das Verhältnis
zwischen den Kapitaleignern und Arbeitnehmern für ewig
und drei Tage zugunsten der Kapitaleigner ändern wird.
Vorsicht mit solchen Annahmen! Das Verhältnis hat sich
aufgrund der Globalisierung in den letzten Jahren zwar
zugunsten der Kapitaleigner verändert, aber solche Ver-
schiebungen haben auch in der Vergangenheit stattgefunden, in beide Richtungen übrigens. Ob die Globalisierung wirklich dazu führen wird, dass Arbeitnehmer in
den Industrieländern sich das gefallen lassen werden, ist
nicht offensichtlich, zumal diese Arbeitnehmer in vielen

Ländern die politischen Mehrheiten bilden. Darüber hinaus steht hinter dieser Annahme ein verzerrtes Bild der Globalisierung. Während der letzten 15 Jahre war es in der Tat so, dass Globalisierung zu stagnierenden und zum Teil fallenden Löhnen geführt hat. Aber jetzt passiert in China genau das, was in Deutschland in den 60er-Jahren passiert ist: Es bildet sich eine kaufkräftige Mittelschicht. Löhne und Gehälter gehen nach oben. Wie der Journalist Thomas Friedman in seinem Buch „Die Welt ist flach"[43] völlig zu Recht beschrieben hat, die Globalisierung ist langfristig ein Wettlauf nach oben und nicht nach unten. Das Aufkommen einer Mittelklasse wird die Industriestrategie Chinas grundlegend verändern. Eine chinesische Mittelklasse wird sich nicht mit Hungerlöhnen begnügen. Das heißt dann aber auch, dass das Verhältnis von Löhnen und Profiten sich nicht linear zugunsten der Profite weiterentwickeln wird.

Jetzt haben wir in den letzten Jahren einen starken Anstieg der ausgewiesenen Unternehmensgewinne erlebt. Investoren sollten sich aber auch davon nicht ins Bockshorn jagen lassen. Denn es ist durchaus wahrscheinlich, dass die Firmen zu optimistisch bilanzieren. Der britische Ökonom Andrew Smithers hat in einer schon zitierten Studie herausgefunden, dass der tatsächliche Schuldenstand britischer Unternehmen weitaus höher ist als in den Unternehmensbilanzen ausgewiesen. Man würde vermuten, dass es sich hier nicht um ein rein britisches Problem handelt. Wenn Sie als Investor den Blick von oben auf die Märkte werfen, dann sollten Sie sich schon Gedanken darüber machen, wie nachhaltig das Wachstum an den Aktienmärkten sein kann.

Eine zweite Pseudotheorie besagt, dass rasante Innovationen in Produkt- und Finanzmärkten das Produktivitätswachstum permanent erhöhen. In den USA hat man eine derartige Erhöhung in den 90er-Jahren festgestellt. Der Einfluss der Finanzmärkte ist hier eher zu vernachlässigen. Die Finanzmärkte haben eine Blase produziert, die jetzt geplatzt ist. Galbraiths Diktum, wonach Finanzmärkte Geld lediglich verschieben, aber nicht maßgeblich zum Produktivitätswachstum beitragen, stimmt leider immer noch. Es gibt tatsächlich keinen Grund, anzunehmen, warum das jährliche Wachstum von Aktienmärkten so viel größer sein sollte als die drei bis fünf Prozent nominalen Produktivitätswachstums, die die meisten Industrieländer generieren.

Auch was die Produktmärkte angeht, ist eher Vorsicht geboten. In den meisten modernen Volkswirtschaften hat sich das Verhältnis von Industrie- und Dienstleistungen stark zugunsten der Dienstleistungen verschoben. In Deutschland machen die Dienstleistungen über 70 Prozent des Bruttoinlandsprodukts aus. In den USA sind es über 80 Prozent. Der Trend geht überall seit Jahrzehnten in diese Richtung. Das Produktivitätswachstum bei Dienstleistungen ist in der Regel geringer als bei Produkten.

Jede Blase kreiert ihre Pseudotheorien, und bei der Kreditmarktblase war das nicht anders. Hier bestand die Theorie darin, dass die verbrieften Finanzmärkte erheblich zum Produktivitätswachstum beitragen, indem sie Kredite ermöglichen, die es sonst nie gegeben hätte. Die letzte Aussage stimmt zwar, aber die Subprime-Krise hat gezeigt, dass der ökonomische Effekt nicht gerade positiv war.

Man sollte also bei Bewertungen von Märkten derartige Theorien ausblenden. Danach ist es klar, dass die Aktienmärkte auf dem Niveau vom Herbst 2007 überbewertet waren. Nach der Krise bei der Citigroup und bei Merrill Lynch bewegte sich der völlig überbewertete Finanzsektor langsam wieder auf ein gesünderes Maß zurück. Aber selbst nach den Verlusten im November musste man immer noch zu der Einsicht gelangen, dass die Aktienmärkte überbewertet waren, sogar extrem überbewertet waren. Das heißt jetzt nicht, dass man als Anleger mit Put-Optionen Geld verdienen kann. Das heißt lediglich, dass man mit den Aktienmärkten vorsichtig sein sollte.

Wie steht es mit den Bondmärkten? Leider auch nicht viel besser. Durch den hohen Ölpreis lauern Inflationsrisiken, die von den Zentralbanken, insbesondere in den USA und Großbritannien, weitgehend unterschätzt wurden. Wenn die Zentralbanken jetzt auf das Konjunkturgaspedal treten, dann kann es sein, dass sie weitere Inflationsängste auslösen. Das heißt, in diesem Fall gäbe es ganz beträchtliche Risiken für Besitzer festverzinslicher Wertpapiere.

Das Risiko in Europa ist allerdings etwas weniger stark. Durch den hohen Wechselkurs des Euros sind wir gegen einen Anstieg des Ölpreises zum Teil abgesichert. Aber auch bei uns in Europa hat sich die Inflation erhöht. Einen hervorragenden Inflationsschutz bieten daher spezielle Staatsanleihen, deren Preis sich an der Inflationsrate ausrichtet. Der größte Markt für diese Anleihen existiert in Frankreich. Die Anleihen dort tragen den Namen OATi bzw. OATei. Für den deutschen Investor sind OATei wahrscheinlich interessanter, da sie sich auf den europäischen und nicht den französischen Inflationsindex beziehen.

Was also tun, außer das Geld unter die Matratze zu schieben (keine gute Idee übrigens in Zeiten steigender globaler Inflation) oder in deutsche Bundesanleihen zu investieren? Als weitere Alternative bietet sich Gold an, doch mit dem Anstieg des Goldpreises auf 840 Dollar (Stand: Anfang November) ist natürlich Vorsicht geboten. Das Argument für Gold ist das Ansteigen der Inflation weltweit. Sollte sich diese Inflationserwartungen als übertrieben herausstellen, dann kann der Goldpreis rapide sinken.

Die Globalisierung während des Goldenen Zeitalters, 1989 bis 2007, produzierte eine sehr geringe Inflation.

Zu einem haben die Zentralbanken aus den Fehlern der
70er-Jahre gelernt. Zum anderen brachte die Globalisierung einen Preisdruck in den Gütermärkten durch Billigimporte. Kaum ein Land der Welt litt während dieser
Zeit unter hoher Inflation.

Dieses Zeitalter ist jetzt aus verschiedenen Gründen
zu Ende. Zum einen liegt das daran, dass die Globalisierung eine andere Phase erreicht hat. Mittlerweile wird in
den neuen Industrieländern nicht nur produziert, sondern auch kräftig konsumiert. Dort steigt mittlerweile
der Konsum und somit die Nachfrage nach Autos und
Benzin. Damit ist die Phase der Disinflation der Weltwirtschaft zu Ende. Das heißt jetzt nicht, dass die Inflation
wieder so stark ansteigt wie in den 70er-Jahren. Das heißt
lediglich, dass die Situation sich normalisiert. Inflationsrisiken sind jetzt eindeutig größer und damit die Möglichkeit, dass Zentralbanken Fehler machen.

Da die meisten Zentralbanken dieser Welt Faktoren
wie die Geldmenge oder die Wertpapier- und Immobilienpreise in ihrer Geldpolitik nicht berücksichtigen, kann
es schon zu bösen Überraschungen kommen. Ich erwarte zwar nicht die Rückkehr zweistelliger Inflationsraten.
Aber es ist durchaus möglich, dass die Inflation in dem
einen oder anderen Industrieland auf über vier Prozent
steigt. Hier wird Europa wahrscheinlich besser abschneiden als die USA.

Zwar wäre es falsch, sein gesamtes Vermögen zu ver-
golden, genauso wie es falsch wäre, sein gesamtes Vermögen in eine einzige Wertpapierklasse zu investieren.
Aber in Zeiten der Inflation und fallenden Liquidität hat
Gold seinen Platz in einem gehedgten Portfolio.

Eine weitere Klasse von Vermögenstiteln, die gegen
Inflation schützt, sind Immobilien. Wenn Sie an der Ost-
oder Westküste in den USA leben, dann sollten Sie die
Finger davon lassen trotz der Tatsache, dass die Preise
mittlerweile schon nicht mehr so hoch sind wie im Som-

mer 2006. Das Gleiche gilt auch für Großbritannien, Spanien und Irland. In diesen Märkten wird der Immobilienmarkt einbrechen.

In Deutschland hingegen, wo der Immobilienmarkt 15 Jahre lang brachlag, ist es jetzt eine sehr günstige Zeit zu kaufen, vor allem im Privatsektor. Die realen Kaufpreise sind im internationalen Vergleich extrem günstig. Man sollte sich zwar keine Hoffnungen machen, hier zu schnellem Profit zu kommen, zumal ja auch die Transaktionskosten in Deutschland leider immer noch sehr hoch sind. Aber gute Immobilien in guter Lage sind eine vorzügliche Absicherung gegen Verwerfungen in der Weltwirtschaft.

Ein Portfolio bestehend aus Pfandbriefen, inflationsgeschützten Staatsanleihen, Gold und Immobilien wird Ihnen vielleicht eine Rendite von vier bis fünf Prozent einbringen. Darüber hinaus werden Sie gut schlafen können. Ein derartiges Portfolio wäre im Übrigen auch gegen Inflationsschwankungen abgesichert. Steigt die Inflation über Erwarten, so werden die Bondpreise runtergehen, aber Gold wird ansteigen, und umgekehrt natürlich auch. So ein Portfolio bietet somit schon einen kleinen Schutz, einen Hedge, wenn Sie so wollen. Wenn die Alternative der Totalverlust wäre oder auch nur ein Verlust von 30 Prozent, dann wäre das schon eine respektable Leistung.

7.2 Offensive Strategien

Wenn Sie sich nicht mehr als eine Stunde pro Woche Ihren Finanzen widmen, dann ist dieses Kapitel für Sie nicht von Interesse. Der Laie – das sind mehr als 99 Prozent aller Bürger – sollte sich zu diesem Zeitpunkt in die sicheren Gefilde von Bundesanleihen, Pfandbriefen, Gold und soliden Immobilien zurückziehen.

Wenn Sie ein aktiver Anleger sind, der die Finanzinstrumente gut versteht, und der sich genügend Zeit nimmt, dann gibt es offensivere Anlagestrategien, die sich in dieser Situation anbieten.

Für Investitionen in klassische Long-Short-Hedge-fonds ist es noch zu früh. Die Krise bei den Subprime-Hypotheken hat bei einigen Hedgefonds zu Verlusten von 20 bis 30 Prozent geführt. Wenn die Kreditmarktkrise in die nächste Phase geht, wenn zum Beispiel Firmenkredite betroffen sind, dann kann es noch einmal zu einem Abrutschen der Hedgefonds kommen. Erst wenn die Kreditkrise vorbei ist, sollte man sich überlegen, in einigen dann noch existierenden Hedgefonds zu investieren.

Es gibt aber Hedgefonds, die man sich jetzt schon ansehen sollte, Hedgefonds, die eine Makrostrategie verfolgen, mit der Sie inhaltlich übereinstimmen, und vor allem Hedgefonds, die darauf spezialisiert sind, die Krise in den Märkten für sich auszunutzen.

In dieser Krise sitzen eine Menge Investoren auf Investitionen, die sie aufgrund des illiquiden Marktes nicht verkaufen können. Was wir jetzt erleben werden, ist die langsame Wiederherstellung eines ordentlichen Marktes, allerdings zu tieferen Preisen.

Die illiquiden Papiere sind nicht alle Schrott. Hinter ihnen stehen Kredite, von denen die meisten auch bezahlt werden. Wenn Sie als langfristiger Investor nicht darauf angewiesen sind, diese Papiere jederzeit verkaufen oder bewerten zu müssen, wie einige der Fonds und Banken, dann können Sie diese Papiere zu einem Spottpreis kaufen oder besser noch in Fonds investieren, die das tun. Sie müssten dann aber die Papiere bis zum Ende ihrer Laufzeit halten. In der Zwischenzeit erhalten Sie die Erlöse aus den Kreditzahlungen und am Ende der Laufzeit erhalten Sie den nominalen Wert des Bonds zurück.

Wer einen langen Atem hat, braucht sich dann überhaupt nicht darum zu scheren, ob der Markt für diese Papiere liquide ist oder nicht. Sie wollen schließlich nicht

verkaufen. Solange die den Papieren zugrunde liegenden
Kredite in ausreichendem Maße bezahlt werden, gibt es
kein Problem. Der Profit für den Investor besteht darin,
diese Papiere weit unter Wert einzukaufen. Die Chance,
das zu tun, wächst mit der Verzweiflung der Verkäufer.

Wenn Sie als Investor einen Zeithorizont von mehreren Jahren haben, dann investieren Sie ruhig in einen
sogenannten Vulture Fund (Geierfonds), der sich darauf
spezialisiert, verzweifelten Banken, SIVs und anderen
Hedgefonds Papiere abzukaufen, die sie dringend loswerden müssen. Einigen von ihnen sind dermaßen verzweifelt, dass sie bereit sind, herbe Verluste zu ertragen,
solange sie überhaupt etwas Geld für die Papiere bekommen.

Auch hier gilt bei jeder Entscheidung für einen Fonds:
Machen Sie sich mit den Fondsstrategien sehr genau ver-
traut. Reden Sie mit den Fondsmanagern persönlich. Re-
den Sie mit anderen Experten über diese Fonds und die
Fondsmanager. Bilden Sie sich am Ende aber Ihre eigene
Meinung.

Es ist auf jeden Fall richtig, dass diese Krise, wie auch
jede andere, eine große Menge von Möglichkeiten für
clevere Investoren bietet. Diese Möglichkeiten gibt es sicherlich auch in den Aktienmärkten. Aber die wirklich
cleveren Investitionen suchen die Möglichkeiten genau in
dem Markt, in dem die Verzweiflung gerade am größten
ist. Man braucht dazu allerdings einen langen Zeithorizont. Man sollte daher also nur den Teil seiner Ersparnisse investieren, den man auch tatsächlich über diesen
Zeithorizont entbehren kann.

8 Sieben Fragen

Wir haben bis zu diesem Zeitpunkt beschrieben, wie sich die Blase an den Kreditmärkten bilden konnte, welche Akteure in diesen Märkten tätig waren, welche Instrumente sie benutzten und wie die Krise in diesen Märkten im August 2007 ihren Anfang nahm.

In diesem kurzen abschließenden Kapitel dieses Buches geht es um die Frage, welche Konsequenzen wir aus der Krise ziehen sollten.

Die Politiker waren sehr schnell mit einer Antwort, insbesondere in Deutschland, wo das Informationsniveau über Finanzmärkte geringer ist als in den USA und Großbritannien. Man hatte schnell die Schuldigen gefunden, und zwar Hedgefonds und die Ratingagenturen.

Die Art, wie Politiker mit dieser Krise umgehen, erinnert an den Film „Casablanca", an jeweils eine Szene am Anfang und am Ende, als der Polizeichef nach einem Mord seine Untergebenen dazu auffordert: „Nehmen Sie die üblichen Verdächtigen fest."

Wer dieses Buch bis zu diesem Punkt gelesen hat, wird seine Zweifel haben, ob die üblichen Verdächtigen auch tatsächlich die Hauptverantwortung für die Krise tragen, und nicht etwa auch die Finanzmathematiker, die Investmentbanken oder vielleicht die Notenbanker.

Es ist daher besser, wenn wir zunächst Fragen stellen, anstatt voreilige Antworten zu geben.

Die übergeordnete Frage ist: Inwieweit ist diese Krise im Kreditmarkt selbst entstanden, oder hat diese Krise externe Ursachen? Von den folgenden sieben Fragenkatalogen gelten zwei möglichen externen Ursachen. Der erste betrifft die Zentralbanken:

1. Inwieweit haben Zentralbanken durch ihre Politik billiger nominaler Zinsen diese Blase verursacht oder geför-

dert? Trifft die US-Notenbankpolitik in den Jahren 2002
bis 2004 eine besondere Schuld? Ist die Politik der direkten Inflationssteuerung eine der tieferen Ursachen für das
Problem? Sollten Zentralbanken auch Immobilien- und
Wertpapierpreise explizit oder implizit im Auge haben?

Ein weiteres wichtiges marktexternes Thema ist die Frage der Bankenregulierung. Wie wir gesehen haben, hat
insbesondere Basel I zu dem Verbriefungsboom beigetragen, indem es Banken einen Anreiz gab, möglichst
viele Kredite in undurchsichtige Zweckgesellschaften zu
schieben. Die nächsten Fragen in unserem Katalog lauten
demnach:

**2. Inwieweit hat die Regulierung der Banken versagt? Soll-
ten oder können wir verhindern, dass Banken ihre überschüssigen Kredite in Zweckgesellschaften abschieben?
Wird Basel II Abhilfe schaffen, oder brauchen wir Basel
III? Brauchen wir eventuell einen völlig neuen Ansatz in
der Bankenregulierung?**

Es ist üblich, dass wir in Zeiten von Finanzkrisen Notenbanker beauftragen, Lösungen zu suchen. Was diese beiden Fragenkataloge angeht, sollte man allerdings andere
bitten, die Antworten zu finden. Denn von Notenbankern, die für die Geldpolitik und zum Teil auch für die
Bankenaufsicht verantwortlich waren, wird man nicht
erwarten können, hier ehrliche Antworten zu liefern. Aus
diesem Grunde ist das *Financial Stability Forum,* das von
der G-7-Gruppe der reichen Industrieländer beauftragt
wurde, Lösungen zu suchen, genau die falsche Instanz.
Diese Gruppe besteht nämlich größtenteils aus Notenbankern.

   In diesem Buch wurde natürlich auch gezeigt, dass es
eine ganze Reihe von gravierenden Problemen im Kreditmarkt selbst gibt. In unserer Analyse haben wir gesehen,
dass grundlegende Marktprozesse nicht greifen, dass auf-

grund des Marked-to-Model-Prinzips Preise sich nicht effizient anpassen. Und damit lautet unser nächster Fragenkomplex:

3. Wie kann man in diesem Markt wieder einen effizienten Preismechanismus einführen? Wie löst man die Marked-to-Model-Problematik, also die Tatsache, dass Preise nicht in einem liquiden Markt bestimmt werden, sondern durch ein mathematisches Modell? Kann man einen Teil des Marktes, wie der US-Finanzökonom Stephen Cecchetti[44] argumentiert, auf eine Börse hieven? Welcher Teilmarkt wäre dafür am geeignetsten? Gibt es andere Marktmechanismen? Sollte man diesen Prozess erzwingen oder lediglich Anreize schaffen?

Des Weiteren sollte man sich einige Fragen zum Thema Transparenz stellen. Die Käufer waren oft nicht in der Lage, das Risiko korrekt zu ermitteln.

4. Wie kann man Transparenz im Kreditmarkt erhöhen? Hatten die Ratingagenturen exklusiven Zugang zu Informationen, die den Investoren vorenthalten wurden? Welche Informationen benötigen Investoren, um ihr Risiko besser einschätzen zu können. Würde ein globales Kreditregister für mehr Transparenz sorgen, sodass man über gefährliche Blasenentwicklungen früher informiert ist?

Ein weiterer Themenkatalog betrifft die ökonomischen Anreizstrukturen. In einem Artikel in der *Financial Times* argumentierte Jan Krahnen[45], Professor für Kreditwirtschaft an der Goethe-Universität und Direktor des Center for Financial Studies in Frankfurt, das Problem mit den CDOs ließe sich relativ leicht beheben, und zwar dadurch, dass man die Banken verpflichtet, in die Equity-Tranche zu investieren, sodass sie auch weiterhin am Risiko beteiligt sind. Und somit ergeben sich die Fragen:

**5. Welche ökonomischen Anreize könnte man im Kredit-
markt einführen, die das Verhalten der Akteure positiv
beeinflussen könnten? Wären Banken immer in der Lage,
wie bei Basel I, diese Änderungen zu umgehen?**

Natürlich sollte man auch die Rolle der Ratingagenturen
überprüfen und die Fragen stellen:

**6. Inwieweit haben die Ratingagenturen zu dieser Krise
beigetragen oder sie gar verursacht? Werden hier Marktmechanismen greifen, mit deren Hilfe die Rolle der Ratingagenturen kontrolliert werden kann? Oder brauchen
wir eine härte Regulierung?**

Auch die Gemeinschaft der Finanzmathematiker ist durch
diese Krise gefordert. Die theoretischen Modelle haben
der Wirklichkeit nicht standgehalten. Also:

**7. Sind die Modellierungsprobleme grundsätzlicher Art,
etwa in dem Sinne, dass die angenommenen stochastischen
Prozesse die Wirklichkeit verklären? Oder handelt es sich
um Probleme, die man auch mit neuerem Wissen nicht in
den Griff bekommen kann?**

Diese sieben großen Fragenkataloge wird man nicht über
Nacht beantworten. Aber wenn es uns ernst ist, die Ursachen für die Krise in den Kreditmärkten zu finden, dann
sollten wir uns daranmachen, diese Fragen ohne Vorur-
teile zu beantworten. Natürlich können wir uns auch
über Heuschrecken unterhalten und andere Vergleiche
aus dem Tierreich anstellen. Helfen wird das nicht. Es ist
Zeit, auch in Deutschland, für eine ernsthafte Auseinan-
dersetzung mit den internationalen Finanzmärkten.

Epilog

Die Planung für dieses Buch begann im Frühjahr 2007 – zu einer Zeit, als der Boom in den Kreditmärkten noch in vollem Gange war. Im Sommer 2007 überschlugen sich dann die Ereignisse. Der Redaktionsschluss für den Hauptteil dieses Buches war Ende Oktober. Dieser Epilog wurde Anfang Januar 2008 verfasst.

In den zwei dazwischenliegenden Monaten verschärfte sich die Kreditkrise erneut, die volkswirtschaftlichen Auswirkungen wurden immer deutlicher. Die Prognose des Buches – dass die Subprime-Kreditkrise nur ein Vorbeben eines größeren tektonischen Schocks in den internationalen Finanzmärkten darstellt – wurde im Oktober noch von vielen Experten belächelt. Zu Anfang des Jahres 2008 lacht kaum noch jemand. Die Zukunftsängste sind stärker als jemals zuvor seit Ende des Kalten Krieges.

Das Buch traf eine ganze Reihe von Prognosen, die sich im Laufe dieser zwei Monate zum Teil schon bewahrheiteten, bzw. deren Eintrittswahrscheinlichkeit größer wurde.

Erstens ist mittlerweile sehr deutlich geworden, dass sich die US-Konjunktur sehr stark abgeschwächt hat. Viele Ökonomen, selbst US-Finanzminister Hank Paulson, warnen vor einer Rezession. Der amerikanische Finanzökonom Robert Shiller bezifferte die Rezessionswahrscheinlichkeit mit 75 Prozent. Die Rezession ist die Folge des bislang größten Verfalls amerikanischer Häuserpreise seit den Dreißigerjahren, was sich in einem Land mit negativer Sparquote sofort auf den Inlandskonsum niederschlägt. Professor Shiller geht davon aus, dass der Gesamtverfall der Hauspreise sich auf um die 30 Prozent belaufen wird. Es steht den Amerikanern wahrscheinlich eine deftige Rezession bevor – zumindest aber ein schwerer Konjunkturrückgang, der nicht so schnell vorübergehen wird.

Anfang des Jahres 2008 stellte man sich die Frage,
inwieweit die Weltwirtschaft sich von einer amerikanischen Rezession abkoppeln kann. Die Weltbank hatte
in ihrer im Januar 2008 veröffentlichen Prognose für
die Weltwirtschaft behauptet, das Wachstum der Schwel-
lenländer würde eine US-Rezession gut überstehen und
somit ein Übergreifen der Katastrophe auf die Weltwirtschaft verhindern. Ich selbst bin da ein wenig skeptischer.
Die Amerikaner spielten seit über zehn Jahren die Funktion
des Konsumenten der letzten Instanz. Der jetzt plötzlich
einbrechende amerikanische Konsum, der hauptsächlich
von asiatischen Exporten bedient wurde, wird eine nicht
überschaubare Kettenreaktionen in Asien auslösen, wenn
die Nachfrage nach den Endprodukten plötzlich fällt.
Auch Europa wird trotz einer geringen direkten Abhängigkeit vom Handel mit den USA indirekt ebenfalls sehr
stark getroffen.

Eine zweite Prognose in diesem Buch war, dass die
Krise noch weitere Opfer unter den Banken fordern wird.
Bislang gab es keine akuten Bankkrisen im Stile von Northern Rock oder der beiden deutschen Banken IKB und
Sachsen LB. Aber die Verluste der großen Banken setzten
sich fort. Nach den Krisen bei Merrill Lynch und bei der
Citigroup gerieten jetzt auch andere Banken in Schwierigkeiten. Bei Bear Stearns musste der Chef gehen, bei
UBS gab es schwere Verluste, und auch die Investmentbanken wurden in den Sog der Krise hineingezogen. Morgan Stanley verbuchte einen Verlust von 9,4 Milliarden
Dollar aufgrund einer einzelnen Kreditmarkt-Wette –
und das, obwohl diese Wette im Grunde in die richtige
Richtung ging. Morgan Stanley wettete nämlich darauf,
dass der Kreditmarkt in Schwierigkeiten geraten würde,
und geriet dabei selbst in Schwierigkeiten.

Wie konnte so etwas passieren? Sie erinnern sich noch
an die im Buch beschriebenen Long-Short-Strategien –
Käufe der hochrentablen und riskanten Equity-Tranchen

und Leerverkäufe der Mezzanine-Tranchen Morgan
Stanley kaufte die als sicher geltenden und mit AAA
bewerteten Senior-Tranchen und tätigte ebenfalls Leerverkäufe in der Mezzanine-Tranche. Die Idee hinter dieser
Handelsstrategie war folgende: Wenn der Kreditmarkt
in Schwierigkeiten geraten würde, dann würden die
schlecht bewerteten Tranchen von Kreditprodukten da-
von am meisten betroffen sein. So unvernünftig war diese
Einschätzung keineswegs, aber sie war trotzdem falsch.
Das Problem war, dass selbst Tranchen mit einem AAA-
Rating in Schwierigkeiten gerieten. Morgan Stanley
hatte zwar recht mit seiner negativen Einschätzung des
Kreditmarktes. Die Handelsstrategen haben jedoch die
Probleme des Marktes unterschätzt.

Drittens, die Geldpolitik hat in der Zwischenzeit
weiter den Geldhahn aufgedreht und dem Markt neue
Rekordmengen an Liquidität zur Verfügung gestellt. Im
Dezember 2007 einigten sich die großen Zentralbanken
der Welt, unter anderem die Europäische Zentralbank,
die Federal Reserve und die Bank of England, ihre Liqui-
ditätsoperationen zu koordinieren. Im Dezember senkte
die Fed wiederum die Leitzinsen, und zwar auf 4,25 Prozent. Anfang Januar erwarteten die Finanzmärkte erneute
amerikanische Zinssenkungen im Januar 2008, und zwar
in einer Größenordnung von 0,5 Prozentpunkten. Im
Eurogebiet stiegen gegen Ende des Jahres Inflation und
Inflationserwartungen weiter an. Anfang Januar lag der
Ölpreis bei über 100 Dollar pro Barrel.

Die Zentralbanken waren also in einem akuten Dilem-
ma gefangen. Einerseits stieg die Inflation, andererseits
gab es eindeutige Konjunkturrisiken. In den USA war es
klar, dass sich die Fed im Zweifel dafür entschied, die
Konjunktur zu schützen. Im Euroraum warnte die EZB
zwar regelmäßig vor Preisrisiken, konnte sich aber zumindest bis Anfang Januar nicht zu einer Zinserhöhung durch-
ringen.

Eine weitere Prognose, die sich zumindest bis Januar bewahrheitet hat, war der weitere Anstieg des Goldpreises. Die Empfehlung in diesem Buch, das Portfolio durch Gold abzusichern, wurde in der Zwischenzeit von vielen Investoren wahrgenommen. Ende Oktober betrug der Goldpreis um die 800 Dollar je Feinunze. Anfang Januar waren es 875 Dollar. Das ist inflationsbereinigt immer noch weniger als der Goldpreis in den frühen Achtzigerjahren. Ich selbst erwarte, dass der Goldpreis im Laufe des Jahres 2008 noch weiter steigen wird. Ernste Gefahren sehe ich auf die Rentenmärkte und Aktienmärkte zukommen, insbesondere in den USA und im Eurogebiet. Daher sollte man sich auf keinen Fall mit normalen Staatsanleihen eindecken, sondern nur noch mit inflationsindizierten Papieren wie dem französischen OATi oder OATei.

Das Ausmaß dieser Krise und ihre Auswirkungen auf die internationalen Finanzmärkte wurde im Laufe der Zeit immer deutlicher. Zunächst sprach man von einer Hypothekenkrise, später von einer Kreditkrise. Ende des Jahres 2007 war es eine Bankenkrise. Ob es zu einer globalen Finanzkrise kommen wird, ist unklar. Auszuschließen ist es nicht. In den globalen Finanzmärkten ist einiges aus den Fugen geraten, was nicht leicht zu reparieren sein wird.

Trotz dieser Ereignisse ist der langfristige Ausblick für die Weltwirtschaft gut. Die Globalisierung, die weiteren Entwicklungen in der Telekommunikation und Informatik und vor allem bahnbrechende Entwicklungen in der Biologie und in der Medizin werden dieses Jahrhundert erheblich prägen. Auch die Innovationen in den Finanzmärkten werden zu dem Erfolg dieses Jahrhunderts beitragen. Nur rechtfertigen diese Innovationen nicht einen Boom in einer Größenordnung, wie wir ihn in den Jahren bis 2007 erlebt haben.

Auch die rasante wirtschaftliche Entwicklung im 20. Jahrhundert verlief nicht ohne Krisen und Rückschläge.

Die Weltkriege, die Wirtschaftskrise der Dreißigerjahre und die Ölschocks der Siebzigerjahre waren allesamt Rückschläge in einer bislang einmaligen wirtschaftlichen Entwicklung. Ähnlich muss man diese Krise betrachten. Sie ist schwerwiegend und wird nicht innerhalb kurzer Zeit vorüberziehen. Im schlimmsten Fall droht uns eine Weltwirtschaftskrise. Doch auch sie wird vorübergehen. Dann – aber auch erst dann – beginnt das wirkliche Wirtschaftswunder des 21. Jahrhunderts.

Glossar und Abkürzungsverzeichnis

Hier folgt nun zum einfachen Nachschlagen ein Glossar und Abkürzungsverzeichnis der wichtigsten im Text benutzten Fachausdrücke. Kursiv gedruckte Wörter haben ihren eigenen Eintrag.

AAA oder **Aaa** – die beste Bewertung eines Wertpapiers oder einer *Tranche* durch die *Ratingagenturen*.

ABCP – siehe *Asset-Backed Commercial Paper*.

ABS – siehe *Asset-Backed Security*.

Asset-Backed Commercial Paper – Geldmarktwertpapiere, die zum Beispiel durch Kreditmarktpapiere besichert sind. Im ABCP-Markt leihen sich zum Beispiel *Conduits* oder *SIVs* kurzfristig Geld und hinterlegen die Kredite als Sicherheit.

Asset-Backed Security – besichertes Wertpapier. Ein *Bond*, hinter dem als Sicherheit eine Gruppe von realen Werten steht.

Asset Swap – ein Finanzinstrument, mit dem es möglich ist, eine Anleihe zu festen Zinsen in eine Anleihe mit variablen Zinsen zu transformieren.

Bafin – Bundesanstalt für Finanzdienstleistungsaufsicht.

Bank für Internationalen Zahlungsausgleich – die Zentralbank der Zentralbanken. Spielt eine wichtige Rolle in der internationalen Zusammenarbeit zwischen Zentralbanken und eine sehr wichtige Rolle in der Gestaltung internationaler Kapitalregeln. Die *Basel-I-* und *Basel-II-* Regeln wurden nach der Schweizer Stadt benannt, in der die BIZ ihren Sitz hat.

Basel I – Abkommen aus dem Jahre 1988, das den Banken Eigenkapitalregeln vorschreibt. Nach diesen Regeln unterliegen die von Banken vergebenen Kredite einer durch das Eigenkapital vorgegebenen Höchstgrenzen. Die Kredite werden risikogewichtet. Bestimmte Kredittypen, zum Beispiel Unternehmenskredite, werden als riskant eingestuft, andere als weniger riskant, zum Beispiel Kredite an andere Banken.

Basel II – ein Nachfolgeabkommen von *Basel I*, das in Europa im Jahre 2008 in Kraft tritt. Basel II reformiert das *Basel-I*-Abkommen unter anderem darin, dass die Kredite/Eigenkapitalquote nicht mehr nach starren Regeln berechnet wird, sondern aufgrund eines von der Bank erstellten Ratings ihrer Kreditkunden.

BBA – British Bankers Association.

BIZ – siehe *Bank für Internationalen Zahlungsausgleich.*

Bond – englisch für Anleihe, ein festverzinsliches Wertpapier, das in der Regel einen Coupon (ähnlich einem Zins) bezahlt. Am Ende der Laufzeit wird der Nominalwert des Bonds zurückbezahlt. Es gibt verschiedene Formen von Bonds, zum Beispiel ein *Zero-Coupon-Bond*.

Call – ein Optionsschein, mit dem auf steigende Wertpapierpreise spekuliert wird. Das Gegenstück zu einem Call ist der *Put*.

Carry Trade – eine kurzfristig angelegte Handelsstrategie, die darauf basiert, sich Geld in einem Land mit geringen Zinsen auszuleihen, um es dann in einem anderen Land zu höheren Zinsen anzulegen. Ein typischer Carry Trade bestand darin, sich in japanischen Yen zu verschulden, das Geld in Europa oder in den USA über Nacht anzulegen, wo die Geldmarktzinsen höher waren als in Japan, und den Kredit am nächsten Tag zurückzuzahlen.

CD – Certificate of Deposit.

CDO – siehe *Collateralized Debt Obligation.*

CDS – siehe *Credit Default Swap.*

CMO – siehe *Collateralized Mortgage Obligation.*

Collateralized Debt Obligation – ein Wertpapier aus dem Kreditmarkt, das Pools von Krediten bündelt und in Wertpapiere verschiedener Güteklassen umformt. Es gibt verschiedene Art von CDOs, solche, die nur dazu dienen, die Bilanz einer Bank zu bereinigen (Balance Sheet CDO), und solche, die aktiv gemanagt werden. Es gibt CDOs, die in *Mortgage-Backed Securities* investieren, auch CMO (*Collateralized Mortgage Obligation*), und es gibt CDOs, die sich in anderen Segmenten des Kreditmarkts eindecken. Mit CDOs meint man auch die Zweckgesellschaften, die von den Investmentbanken etabliert werden, mit dem Ziel, CDOs auf den Markt zu bringen.

Collateralized Mortgage Obligation – eine Spezialform einer *CDO*, die in *Mortgage-Backed Securities* (MBS) investiert.

Commercial Paper – Geldmarktpapiere mit Laufzeiten von bis zu zwei Jahren. Werden meistens von Banken oder Großunternehmen für eine kurzfristige Finanzierung herausgegeben. Es gibt vier Typen von Commercial Papers.

Conduit – Investitionsgesellschaft außerhalb der Bilanz einer Bank. Ein Conduit wird von der Bank selbst gemanagt.

Covenant – eine Vereinbarung oder ein Vertrag, entweder in schriftlicher oder mündlicher Form. Im Covenant werden viele wichtige, aber untergeordnete Aspekte eines Kreditvertrages geregelt, zum Beispiel Auskunftspflichten.

Cov-light – Kreditverträge, bei denen die üblicherweise im *Covenant* geregelten Bedingungen zugunsten des Kreditnehmers abgeschwächt wurden.

CP – Commercial Paper.

Credit Default Swap – ein Finanzinstrument im Kreditmarkt, mit dem man sich gegen einen Zahlungsausfall versichern kann. Der Käufer eines CDS ist derjenige, der sich versichert. Der Käufer zahlt in der Regel eine vierteljährige Prämie an den Verkäufer. Der Verkäufer muss im Falle eines Zahlungsausfalls den Käufer kompensieren. Der Referenzwert ist zum Beispiel ein *Bond*, häufig in einer Größenordnung von zehn Millionen Dollar oder zehn Millionen Euro. Die Notierung eines CDS erfolgt in Basispunkten. Eine Notierung von 200 Basispunkten, also zwei Prozent, heißt, dass im Jahr 200.000 Dollar (beziehungsweise Euro) als Prämie fällig werden.

Equity – die riskanteste *Tranche* einer *CDO*. Equity-*Tranchen* unterliegen in der Regel keiner Bewertung durch die *Ratingagenturen*. Equity heißt eigentlich Aktie, aber es handelt sich nicht um Aktien, sondern um *Bonds*. Man nennt diese *Tranche* lediglich deshalb Equity, weil sie ähnlich riskant ist.

Euribor – Euro Interbank Offered Rate, ein täglicher Referenzwert der im Euroraum tätigen Banken im Interbankengeschäft.

EZB – Europäische Zentralbank.

Fannie Mae – Federal National Mortgage Association, eine private Firma, von der US-Regierung gesponsert, die eine Schlüsselrolle im *MBS*-Markt spielt und Hypotheken refinanziert.

Fed – Federal Reserve, US-amerikanische Notenbank.

Freddie Mac – Federal Home Loan Mortgage Corporation, eine amerikanische Hypothekeninstitution, ähnlich wie Fannie Mae.

FT – Financial Times.

Geldmarkt – ein Markt für Geld, das heißt für Finanzmittel mit Laufzeiten von bis zu zwei Jahren. Es wird unterschieden zwischen dem *Interbankenmarkt* und dem *Commercial-Paper*-Markt.

Hedge – deutsch Absicherung. Ein Investor ist gehedgt, wenn er sich gegen Risiken seiner Investition absichert. Zu den Hedging-Instrumenten gehören Optionen, die einem Investor erlauben, aber nicht dazu zwingen, Wertpapiere zu einem vorher festgelegten Preis zu einem bestimmten Zeitpunkt in der Zukunft zu kaufen. Für einen Investor, der *long* ist in einem Wertpapier, der also Wertpapiere gekauft hat, ist eine Hedging-Strategie der Leerverkauf eines anderen ähnlichen Wertpapiers.

Hedgefonds – ein Fonds, dem es aufgrund seiner Regulierung erlaubt ist, zu hedgen, das heißt, Leerverkäufe zu tätigen sowie mit Optionen zu handeln.

Interbankenmarkt – ein *Geldmarkt*, auf dem Banken

kurzfristig Geld verleihen und leihen ohne Sicherung. Die Zinsen auf den Geldmärkten, zum Beispiel *Libor* oder *Euribor*, sind in der Regel nahe bei den Notenbankzinsen. Während der Kreditkrise im August 2007 stiegen diese Zinssätze deutlich an.

ISDA – International Swap and Derivates Association.

IWF – Internationaler Währungsfonds.

Junior– siehe *Equity*.

Konsortialkredit – ein in der Regel großer Kredit, der von mehreren Banken an einen Kreditnehmer gewährt wird. Dabei spielt eine Bank eine federführende und koordinierende Rolle.

Kopula – englisch Copula. Ein Fachbegriff aus der Statistik. Mit einer Kopula meint man eine gemeinsame Verteilung einer Anzahl von Zufallsvariablen, deren einzelne Komponenten auf dem Einheitsintervall gleichverteilt sind (siehe auch die Textbox Seite 146 für weitere Details). Kopulas erfreuen sich wachsender Beliebtheit in den Finanzmärkten.

Korrelieren – ein Ausdruck aus der Statistik. Zwei Zahlenreihen korrelieren miteinander, wenn Bewegungen in der einen Zahlenreihe mit Bewegungen in der anderen Zahlenreihe, zum Beispiel von Wertpapierpreisen, zusammentreffen, entweder zeitgleich oder in einem festen Abstand. Zum Beispiel gibt es eine Korrelation zwischen dem Goldpreis und den zukünftigen Inflationserwartungen. Eine Korrelation, die man statistisch messen kann, sagt allerdings nichts über Kausalität aus.

Kreditmarkt – ein Teil des Finanzmarktes, auf dem verbriefte Wertpapiere gehandelt werden. Der Großteil dieses Handels findet direkt von Bank zu Bank statt, und nicht über eine Börse.

LBBW – Landesbank Baden-Württemberg.

Leerverkauf – siehe *short*.

Leveraged Loan – ein Kredit, dessen Höhe über das für den Kreditnehmer normale Maß hinausgeht. Ein Leveraged Loan ist somit riskanter und hat höhere Zinsen. Leveraged Loans werden zum Beispiel für klar definierte Zwecke herausgegeben, zum Beispiel für Firmenübernahmen.

Libor – London Interbank Offered Rate, einer der wichtigsten Zinssätze für den *Geldmarkt*.

Long – ein Investor ist long in einem Wertpapier, wenn er das Wertpapier kauft und hält. Ein Investor ist long, wenn er hofft, dass das Wertpapier in der Zukunft an Wert gewinnt. Die meisten Privatinvestoren sind long.

LTCM – Long-Term Capital Management, ein Hedgefonds, der im Jahre 1998 in akute Zahlungsschwierigkeiten geriet und der die Wall Street an den Rand einer systematischen Krise brachte.

Marked-to-Market – ein Fachausdruck, der besagt, dass der Preis eines Wertpapiers in einem liquiden Markt bestimmt wird. Aktien, Staatsanleihen und Devisen sind alle Marked-to-Market.

Marked-to-Model – ein Fachausdruck, der besagt, dass der Preis eines Wertpapiers durch ein mathematisches Modell ermittelt wird, aber nicht durch den Markt. Die *Tranchen* einer *CDO* sind in der Regel Marked-to-Model, da *CDOs* nicht auf Börsen gehandelt werden. Das Problem mit der Marked-to-Model-Strategie ist, dass in Zeiten von Liquiditätsengpässen die Modelle einen höheren Preis ausweisen, als man in den Märkten realisieren kann. Diese Diskrepanz war einer der Ursachen für die Probleme der deutschen Banken und vieler *Hedgefonds* im August 2007.

MBS – siehe *Mortgage-Backed Security*.

Mezzanine – die mittlere *Tranche* einer *CDO*, mit mittlerem Risiko und entsprechender Rendite. Kritiker behaupten, die Mezzanine-*Tranchen* sind in der Regel falsch bewertet. Sie bergen mehr Risiko, als ihre Rendite verspricht.

Monolines – sehr spezialisierte Versicherungsgesellschaften, deren Geschäft darin besteht, die regelmäßigen Coupon-Zahlungen von *Bonds* zu garantieren. Monolines erlitten während der Kreditkrise schwere Verluste.

Mortgage – ein durch Grundbesitz gesicherter Kredit, ähnlich einer Hypothek. Eine amerikanische Mortgage unterscheidet sich allerdings in einigen wichtigen Aspekten von einer deutschen Hypothek. So sind Mortgages in der Regel refinanzierbar, also innerhalb der Laufzeit kündbar. Mortgages unterliegen stärkerer Innovation als klassische Hypotheken.

Mortgage-Backed Security – hypothekenbesichertes Wertpapier. Eine Spezialform einer *Asset-Backed Security*, die durch eine Hypothek abgesichert ist.

Over-the-Counter-Markt – ein Markt in Wertpapieren, der direkt von Bank zu Bank verläuft. In einer OTC-Transaktion muss jeder Käufer einen Verkäufer finden. Es gibt also keine Börse, in der sich Händler bereit erklären, ein Wertpapier zu einem bestimmten Preis zu kaufen. Der Kreditmarkt ist fast ausschließlich ein OTC-Markt.

Pfandbrief – ein festverzinsliches Wertpapier, das durch Hypotheken gesichert ist. Dadurch ist es ähnlich einer *Mortgage-Backed Security*. Im Gegensatz zu einer MBS steht die Bank, die den Pfandbrief herausgibt, mit ihrer Bilanz für den Pfandbrief gerade.

Prime Broker – in der Regel eine Abteilung einer Investmentbank, die ein vollständiges Serviceangebot für *Hedgefonds* bereitstellt, vom Wertpapierhandel bis hin zur technischen Abwicklung.

Private Equity Groups – private Beteiligungsunternehmen, die für hauptsächlich mittelständische Unternehmen Finanzmittel bereitstellen, zum Beispiel für Firmenübernahmen.

Put – ein Optionsschein, mit dem man gegen den Verfall von Wertpapierpreisen spekuliert. Das Gegenstück zu einem Put ist der *Call*. Mit dem im Text erwähnten Greenspan-Put meint man, dass die US-Notenbank den Speku-

lanten im Fall eines Markteinbruchs mit Zinssenkungen
zu Hilfe kommt. Spekulanten brauchen sich also nicht
gegen einen Verfall des Gesamtmarktes abzusichern, weil
die Notenbank diese Aufgabe übernimmt.

Ratingagenturen – private Firmen, deren Geschäft darin
besteht, Wertpapiere zu bewerten. Die drei wichtigsten
internationalen Ratingagenturen sind Moody's, Standard
& Poor's und Fitch Rating. Den Ratingagenturen wird
vorgeworfen, die Kreditkrise durch zu großzügige Bewertungen mitverschuldet zu haben.

Repo – steht für englisch Repurchase Agreement, oder
Securities Repurchase Agreement. Ein Repo ist eine regelmäßige Auktion, mit deren Hilfe eine Zentralbank
kurzfristiges Geld den Banken zur Verfügung stellt. Der
Repo-Satz – der Leitzins der Zentralbank – ist der Zinssatz für diesen Kredit. Technisch funktioniert eine Repo
so, dass die Zentralbank den Banken Wertpapiere ab-
kauft, die bestimmte Bedingungen erfüllen müssen und
die nach Ablauf des Repo-Geschäfts an die Banken zu-
rückverkauft werden, abgezinst mit dem Repo-Satz.

S&P – Standard & Poor's.

Senior – die oberste *Tranche* einer *CDO*, meist von den
Ratingagenturen mit einem soliden Rating versehen.

Short – ein Investor ist short in einem Wertpapier, wenn
er Leerverkäufe tätigt, das sind Verkäufe von Wertpapieren, die man jetzt nicht besitzt, die man zu einem späte-
ren Zeitpunkt kaufen muss. Ein Investor ist short, wenn
er darauf wettet, dass der Preis fällt.

SIV – siehe *Special Investment Vehicle.*

SIV-light – ein *Special Investment Vehicle*, das anstatt einer *Senior-Tranche* die sicherste Stufe der Finanzierung
über den *ABCP*-Markt besorgt.

Special Investment Vehicle – Investitionsgesellschaft
außerhalb der Bilanz einer Bank. Ein SIV wird von einer
dritten Partei gemanagt.

Special Purpose Vehicle – englisch für Zweckgesellschaften. Unternehmen, die man aufsetzt, um bestimmte Ziele zu erreichen. Diese Unternehmen sind in der Regel nicht in der Bilanz der Gesellschaft oder Bank konsolidiert.

SPV – siehe *Special Purpose Vehicle*.

Subprime – Kredit oder Hypotheken an Kunden mit geringerer Kreditwürdigkeit. Subprime-Hypotheken wurden vor der Krise oft ohne Überprüfung des Einkommens des Antragstellers vergeben. Ein Anstieg der Nichtzahlungen von Subprime-Hypotheken war Auslöser der Kreditkrise.

Swap – ein Finanzinstrument, bei dem zwei Parteien sich einigen, Zahlungsströme miteinander auszutauschen. Ein wichtiger Swap ist der Zinsswap, wobei Zahlungen von variablen und festen Zinsen miteinander ausgetauscht werden. Die eine Partei zahlt der andere den variablen Satz, zumeist *Libor* oder *Euribor*, die andere Partei zahlt den festen Satz, den sogenannten Swap-Satz.

Syndicated Loan – siehe *Konsortialkredit*.

Synthetischer CDO – bei einer normalen *CDO* sind die Kredite selbst die Sicherheit hinter den emittierten *Tranchen* der Wertpapiere. Bei einer synthetischen CDO wird diese Rolle von *CDS* übernommen. Hierbei übernimmt die *CDO* bestimmte Kreditrisiken.

Tranche – deutsch Scheibe. Eine Tranche einer *Asset-Backed Security* oder einer *CDO* ist ein Wertpapier mit einem klar definierten Risikoprofil und einer dem Risiko entsprechenden Rendite. Es gibt mehrere Arten von Tranchen. Man spricht von *Senior*-Tranche oder Senior Debt für die Tranche mit dem geringsten Risiko und der geringsten Rendite. Eine *Senior*-Tranche hat typischerweise gute oder sehr Kreditratings. Die Junior-Tranche trägt das meiste Risiko und bietet die höchste Rendite. Dazwischen gibt es die *Mezzanine*-Tranche, im Deutschen spricht auch von Zwischenfinanzierung.

Value at Risk – eine statistische Methode, mit der Banken und Investmentgesellschaften ihre Risiko berechnen.

VaR – siehe *Value at Risk*.

Verbriefung – darunter versteht man die Umwandlung von nicht handelbaren Finanzinstrumenten, wie zum Beispiel Krediten, in handelbare Wertpapiere.

Zero-Coupon-Bond – ein *Bond*, der keine Coupons bezahlt, den man dafür zu einem Abschlag vom Nominalpreis kauft. Der Grund für eine derartige Konstruktion liegt häufig im Steuersystem, wenn Einnahmen (Coupons) anders besteuert werden als Kapitalerträge (Differenz zwischen Nominalwert des Zero-Coupon-Bonds und dem zu Anfang abgezinsten Kaufpreis).

Zinsspanne – englisch Credit Spread. Die Differenz zwischen dem Zinssatz eines Wertpapiers und dem Zinssatz einer sicheren Staatsanleihe, etwa von Bundesanleihen. Wenn die Zinsspanne klein ist wie während der Blase, dann sind die Investoren besonders risikofreudig. Sie akzeptieren eine geringe Risikoprämie für den Kauf eines Wertpapiers. Eines der Merkmale der Krise vom August 2007 war ein plötzlicher Anstieg der Zinsspanne.

Empfehlenswerte Literatur

Zu den in diesem Buch beschriebenen Themenkreisen gibt es eine große Anzahl von Büchern. Die besten sind leider nur in englischer Sprache erhältlich. In dieser kurzen Liste sind Bücher aufgeführt, die der Autor für besonders empfehlenswert hält.

Über Marktblasen:
John Kenneth Galbraith, *A Short History of Financial Euphoria*, Penguin Books, 1990.

Als eine lebendige und gleichzeitig anspruchsvolle Einführung in die modernen Finanzmärkte, mit vielen Anekdoten und Fakten:
Satjayit Das, *Traders, Guns and Money, Knowns and Unknows in the Dazzling World of Derivates*, Prentice Hall, 2006.

Als eine systematische Einführung in die modernen Finanzmärkte aus Sicht eines Ökonomen:
Stephen Cecchetti, *Money, Banking and Financial Markets*, McGraw Hill International Edition, 2006.

Als eine der besten technischen Einführungen in die Finanzmathematik für Leser mit einigen mathematischen Grundkenntnissen:
Lars Tyge Nielsen, *Pricing and Hedging of Derivative Securities*, Oxford University Press, 1999.

Eine Einführung in die Mathematik der Kreditderivate (nur für Leser mit fortgeschrittenen mathematischen Kenntnissen, das Buch setzt Kenntnisse voraus, die zum Beispiel in Nielsen vermittelt werden):
Philipp J. Schönbucher, *Credit Derivatives Pricing Models: Model, Pricing and Implementation*, Wiley, 2003.

Als eine kritische Betrachtung der modernen Finanzmathematik:
Nassim Nicholas Taleb, *Fooled by Randomness, The Hidden Role of Chance in Life and in the Markets*, Random House, 2005.

Es gibt eine große Anzahl technischer Bücher über den Kreditmarkt und über die neuen Finanzinstrumente. Die besten Suchbegriffe bei Amazon sind „Structural Finance", „Credit Derivates" oder „Credit Market". Eine solide technische Einführung ist:
Frank J. Fabozzi, Henry A. Davis, Moorad Choudhry, *Introduction to Structured Finance*, Wiley Finance, 2006.

Anmerkungen

1   Gillian Tett, "Bolton Warns of Bubble Fuel by Cov-Light Loans",
    Financial Times, ft.com, 18. Mai 2007.
2   Es gibt mehrere Indizes für amerikanische Hauspreise. Die meisten
    von ihnen unterschätzen die Bewegung. Der von den Ökonomen Karl
    Case und Robert Shiller entwickelt Hauspreisindex hat sich binnen
    kurzer Zeit zum Standard entwickelt, vor allem weil er auch reale
    Preisbewegungen beschreibt. Die aktualisierten Daten befinden sich
    auf einer Website der Ratingagentur Standard & Poor's. Der Link
    für diese Website ist sehr lang. Es ist einfach, die Site zu „googeln"
    mit folgenden Stichworten: „Standard" und „Shiller-Case".
3   http://www.wirtschaftslexikon24.net/d/commercial-paper-cp/
    commercial-paper-cp.htm
4   Die WestLB-Krise entstand aus riskanten Aktienspekulationen am
    deutschen Aktienmarkt.
5   Grep Ip, „Two Heavyweights Weigh in on Greenspan's Legacy",
    Wall Street Journal Economics Blog, 2. September 2007.
6   http://www.ft.com/cms/s/0/71958a68-58a7-11dc-b883-0000779
    fd2ac.html
7   Willem Buiter, Anne Sibert, „Bail-Out that will Damage Bank's
    Credibility", *Financial Times,* 16. September 2007.
8   Larry Elliott, „Bank won't Bail Out City", *The Guardian,* 12. Sep-
    tember.2007.
9   *Financial Times,* 24. September 2007, S. 11.
10 Christian Noyer, „No Moral Hazard, Banks are Doing their Jobs",
    Financial Times, 17. September 2007.
11 http://newsvote.bbc.co.uk/1/hi/business/6997765.stm
12 Martin Wolf, "Central Banks should not Rescue Fools", *Financial
    Times,* 28. August 2007.
13 „The United States invariably does the right thing, after having ex-
    hausted every other alternative."
14 John K. Galbraith, *A Short History of Financial Euphoria,* S. 19.
15 Galbraith, S. 26 ff.
16 Galbraith, S. 87.
17 Siehe auch Ellis W. Tallman und Jon R. Moen, „Lessons from the
    Panic of 1907", *Economic Review,* Mai/Juni 1990.
18 Siehe den folgenden Blogeintrag:
    http://blogs.wsj.com/economics/2007/08/28/
    parallels-to-the-crisis-of-1907/
19 So geschehen am 7. September 2007 auf der Konferenz, „The ECB

and its Watchers", organisiert vom Center for Financial Studies in
Frankfurt.

20 Siehe unter anderem „Barclays Lifeline to Credit Vehicle", *Financial Times*, 1. September 2007.

21 Satyajit Das, *Traders, Guns and Money*, Prologue S. 1–18 und Epilogue, S. 301–318.

22 S. Das, S. 272.

23 BBA Credit Derivatives Report 2006, Ross Barrett und John Ewan. www.bba.org.uk

24 ftalphaville.ft.com

25 S. Das, S. 230 f.

26 Dazu siehe unter anderem das in der Literaturliste aufgeführte Buch von F. Fabozzi et al.

27 Andrew Smithers, „Why Balance Sheets are not in good shape", *Financial Times*, 30. August 2007.

28 Charles Goodhart, „Capital, not Liquidity, is the problem", *Financial Times*, 14. September 2007.

29 Siehe die folgende Diskussion auf www.eurointelligence.com unter http://www.eurointelligence.com/ Article.599+M5c4cfc6b2ae.0.html

30 Tim Congdon, „Pursuit of profit has led to risky lack of liquidity", *Financial Times*, 10. September 2007.

31 Siehe auch Henry Maxey, „Credit Market Code. Eine Studie für das Centre of Financial Innovation in London", Mai 2007. Maxeys Analyse ist technisch sehr anspruchsvoll, gibt aber einen sehr guten Überblick über die Spekulationsdynamik im Kreditmarkt.

32 Benoît Mandelbrot, *Die fraktale Geometrie der Natur*, Birkhäuser Verlag, 1991.

33 Siehe Gillian Tett, „The Appliance of Financial Science", *Financial Times*, 21. Mai 2007.

34 Thomas Mikosch, „Copulas, Tales and Facts, working paper", November 2005, discussion paper initiated at the 4th International Conference on Extreme Value Analysis in Gothenburg.

35 Michael P. Dooley, David Folkerts-Landau, Peter Garber, „An Essay on the Revived Bretton Woods System", Nber Working Paper 9971, http://www.nber.org/papers/w9971.

36 Im Gespräch mit dem Autor, April 2007 in Seoul, Korea.

37 http://www.rgemonitor.com. Die Website ist leider nur für registrierte Benutzer offen.

38 Siehe oben.

39 David Oakley, „Rise Forecast in Company Default Rates", *Financial Times*, 12. September 2007.

40 Anatole Kaletsky, „A Historic Crisis, But Nothing to Worry About", *The Times*, 6. September 2007.
41 Im Gespräch mit dem Autor.
42 Roger Kubarych, „Stress Testing The System", Council on Foreign Relations, 2001.
43 Thomas Friedman, *Die Welt ist flach. Eine kurze Geschichte des 21. Jahrhunderts*, Suhrkamp, 2007.
44 Stephen Cecchetti, „Preparing for the Next Financial Crisis", Eurointelligence, http://www.eurointelligence.com/article.581+M536d3313499.0.html
45 Zum Beispiel Jan Krahnen, „How to Revitalise the Credit Market", *Financial Times*, 28. September 2007.

Register

ABCP *siehe* Asset-Backed Commercial Paper
ABS *siehe* Asset-Backed Security
Ahearne, Alan 119
Akerlof, George 38 f.
Aktienmarkt 40, 111, 122, 126, 128, 167 f., 191–197, 201
Aktienoption 87 f., 142
Aktienpreis 138 ff., 144
Aldrich-Vreeland Act 51
Andersen, Hans Christian 148
Anlagestrategien 189 ff.
–, defensive 192–199
–, offensive 199 ff.
Anleihe 68
Asset Swap 78, 85 ff.
Asset-Backed Commercial Paper (ABCP) 15, 25, 107
Asset-Backed Security (ABS) 12 ff., 64, 90, 92, 99, 103
– Bewertung 13 f.
– Rechenbeispiel 93 f.

Back-up Line 25
Bafin *siehe* Bundesanstalt für Finanzdienstleistungsaufsicht
Bail-out *siehe* Notfinanzierung
Bank 55–63, 106
– Aufsicht 60, 122 ff., 159, 204
– Insolvenz 56
– Notfinanzierung 29 ff., 51, 58 f.
– Obergrenze der Kreditvergabe 12
– Refinanzierung 55 f., 58 f.
– Run 31, 49 f., 55 f., 59 f.
– Zahlungsausfallversicherung 78–89
Bank für Internationalen Zahlungsausgleich (BIZ) 12
Bank of America 25, 33, 51
Bank of England 29 ff., 58, 123, 183
Barclays 58
Barings Bank 61
Barney, Charles 49

Baseler Eigenkapitalregeln 12, 14 f., 60 ff., 91, 98, 101, 106, 204, 206
BBA *siehe* British Bankers Association
Bear Stearns 21, 25, 33, 111, 179
bin Laden, Osama 185 f., 188
Bismarck, Otto von 189
BIZ *siehe* Bank für Internationalen Zahlungsausgleich
Black, Fischer 142
Blackstone 153
Blair, Tony 182
Blasenmechanismus 11
– Panik von 1907 48 ff.
– Tulpenzwiebelblase 40–47
Bolton, Anthony 19
Bond 15, 68, 73 f., 76, 80–86, 92, 116, 197, 199
– Preis/Rendite 69 ff.
– Rating 71, 116
Bretton-Woods-II-System 155 ff., 183 f.
British Bankers Association (BBA) 81
Brownsche Bewegung 138 f., 141
Buffett, Warren 53, 78, 131, 189 ff.
Buiter, Willem 28
Bundesanleihe 15, 64, 71, 84, 102, 197, 199
Bundesanstalt für Finanzdienstleistungsaufsicht (Bafin) 26, 122 f.
Bush, George W. 151, 170, 188

Cairn High Grade Funding 58
Cantor-Menge 140
Carmona, René 145
Carry Trade 110, 113 f., 119, 158
Case-Shiller-Index 8, 21, 27
Cauchy, Augustin-Louis 145
Cauchy-Verteilung 144 f.
CD *siehe* Certificate of Deposit
CDO *siehe* Collateralized Debt Obligation
CDS *siehe* Credit Default Swap

Cecchetti, Stephen 58, 205
Certificate of Deposit (CD) 24
Chaostheorie 140
China 17, 21, 152 f., 155 ff., 160,
    180 f., 183 f., 195
Churchill, Winston 40
Citibank 25 f., 33, 35, 115, 163, 196
Clearing House Association 48 f.,
    51, 56
Clinton, Bill 182, 188
CMO *siehe* Collateralized Mortgage
    Obligation
Collateralized Debt Obligation
    (CDO) 14, 63, 89, 98 ff., 105,
    115, 126, 128, 137, 178, 205
    –, CDO von (CDO^2) 103
    – Long-Short-Strategie 109 ff.,
    117, 125–130, 163, 177, 200
    – Rating 92, 94, 98 f., 116 f.,
    126 ff., 134
    –, synthetische 100–104
    – Tranchen *siehe* Equity/
    Mezzanine/Senior Debt
Collateralized Mortgage Obligation
    (CMO) 14, 99, 134
Commercial Paper (CP) 24 f., 114
Conduit 107
Congdon, Tim 123
Convergence Trade 176
Cortelyou, George 50
Council for Foreign Relations 187
Countrywide 51
Cov-light 18, 36, 170
CP *siehe* Commercial Paper
Credit Default Swap (CDS) 71,
    78–89, 101, 103 f., 131, 164,
    178, 181, 190
    – Funktionsweise 82 ff.
    – Index 81 ff., 89
    –, synthetischer 89
Credit Default Swap 87
Credit Linked Note 100, 102

Dachfonds 111
Das, Satyajit 78 f., 85, 137, 166
Datenparadox 137 f.
Demokratische Partei (USA) 16,
    165, 180

Depression 175
Deutsche Bank 25, 177
Deutsche Bundesbank 121, 123, 183
Deutsche Genossenschafts-
    Hypothekenbank 64
Dienstleistungsbilanz 151
Diskontsatz 58
Doha-Runde 181 f.
Dollar-Wechselkurs 32, 72, 110,
    152 ff., 157 ff., 169 f., 172 ff., 183
Dooley, Michael 155
Draghi, Mario 34

Effektenbörse 69
Equity (Junior) 92 f., 99, 101 f.,
    110 f., 115, 125 f., 205
Euribor 59
Euro Commercial Paper *siehe*
    Commercial Paper
Euronote *siehe* Commercial Paper
Europäische Kommission 65
Europäische Zentralbank (EZB) 7,
    23, 29, 31, 181, 197
    – Repo 56 ff.

Fannie Mae 65 ff., 90
Federal Home Loan Mortgage
    Corporation *siehe* Freddie Mac
Federal National Mortgage
    Association *siehe* Fannie Mae
Federal Reserve (Fed) 28, 32, 52, 57,
    67, 111, 118 f., 159 f., 171 ff.
    – Entstehung 51
    – Liquidität 20, 24, 173
    – LTCM 111, 177, 179
    – Niedrigzinspolitik 9, 20, 160,
    169
Feldstein, Martin 28, 160
Financial Stability Forum 204
Finanzinstrumente 63–104
Finanzmarkt 23, 37 ff.
    – als Massenvernichtungswaffe
    185
    –, Innovation im 41 f., 95 ff.,
    103, 128, 132 f., 195
Finanzstabilitätsforum 34
Firmeninsolvenz 36, 128, 164 f.,
    178 f., 181, 185

Firmenübernahme 104
First-to-Default Swap 82
Fitch Ratings 62, 71, 116
Floater 86
Folkerts-Landau, David 155
Fonds, traditionelle 115
Ford 130
Fraktalgeometrie 138, 140 f.
Freddie Mac 65 ff., 90
Friedman, Milton 121
Friedman, Thomas 195
FT-Alphaville 83 f.

Galbraith, John Kenneth 41 ff., 46 f.,
    52, 96 f., 196
Garber, Peter 155
Gas Natural 83
Gauß, Carl Friedrich 143
Gaußsche Normalverteilung 143–149
Gebrauchtwagenmarkt 15, 38 f.
Geierfonds 184, 201
Geldmarkt 23 ff., 58 f.
    – Zinsen 23
Geldmarktpapier, besichertes siehe
    Asset-Backed Commercial Paper
Geldmenge 120 ff., 159 f., 198
Geldpolitik 30, 114, 119–123,
    158 ff., 171, 173, 198, 204
General Motors (GM) 110, 129 ff.
Glass-Steagall Act 52
Globale Ungleichgewichte 151–160
Globalisierung 7, 105, 156, 158 f.,
    181, 194 f., 197 f.
Gold 32, 197 ff.
Greenspan, Alan 8, 32, 52, 103 f.,
    117 ff.
Greenspan-Put 31 f., 119

Handelsbilanz 151
Handelskrieg USA/China 180
Hebelwirkung 20, 105, 111 ff., 126,
    166, 176, 187
Hedgefonds 20 ff., 34, 51, 54, 80,
    107–112, 114 f., 117, 124 ff.,
    129 ff., 134, 165, 200, 203
    – in die Pleite managen 185 ff.
    –, Pleite eines großen 175–179
Heinze, Augustus 48 f.

Herstatt-Bank 11, 14, 60
Hypothek 63–68, 132
    –, amerikanische 64–68
    – Refinanzierung 65 ff.
    –, Subprime- 9 f., 17 f., 21 f., 27,
        60, 68, 71, 96, 117, 127, 132 ff.,
        181, 185, 200
    – Umfinanzierung 8, 132
Hypothekenblase 9 f., 16
    – Rettungsfonds 33 f., 168
Hypothekenkrise, USA 1, 21 f., 36,
    62, 119, 127, 132 ff.

IKB Deutsche Industriebank 25 ff.,
    59, 68, 122, 163, 184
Immobilienblase 8 ff.
Immobilienfinanzierung 64
Inflation 9 f., 120 ff., 157, 171 ff.,
    192, 197 ff.
Inflationssteuerung, direkte 30,
    120 ff., 204
Interbankenmarkt 23 f., 56, 59, 73
International Swap and Derivates
    Association (ISDA) 80 f.
Internationaler Währungsfonds
    (IWF) 34 f.
Investmentbank 54, 73, 88, 97 f.,
    103, 114, 191
iTraxx-Index 81, 83 f.

Junior siehe Equity

Kaletsky, Anatole 167
Kerkorian, Kirk 129 ff.
Kerninflationsrate 171 ff.
King, Mervyn 29 ff.
Knickerbocker Trust Company
    49 f.
Kommunalobligation siehe
    Pfandbrief
Konsortialkredit 105
Kopula 146 ff.
Krahnen, Jan 205
Kredit, Umwandlung in Wertpapiere
    13–17, 53 f., 63, 67, 89–97
Kreditanstalt für Wiederaufbau 26
Kreditderivate 42, 78–89, 96, 116,
    131, 189, 191

Kredithebel 20, 105, 111 ff., 126,
    166, 176, 187
Kreditmarkt 11–16, 38 f.
    – Definition 53 f.
    – als Massenvernichtungswaffe
        53, 78, 89, 100, 124, 185, 191
    –, Spekulation im 124–129
    – Transparenz 205
Kreditnehmer 104
Kreditspanne 19
Kubarych, Roger 187
Kurs-Gewinn-Verhältnis 193

LBBW 26
Leerverkauf (Short Sale) 108 ff.,
    125 f., 128, 176
Leeson, Nick 61
Leistungsbilanzdefizit 151–157, 174
Leveraged Loan 54
Lévy, Paul 140
Lévy-Prozess 140
Libor 59, 73–77, 85 f.
Liquidität 20 f., 23, 27, 29, 37, 114
    –, Austrocknen von 163 f., 167 f.
    – Krise 55
    – und Ungleichgewichte 155
London Interbank Offered Rate siehe
    Libor
London School of Economics 106
Long Sale 109
Long-Short-Strategie 109 ff., 117,
    125–130, 163, 177, 200
Long-Strategie 124 f.
Long-Term Capital Management
    (LTCM) 22, 110 ff., 175–179,
    187

Mackay, Charles 44
Makromanager 109
Mandelbrot, Benoît 140 f., 144
Marked-to-Market 130
Marked-to-Model 126 ff., 130, 184,
    205
Markit 84
Marktversagen 28, 39, 97, 135
Mathematik 14, 62, 87 f., 126 f.,
    137–149, 175, 177, 206
Maxey, Henry 20

MBS siehe Mortgage-Backed
    Security
Mercantile National Bank 49
Meriwether, John 175
Merkel, Angela 182
Merrill Lynch 25 f., 35, 163, 196
Merton, Robert 110, 146, 175
Mezzanine 92 f., 101, 110 f., 125 f.,
    163, 184
Mikosch, Thomas 148 f.
Mishkin, Frederick 28
Monoline-Versicherungen 35 f., 162,
    168
Moody's 62, 71, 116 f., 164
Morgan, J. P. 50 f., 179
Mortgage 64–68
Mortgage-Backed Security (MBS)
    12, 14, 64, 67, 90, 92, 98 f.
Mundell, Robert 155, 158 f.
Muni 35

New Century 17, 21
Niedrigzinspolitik 7 ff., 20 f., 34,
    119 f., 167, 169, 171 ff., 203
Ninja-Anleihe 10, 133 f.
Normalverteilung 143–149
Northern Rock 30 f., 59, 164
Notenbank siehe Zentralbank
Notfinanzierung (Bail-out) 29 ff., 51,
    58 f., 179
Noyer, Christian 30

Obstfeld, Maurice 154
Optionspreismodell 141 f., 175
Overcollateralization 95
Over-the-Counter-Markt 81, 128

Panik von 1907 48 ff.
Paulson, Hank 33
Pensionsfonds 115
Pfandbrief 64 f., 67, 197, 199
Pfund, Wette gegen 108 f., 182 f.
Plain Vanilla Swap 87
Preisstabilität 120 f., 123, 171, 192
Prime Broker 114 f.
Privatanleger 189–201
Private Equity 54, 98, 104 ff., 153,
    162

Produktivitätswachstum 11, 194 ff.
Protektionismus 180 ff.
Publikumsfonds 115
Put 31, 119

Quantum Fund 108
Quinn, Steve 50

Ratingagenturen 54, 62, 116 ff., 163, 170, 172, 190, 203, 205 f.
– ABS 13 f.
– Bond 71, 116
– CDO 92, 94, 98 f., 116 f., 126 ff., 134
– SIV 15
– Swap 88
– Triple-A (AAA) 71, 92, 94, 99, 116 ff., 127, 134
Reagan, Ronald 28, 160
Realzinsen, negative 8, 169, 173
Regulierungsbehörden 122 ff.
Renminbi 158, 160, 180, 183
Rentenmarkt 69
Repo 56 ff.
Repsol 83 f.
Rettungsfonds 33 f., 168
RGE Monitor 17
Rhineland Funding 26
Risikomanagement 145 f.
Rockefeller, John D. 50
Rogoff, Kenneth 154
Roosevelt, Franklin D. 66
Rothman, Matthew 144
Roubini, Nouriel 17, 156

Sachsen LB 25 ff., 31, 68, 122, 184
Salomon Brothers 175
Sanio, Jochen 26
Sarkozy, Nicolas 181 f.
Schiller, Friedrich 132, 135
Schock, systemischer 175–179
Scholes, Myron 110 f., 142, 175
Schuldverschreibung, besicherte siehe Collateralized Debt Obligation
Second-to-Default Swap 82
Securities Repurchase Agreement (Repo) 56 ff.

Senior 92 f., 101 f., 125
Senior Credit Default Swap 102
Shiller, Robert 27 f., 193
Short Sale (Leerverkauf) 108 ff., 125 f., 128, 176
Sibert, Anne 28
SIV siehe Special Investment Vehicle
SIV-light 14, 107
Smith, Adam 65
Smithers, Andrew 195
Sokrates 189
Solvenzkrise 55
Sonatrach 83
Soros, George 108 f., 182 ff.
Special Investment Vehicle (SIV) 14, 22, 26, 107, 184
Special Purpose Vehicle (SPV) 91, 93, 107, 114 siehe auch Zweckgesellschaft
Spekulation in Kreditmärkten 124–129
Spitzenrefinanzierungssatz 58
SPV siehe Special Purpose Vehicle/ Zweckgesellschaft
Staatsanleihe 15, 19, 43, 68, 92, 102, 116, 153, 172, 192, 199
Standard & Poor's (S&P) 62, 71, 116, 130
Stochastische Prozesse 138, 140 f., 206
Subordinate Basket Default Swap 82
Subprime-Hypothek 9 f., 17 f., 21 f., 27, 60, 68, 71, 96, 117, 127, 132 ff., 181, 185, 200
Summers, Larry 29, 68
Support Facility 25
Swap 63, 71–79, 85 ff.
Syndicated Loan 105

Tagesgeld 23, 73
Taleb, Nassim Nicholas 144
Tender 57
Terrorismus 185 ff.
Total Return Swap 86 f.
Trichet, Jean-Claude 7, 181, 193
Triple-A (AAA) 71, 92, 94, 99, 116 ff., 127, 134
Trust Company 48 ff., 54

Trust Company of America 50
Tulpenzwiebelblase 43–47

Überabsicherung 95, 99
Übertragungsbilanz 151
Ungleichgewichte, globale 151–160
UniCredit/HVB 187
United Copper 48
Unternehmensanleihe 18, 79, 86, 99
Unternehmer 104 ff.
US Treasuries 176 f.
US-Kongress 16, 165, 170, 180 f.
US-Notenbank *siehe* Federal Reserve
US-Senat 16

Value at Risk (VaR) 87, 145 f.
Verbriefung 13–17, 63, 67, 89–98
  – Ökonomie 95 ff.
  – Technik 89–95
Vulture Fund 184, 201

Wagniskapital 96
Wertpapier, besichertes *siehe* Asset-/
  Mortgage-Backed Security
  –, festverzinsliches 15, 68 ff.
    siehe auch Bond
  – Preis 138 ff., 144
  –, verbrieftes 15

WestLB 26
Wolf, Martin 38
Woodward, Bob 104

Zentralbank (Notenbank) 20 f.,
  28–32, 70, 109, 118–123, 179,
  182, 192 f., 197 f., 204
  – Bankenaufsicht 159
  – Niedrigzinspolitik 7 ff., 20 f.,
    34, 119 f., 167, 169, 171 ff.,
    203
  – Notfinanzierung 29 ff., 51,
    58 f.
  – Refinanzierung 56
  – Repo 56 ff.
Zero-Coupon Bond 69
Zins-Swap 72
Zukunftsszenarien 161
  – Basisszenario 162–166
  – für Optimisten 166 ff.
  – für Pessimisten 168–174
Zweckgesellschaft 12, 14, 25, 63, 91,
  93, 98, 107, 114, 204